2011年教育部人文社科规划基金项目，
批准号：11YJA880004

体育与人的社会化研究

常乃军　赵　岷　著

科学出版社
北　京

内 容 简 介

本书以人的社会化理论、结构功能理论、冲突论、符号互动理论等为理论基础，从宏观和微观两个层面，对体育与人的社会化问题进行深入分析，着重研究体育与人的政治社会化、道德社会化、文化社会化、社会角色社会化、心理素质社会化、性别角色社会化、身体社会化、生活空间社会化和体质社会化等九大问题。并充分运用体育社会学、体育文化学、体育心理学的相关理论，研究体育直接和间接参与不同年龄人的社会化的作用机制和原理，探析体育对人的社会化产生的积极和消极影响，从而找出实现我国体育促进人社会化的措施、方式和方法，探寻体育促进人社会化的理论，形成体育与人的社会化理论体系，以此作为政府相关决策的依据，指导人的社会化发展。

本书适合于从事体育领域研究和管理的专家学者，以及相关专业的大专院校师生参考阅读。

图书在版编目（CIP）数据

体育与人的社会化研究 / 常乃军，赵岷著. —北京：科学出版社，2015. 6
ISBN 978-7-03-044939-9

Ⅰ. ①体… Ⅱ. ①常…②赵… Ⅲ. ①体育运动社会学-研究 Ⅳ. ①G80-05

中国版本图书馆CIP数据核字（2015）第128532号

责任编辑：孙 莉 / 责任校对：张凤琴
责任印制：徐晓晨 / 封面设计：美光设计

科学出版社 出版
北京东黄城根北街16号
邮政编码：100717
http://www.sciencep.com
北京教图印刷有限公司 印刷
科学出版社发行 各地新华书店经销
*
2015年6月第 一 版 开本：720 × 1000 B5
2015年6月第一次印刷 印张：16 3/4
字数：327 000

定价：98.00元

（如有印装质量问题，我社负责调换）

前　　言

作为生命个体的人，不是一出生就能按照事物的特性进行正确选择和正确行动的。为了适应社会生活、参与社会生活、在社会中生存，人从出生到生命终结，每一个时期都需要学习各种知识和行为方式。人的社会化实质就是指作为个体的生物人成长为社会人，并逐步适应社会生活的过程，同时也是个体与社会互动的过程，是人的社会性与个体性都得到发展的过程。目前，人的社会化问题已经成为社会学、文化人类学、教育学、心理学等学科都十分关注的问题，人们之所以在这些研究领域内对这个问题投入极大的兴趣，是因为人的社会化不仅对个人的生存与发展至关重要，而且对社会的良性运行和协调发展起着重要的推动作用。

体育的重要功能之一，就是对人的身体施加影响，它不仅能影响人的生理属性，而且还影响人的社会心理属性，促进身心的健全发展。体育对人的性格、气质、能力等心理特征也有直接的影响作用。体育是一种极富感情色彩的高尚活动，它是人类高级情感的产物。体育可以实现人类相互之间的情感交流和人格认同，丰富人类的情感宝库，引导人类对健康生命的尊重，对现实生活的热爱，对崇高理想的向往，对美好事物的追求和对艰难苦痛的忍耐，培养人类具有勇敢顽强、奋发向上、战胜一切艰难险阻的拼搏精神。同时体育也是一种特殊的社会文化活动。在体育活动过程中，位置分工与社会角色一样都有自己的职责和任务。因此，体育具有培养人的行为规范的教育作用，有利于人的社会化。

本书以人的社会化理论、结构功能理论、冲突论、符号互动理论等为理论基础，从宏观和微观两个层面，对体育与人的社会化问题进行深入分析，着重研究体育与人的政治社会化、道德社会化、文化社会化、社会角色社会化、心理素质社会化、性别角色社会化、身体社会化、生活空间社会化和体质社会化等九大问题，并充分运用体育社会学、体育文化学、体育心理学的相关理论，研究体育直接和间接参与不同年龄人的社会化的作用机制和原理，探析体育对人的社会化产生的积极和消极影响，从而找出实现我国体育促进人社会化的措施、方式和方法，探寻体育促进人社会化的理论，形成体育与人的社会化理论体系，以此作为政府相关决策的依据，指导人的社会化发展。

由于人的社会化是一个极为重要且宏大的议题，本书也仅仅是从体育这个视角出发来考量人的社会化中诸多问题，因此研究尚有许多需要进一步完善的地方，特别是由于各种条件的限制，不足之处在所难免。抛砖于前，自然思引玉于后，希望得到学界同仁的批评指正，共同推动我国体育事业走向辉煌。

目　录

第一章　社会化的理论阐释与解构

第一节　社会化的理论阐释

社会学中的“社会化”（socialization）概念不同于日常生活中的“社会化”概念。日常生活中的“社会化”是指将某种事物推向社会，使其获得社会的参与，从而具有广泛的社会意义。例如，“高校后勤社会化”就是将高校的后勤工作推向社会，让社会参与和经营高校后勤。社会学中所谓的“社会化”是指一个人获得自己的人格和学会参与社会或群体的方法的社会互动过程。

一、社会化的本质

社会化是自然人成长为社会人的过程。社会通过各种教育方式，使自然人逐步学习社会知识、技能与规范，形成自觉遵守与维护社会秩序的价值观念与行为方式，取得社会人的资格，这一教化的过程就是社会化①。我们可以从个体和社会两个方面理解社会化的含义。从个体角度来说，社会化是个体将社会的文化规范内化并形成独特个性的过程。从社会角度来说，社会化是通过将一个生物学意义上的自然人教化、培养为一个有文化的社会人，从而使某一社会及其文化得以延续的重要手段。从社会与个体结合的角度来说，社会化就是将个体的自然人教化成特定社会的一分子的过程。在理解社会化的含义时，应该注意以下几个方面的问题②。

首先，社会化是使个体由自然人成长为社会人的过程。人类的婴儿在呱呱坠地时是一个孱弱无能、一无所知的有机体。如果没有他人的帮助，新生儿至多只能生存几个小时。与其他动物的幼崽依靠遗传和本能自然发展不同，婴儿后来的行为方式都是学而知之的。这个生物有机体要想在社会上生存下去，必须借助某种方法被改造为一个社会的人、一个能够有效地参与到社会中去的人，而这一改

---

① 中国百科大辞典编委会. 中国大百科全书·社会学卷［Z］. 北京：中国大百科全书出版社，1991：303.

② 常乃军，王永平. 体育与人的社会化及其相关概念辨析［J］. 体育研究与教育，2014，29（1）：5-7.

造的过程正是我们所谓的社会化过程。通过社会化过程，个体掌握基本的生活知识和劳动技能，内化社会的基本价值规范，扮演一定的社会角色，真正由一个生物的自然人成长为一个社会的人。

其次，社会化是个体与社会互动的过程。所谓个体与社会互动的过程，与苏联著名的社会心理学家安德烈耶娃的观点是一致的，个体在社会化过程包括两个方面的内容：一方面，它是指个体融入到社会环境、社会交际系统中掌握的社会经验；另一方面，它是指个体在社会联系系统中再创造的生产过程，是在个体积极活动和进入社会交际系统的必然结果，应该说是高层次的社会化。社会化过程可以接受为：个体—接受社会经验（环境对人类的影响）—改造社会环境系统（人类通过自身的活动对环境的影响）。

综上所述，人的社会化过程就是个体与社会互动的过程，是人的社会性与个体性都得到发展的过程。

一定的社会尤其是各种社会组织，得以成立与维持，必须以一定的价值体系与规则规范职能活动及职能活动承担者的行为，从而使社会、社会组织中的各个成员具有使这种社会及社会组织得以成立与维持其所必要的共同性，即社会性。每个人都不是孤立存在的个体，个体作为一定的社会成员，不仅不可避免地要与他人、社会组织发生或多或少的联系并相互影响，而且在社会联系中，还不可避免地扮演不同的社会角色，参与共同活动。所以个体自然生长、成熟的过程同时是个体的社会交往过程，并在这个过程中显示出个体之间的差异，即“个性”。现实的“个性”大都是具有一定社会文化内涵的稳定的心理品质①。

最后，社会化是贯穿个体一生的持续过程。社会化是一个过程概念，应将其理解为一个贯穿个体一生的自始至终的过程，所谓“活到老，学到老”就是这个过程的真实写照。由于社会处于不断的发展变化之中，尤其是现代社会，社会变迁不断加快，新生事物和新的情况不断出现，而且我们自己的身份、地位、角色也处于发展变化之中。因此，只要个体还在参与社会生活，还在进行着社会适应，社会化过程就在继续。可以说，个体社会化过程贯穿于个体生命的全过程。

二、社会化的分类

分类是我们认识复杂事物的一种行之有效的方法。为了更加全面和深入地认识社会化这一现象，我们可以按照不同的分类标准将社会化分为不同的类型。

---

① 陈桂生.“个体社会化”辨析[EB / 0L]. http://202.121.15.143:84,/document / 2005—1a / sx050112A.html,〔2005-09-19〕.

（一）政治社会化、道德社会化、法律社会化、职业社会化与性别角色社会化

根据社会化的内容不同，可以将社会化主要分为政治社会化、道德社会化、法律社会化、职业社会化、性别角色社会化等类型。

所谓政治社会化，是指个体在社会政治互动中通过自身后天学习政治知识逐步接受政治文化熏陶并掌握政治技能，进而形成政治态度、完善政治人格的辩证过程。个体通过政治社会化形成某一特定社会所要求的政治信仰、态度和行为，从而使社会的政治文化得以传播、交流、继承和发展。

道德社会化是指个体经过一系列与他人和社会的互动，接受社会伦理文化的基本准则，遵循特定文化背景下的道德规范，以获得社会认可和参与资格的过程。道德社会化是人的社会化的重要内容之一。

法律社会化是个体学习掌握法律知识、形成法律意识的过程。具体来说，法律社会化就是个体把国家法律这一体现统治阶级和国家意志的、具有强制性的特殊社会规范，变成自己所理解和接受并自觉遵守的行为准则，进而内化为个人心理品质的过程。

职业社会化是指个体根据社会需求选择自己的职业并能熟练地掌握从事该种职业的知识和技能，以及提升该种职业的熟练程度需要进行后续知识的学习和使技能更熟练的训练过程。

性别角色社会化是指个体根据社会对不同性别的不同角色期待，把性别角色的标准内化，形成与社会对不同性别的期望、规范相符的行为的过程。

（二）初级社会化、次级社会化和再社会化

从个体的发展阶段上看，可将个体社会化主要分为初级社会化、次级社会化和再社会化等类型。

初级社会化也称预期社会化，是指儿童在进入成年期前，为承担正式的社会角色作准备时期的社会化。预期社会化主要在家庭、学校和同辈群体中进行，其主要内容包括基本生活技能的学习、基本行为规范的掌握、未来社会角色的学习和扮演等。初级社会化是个体社会化的关键阶段和基础阶段。

次级社会化也称继续社会化，是指个体在初级社会化的基础上进行深入社会化的过程。继续社会化的主要内容表现为成年期的个体为适应生活环境和社会文化的变化及新角色的要求，所作的适应性调整和学习，包括继续学习和掌握原有

的社会知识及不断学习新产生的知识。

再社会化是一种特殊的继续社会化，主要针对一些特殊人群，原有的社会化相对他们来说是失败的社会化或者说基本上已不适用，而需要自我重新习得新的社会价值和行为规范并重新适应社会环境的过程。其基本特点是改变社会化对象原有的世界观、人生观、价值观及生活方式和行为习惯。再社会化主要发生在以下两种情况下：一是在社会情境或社会角色发生很大变化时，个体为适应新情况而进行的再社会化。这表现为个体在生活习惯、行为准则、价值观念等方面作出重大调整或进行重新学习。二是当社会化失败或反社会化中断以后而进行的社会化过程。再社会化有两种方式：主动的再社会化，即个人受到某种新的思想启发，自觉的、自发地适应新的社会生活环境和工作方式；强制的再社会化，是指对违法犯罪者通过社会强制机构对其判刑或实施劳动教养等。

再社会化与继续社会化的区别在于：第一，方向和内容不同。继续社会化的基本方向和内容与原先的相一致，只是在原有的基础上继续深化，而再社会化的方向和内容与原先的社会化不一致。继续社会化是在原先社会化的基础上进一步发展、提高，使之更加完善；而再社会化是抛弃或者否定原先形成的社会化。第二，方式不同。再社会化过程是一种思想和生活方式及行为模式向另一种思想和生活方式及行为模式的基本的、急剧的、迅速的改变，不适应感很强烈；而继续社会化过程是逐渐的、部分的变化，往往是在不知不觉中进行的。

（三）预期社会化和发展社会化

根据社会化发生的阶段顺序，可以将个体社会化划分为预期社会化（anticipatory socialization）和发展社会化（developmental socialization）两个类型。

预期社会化的概念最早由美国社会学家默顿提出，它指的是个体为了成功地扮演所期望的社会角色而获得社会价值观、社会行为规范和知识技能的过程。一方面，个体在现代社会需要承担多种社会角色；另一方面，现代社会中职业转换、社会流动与社会变迁现象较为普遍。因此，预期社会化就成为个体参与现代社会生活的一个越来越重要的必不可少的环节。预期社会化的主要内容包括专业技能的学习、社会价值观的习得、自我概念的形成，以及适合于未来角色的各种观念的获得等。

发展社会化是继续社会化的一种特殊表现形式，是一种为适应社会生活的变化、承担新的角色而主动学习与调适的过程。发展社会化的主要内容包括知识基础的拓宽、职业技能的改进、社会角色的转换等。

（四）正向社会化与反向社会化

根据实施社会教化的方向不同，可以将社会化分为正向社会化与反向社会化两种类型。

正向社会化是指年长一代人对年轻一代人传递文化和实施教化的社会化过程。在过去的农业阶段，因为人们处在一种隔绝的封闭式的氛围里，好几代人都在经历着同样的事情，老年人的地位进一步巩固。人们从降生之日起就对耳闻目睹的老规矩照遵不误，因此，人们也必须把它作为现实而加以体验，社会系统的存在端赖于此①。因此，在传统的社会里，社会化一般是一种比较纯正的正向社会化。

反向社会化是指年轻一代人向其前辈施加影响，向他们传授社会知识、价值观念和行为规范的社会化过程。反向社会化是随着现代社会工业化、信息化的不断发展和当代科学技术的快速发展，社会上的人与物、人与人的关系也发生了变化，呈现出一些奇特、多样的特点，整个社会的人都将迎来一个大规模的挑战。社会发生着重大的巨变，青年人存在着思维定势的问题，他们对未来充满期望，在这种复杂的新环境下，他们根据自己的想法作出选择，所以，他们并没有以长辈为模范，而是进行新的选择，寻找新的道路，建立新的价值观，通过他们的语言影响着下一代，他们有可能在某些方面比年长一代人更容易适应变化。青年人单向社会化的模式也随之发生了很大的变化。

三、多重理论视域下的个体社会化

从个人的角度来看，社会化是发展自我的过程，是发展独特个性的过程。个性的核心是自我，即个人对自己有别于物和他人的独特个人身份的自觉体验。自我概念并非与生俱来的，它是社会化的产物，是在人的一生中通过与他人的相互作用而产生和发展变化的。自我是如何产生的？在个体的整个生命周期中又是如何发展变化的？这是社会学、心理学和教育学等学科普遍关心的一个重要问题。对上述问题的探究和解答是社会化理论的主要任务。

（一）库利的镜中我理论

美国社会心理学家查尔斯·霍顿·库利（Charles Horton Cooley）是最早提

---

① 〔美〕玛格丽特·米德. 代沟［M］. 曾胡译. 北京：光明日报出版社，1988：24.

出人格是通过社会互动而发展的社会学家之一。他认为人是从社会中、从与他人的交往中获得自我概念的。库利的社会化理论建立在他的“镜中我”（looking-glassself）概念之上。所谓“镜中我”，即一个人的自我形象是别人看他（她）是什么样子的反映，或者说是这个人认为别人看他（她）是什么样子的反映。在库利看来，自我的出现经历了三个阶段，当它作为一个社会互动的产物时，首先，我们在他人面前的行为方式可以观察到；其次，别人对我们行为的判断可以领悟到；最后，在对他人反应的理解的基础上我们的行为可以得到评价。简单地说，我们可以通过想象别人对我们自己行为及外表的感觉来理解自我。

库利认为，只有在与其他个人的关系中个人的自我才能被感觉到。人的社会性的基础是“社会自我”（social self），社会自我只是意识对自身产生于交流生活的某种思想或者思想体系的认识和感觉。他认为这种社会自我是一种“镜中我”，这面镜子就是他人和社会。我们以他人的看法为镜子认识自己，即想象自己是如何出现在他人的意识中的。这种想象包括三个方面：对别人眼中我们的形象的想象；他对这一形象的判断的想象；某种自我感觉，如骄傲或耻辱等①。

“初级群体”（primary group，也译作“首属群体”）②是库利在1909年首创的一个社会学术语，也是库利学说中与“镜中我”密切相关的概念。他把家庭、儿童的嬉戏群体等最初的社会化主体称为初级群体。库利认为，初级群体是人的社会化的开始，是人类本性的培养所，对于人格的塑造具有核心作用。在这些群体中，一方面，自我概念在人们通过与他人的交往并从他人的反应中获得；另一方面，人们的自我概念将作为其组成部分的各种群体并得到延伸。他人对我是面镜子，我对他人也是面镜子。在这种互相透视的情况下，人们的自我将进一步得到发展和完善。

（二）米德的角色借用理论

符号互动论的重要代表人物，美国哲学家、社会心理学家乔治·赫伯特·米德（George Herbert Mead）认为，自我有一种不同于生理学有机体本身的特征，它并非与生俱来，而是在社会经验与活动的过程中产生的，即作为个体与整个过

① 〔美〕查尔斯·霍顿·库利. 人类本质与社会秩序［M］. 北京：华夏出版社，2003：131.

② 自从库利首次使用“初级群体”一词以来，初级的含义已经有了某种程度的扩展，库利使用“primary”主要表示“最初”（first）。现在，“初级群体”一词一般被扩大到用以指类似家庭纽带关系的所有群体。

程的关系及与该过程中其他个体的关系的结果发展起来的。由此可见，和库利一样，米德也对他的“自我”概念作出社会的限定，即他是从社会整体、社会和个体的互动的视角来定义自我的。

米德将自我区分为“主我”（I）和“客我”（me）两个部分。米德对自我的基本结构即主我和客我进行分析，个体与社会、主体与客体之间的相互作用得以体现出来。“主我”是有机体对他人态度的反应；“客我”是有机体自己采取的有组织的一组他人态度。他人的态度构成了有组织的“客我”，然后有机体作为一个“主我”对之作出反应①。所谓“客我”指的是自我的关于他人对自我的形象的心理表象，或在原始水平上指自我对他人的期望的内在化。客我代表自我的被动性和社会性的一面；而“主我”的另一面则代表自我的主动性和生物性，主我是动作、冲动、创造的原则。社会经验中的人包括主我和客我两种，“自我”其实是个人与社会的统一体。

米德认为，社会化最重要的产物之一就是人有能力预料他人对自己的期待并据此形成相应的行为。在他看来，这种能力是通过“角色借用”（role taking）获得的。个体正是通过角色借用（把自己想象为处于他人的角色或地位），从而发展成从他人的角度看待自我与社会的能力。起初，儿童借用的是重要他人（significant others）的角色。重要他人是指对儿童社会化发展有重大影响的人，如儿童的父母等。随着年龄的增长，到三四岁以后，儿童开始学会将概括化他人（generalized others）的期望内化，即将整个社会的态度和观念内化。

米德将客我在个体社会化过程中的发展分为三个阶段：模仿阶段、嬉戏阶段和群体游戏阶段。他认为，两岁以前的儿童处在模仿阶段。这一阶段的儿童只能通过与父母的“手势交流”来模仿父母的动作，其客我并未真正发展起来。从两岁开始，儿童进入嬉戏阶段。在这一阶段，儿童通过借用具体的重要他人的角色，第一次开始把自己看成社会客体，其客我开始得到发展。但是，这一阶段的儿童只是在玩耍中生活的社会角色，还不能理解角色借用的意义。三四岁以后，儿童开始了群体游戏。在这一阶段，儿童参加有组织的游戏，在其中扮演真实的角色，而且必须同时考虑到所有参加游戏者的角色和观点。他们已经产生了一般意义上的人（概括化他人）对他们的要求和期待的观念，开始借用概括化他人的

① 〔美〕乔治·赫伯特·米德. 心灵、自我与社会［M］. 赵月瑟译. 上海：上海译文出版社，1992：155.

角色。至此，他们已经将“社会”内化了，客我的形成过程已经完成①。

对现代社会学来说米德和库利的理论有很大的影响，但我们今天所真正面对的现实比这两个理论中对社会现实的想象要难得多。例如，初级群体之外那些迅速出现的社会力量对自我的影响，库利就没有充分关注，如网络媒体、大众传媒等。关于概括化他人的概念，米德同样没有注意到今天的多元化社会的现状。

（三）弗洛伊德的自我无意识理论

现代心理学的创始人之一西格蒙德·弗洛伊德（Sigmund Freud），是人类行为研究领域的一个关键性人物。在没有提到他的著作的前提下，所有关于社会化的讨论都是不全面的。与库利和米德不一样，他们更重视个体与社会之间的协调，而弗洛伊德针对的是两者之间基本的冲突问题。他认为我们越是文明，就必定越不幸。这是由于文明的生活要求将我们的许多深层的生理欲望压制。自我解释在库利和米德的理论下作为一种社会的产物，极为重视语言和其他符号系统，而弗洛伊德与他们不同，强调在社会化过程中的生理基础和情感力量。最后，弗洛伊德认为，我们大量的心理活动产生于无意识领域，这是我们的意识和“理性”难以进入的区域②。事实上，弗洛伊德对无意识的“发现”，被认为是20世纪的重大成就之一。

弗洛伊德认为，个性结构由本我（id）、自我（ego）和超我（superego）三部分组成。本我即原我，是指原来的、原始的自己，是一切心理能量之源，是个性中最有力又极难接近的部分，并包含生存所需的基本欲望、冲动和生命力。在“快乐原则”的支配下，就像是大锅在100℃的水温下沸腾一样；本我是完全无意识的，它不理会社会道德、外在的行为规范，唯一的要求是获得快乐，避免痛苦。幼儿的个性几乎完全由本我组成，但是他们通过与他人的互动很快发现，本我并不总是能够得到满足，会经常受到压制。于是，自我开始出现。自我，也就是所谓的“自己”，是在自己的意识中进行思考、感觉、判断或记忆的部分，自我的机能受“现实原则”支配，为本我服务，是寻求“本我”冲动得以满足而同时保护整个机体不受伤害。超我，大致相当于米德的“客我”，它是个体在成长过程中通过内化道德规范、内化社会及文化环境的价值观念而形成，其机能主要

① 〔美〕戴维·波普诺. 社会学［M］. 李强等译. 北京：中国人民大学出版社，Prentice Hall出版公司，1999：148-149.

② 〔美〕戴维·波普诺. 社会学（第十一版）［M］. 李强等译. 北京：中国人民大学出版社，2007：162.

是监督、批判及管束自我的行为，是人格结构中代表理想的部分。超我与本我一样是非现实的，超我大部分也是无意识的，超我要求自我按社会可接受的方式去满足本我，它受“道德原则”的支配，因此它的特点是追求完美。

一个人个性的整体和特质包括本我、自我、超我这三者之间的交互作用，构成了：生物性的一面是“本我”的代表，心理性的一面是 “自我”的一部分，社会性的一面是“超我”的体现。无意识是本能冲动的原始储存所，一切不能满足的欲望都被推进这个领域，暗中对人的行为产生支配作用，而意识是外化型的心理活动。在本能冲动中，弗洛伊德最强调的是性欲，他称之为“里比多”（1ibdo），这是一种几乎人刚出生就有的性能量，艺术创造和欣赏、做梦都是性欲冲动象征的、变相的满足，人的一切活动的最终基因就是无意识之中的性欲①。

弗洛伊德社会化理论的主要贡献表现在以下几个方面：第一，弗洛伊德强调个性是人类有机体与周围的社会力量发生相互作用的产物。在这一点上，弗洛伊德与库利、米德等的观点相同，即认为自我主要是社会的产物。所不同的是，弗洛伊德认为，个人与社会的关系在本质上是冲突的。在他看来，为了维护社会秩序，必须对性驱力进行严格的社会控制，而这必将导致个人与社会之间的关系紧张。库利则认为，个人和社会并不像弗洛伊德所说的永远处于冲突状态，二者实际上是密不可分的。第二，弗洛伊德非常强调早期社会化经验对儿童个性发展的影响。他认为，童年早期的社会化对于后来有意识和无意识的动机和行为有着极其重要的影响，甚至认为儿童在早年社会化过程中形成的人格能够终其一生而不变化。在这一点上，库利与弗洛伊德不同。库利虽然也认为儿童期形成的自我概念确实比在今后的生活中形成的更加稳定和持久，但是他认为，每当人们进入一种新的社会环境时，自我评价过程就会继续进行，人们都会在某种程度上改变自己的人格。弗洛伊德过于强调早期社会化经验对人的决定性影响，甚至认为早期形成的自我概念不可改变，确实过于教条化，这也使他遭到了猛烈的抨击。第三，弗洛伊德较早地发现了过度社会化的危害。弗洛伊德认为，过多的社会要求会使人的个性发展遭到摧残。如果“超我”的要求过于强烈，被压抑的东西太多，就会压倒和危害“自我”。在这一点上，弗洛伊德要比库利和米德高明，他看到过度社会化的可能性和危害性，认识到过多地关心满足别人的价值观可能是有害的。

---

① 黎风. 弗洛伊德文艺心理学批判举要［J］. 四川师范大学学报，1995，22（3）：57-64.

（四）埃里克森的终生社会化理论

“新弗洛伊德主义者”艾里克·埃里克森（Erik Erikson）作为弗洛伊德的学生，深受弗洛伊德人格理论的影响。然而，他同时也对弗洛伊德的理论进行了修正。弗洛伊德对人格发展持早期决定论的看法，他认为个体童年经验决定其一生；埃里克森则将发展自我的概念扩大成了毕生社会化的理论。他认为，人格发展是终其一生的时期，而不仅仅是儿童期的任务。自我随着人一生不同时期的发展要求而不断发展变化。

埃里克森将自我的发展分为八个心理阶段，每一阶段的自我发展均将面临不同的“认同危机”，各阶段认同危机的化解，即代表自我发展顺利；但如果前一阶段中的认同危机得不到及时化解，则会影响后一阶段的人格发展。埃里克森用“认同危机”定义，将自我的发展分为八个心理阶段，分别根据我们一生不同时期的发展要求而变化。儿童期是弗洛伊德重点研究的阶段，埃里克森把这一研究一直延续到老年期。因此，埃里克森相信，人格发展不是仅在儿童期，而是终其一生的事情。下面是对埃里克森八个认同危机的概括。

信任对不信任（婴儿期）：出生至周岁的婴儿，由自身需求的满足与否，而产生对人信任与否的发展危机。如果婴儿受到安全抚育和爱护照顾，其需要得到充分的满足，他就会对人产生信任；相反，如果对婴儿照料不充分，或者使他感到被拒绝，婴儿就会缺乏安全感，从而产生一种基本的不信任。

自主独立对羞怯多疑（童年早期）：1～3岁的儿童开始尝试通过独立自主的活动去探索环境。这一阶段相当于弗洛伊德的肛门期。儿童在这一时期抑制住他们的侵犯性冲动情绪，若此时父母给予鼓励协助，化解他们由行为受到控制所带来的心理冲突，则有助于其独立自主人格的发展；但是，当他们对于自己的侵犯性情绪失去控制时，则容易变得羞怯多疑。

主动对内疚（童年后期）：四五岁的儿童所面临的认同危机是在主动首创与内疚退缩两者之间去发展他的人格特质。这一阶段的儿童已经能够控制自己的身体，并开始了一些新的机体运动，语言能力得到发展。如果儿童的自主性和首创性活动得到父母的鼓励和认可，他们的主动性将继续发展；如果儿童的主动自发行为受到嘲笑或威胁，他们就可能产生一种强烈而持久的内疚感。

勤奋对自卑（学龄期）：6～11岁处于小学教育阶段的儿童，其人格发展所面临的认同危机主要表现在对学习是勤奋努力的还是遇事逃避或心生自卑。如果成人对儿童的学习、手工制作及各种团体活动给予积极的鼓励、表扬和支持，就会增强儿童的勤奋感；如果父母对于儿童的学习和各种互动关心不够，处处抑制和打击儿童的积极性，对于儿童在学习和团体活动中所遭遇的失败不能及时给予安慰和鼓励，甚至还施以惩罚羞辱，则容易使他们灰心丧志、失去自我价值，形成自卑的性格。

自我认同对角色混乱（青春期）：12岁至青年期是个体从自我追寻到自我定向的关键时期。在这个时期，青少年的社会角色丛发生了很大的变化，他们的角色除了儿童时期的子女、学生、朋友外，又增加了男友、女友、运动员等其他一些新的角色。新的角色与原有角色之间能否和谐地统一在一起，是这一时期青少年所面临的重要的发展危机。如果青少年能够将新的角色顺利地与原有的角色统合在一起，形成一个和谐的角色丛，他们就会产生强烈的自我认同感。相反，则容易产生角色混乱，出现自我认同危机。

亲密对孤独（青年期）：20～30岁的青年处于这一阶段。埃里克森所说的亲密，指的是在不用顾及自我认同丧失的情况下一个人去爱另一个人的能力。如果一个人与他人建立良好的友情和爱情关系，甚至成家立业，在自我发展上就会产生亲密感；如果一个人不能和他人建立亲密关系，他就会生活在一种孤独感之中，难免感到孤独无依。

代际关怀对自我沉浸（中年期）：代际关怀指的是处于中年期的人对于未来一代成长的关心。埃里克森认为，如果中年人更加关心未来一代的成长，关心下一代将要生活于其中的社会状况，就会产生精力充沛感，赋予生活更多的意义；如果没有形成代际关怀，则沉溺于自我，难免颓废迟滞，感到生命缺少意义。

完美无缺对悲观绝望（老年期）：在老年期人有更多的时间用于反思自我的发展历程与人生在世的意义。如果一个人经过深思熟虑接受了人生的意义，并对自己的一生发展感到满足时，就会有一种完美无缺的感觉。如果一个人回首往事时认为失去了许多机会，或者走了许多错路，则会感到晚景凄凉，对生活产生厌恶感，再加上对死亡的畏惧，容易陷入绝望之中。

（五）皮亚杰的理性自我理论

瑞士心理学家和哲学家让·皮亚杰（Jean Piaget）并没有对人格发展进行整体的研究，他只是关心人格发展的一个局部，即认识的发展。皮亚杰对社会化理论的主要贡献在于他对儿童的认识发展阶段进行了具体划分，并对儿童在不同认识发展阶段的思维特征进行详细描述。在皮亚杰看来，儿童并不是按照他人要求逐步成形的适应者，而是根据他们自己对世界的认识能动地安排世界的独立行动者。他认为，模仿不是儿童的主要学习方式，儿童创造自己的行为的程度超过对他人行为的模仿①。

皮亚杰相信，尽管有些儿童比另外一些走过这些阶段要快些，但所有的儿童都必须按同样的顺序走过所有的阶段。因为他断言，从婴儿期到青少年期，儿童所有的活动都标志着确定的智力操作类型，这些智力操作类型为儿童获得知识给定了某种结构。因此，皮亚杰感到，像“可以在任何时候对任何孩子教任何东西”的说法，本身就是错误的、荒谬的。

皮亚杰认为在学习的过程中，儿童必须积极参与，吸收知识并加以消化。皮亚杰相信，儿童智力发展要经过下列四个阶段②。

1. 感知运动阶段

从出生到两岁，儿童能运用某种原初的格局来对待外部客体，能开始协调感知和动作间的活动。但其感知运动的智力还不具备操作性质，因为儿童的活动还没有内化。这一阶段的儿童完全是通过他们的感觉器官与外界环境的接触来感知和了解世界的。

2. 前操作阶段

从两岁持续到7岁，在这个阶段儿童学会说话，开始以符号作为中介来描述外部世界。当他在实际活动中遇到挫折需要加以校正时，他是靠直觉的调整而不是依靠操作。因为儿童认识的发展大部分是依赖表象的心理活动，这时的儿童由于不能理解速度、重量、数、质量或因果等抽象的概念，所以他们还不能从事许多简单的智力活动。儿童在这个阶段有一个最大的特点就是以自我为中心：他们向来都是从自己的角度出发，从不站在他人的立场来思考问题。

3. 具体操作阶段

从7岁持续到12岁，在这个阶段，儿童能进行具体操作，也就是能在同具体事物相联系的情况下，进行逻辑操作。这时儿童的思维已具有了可逆性和守恒，

---

① 〔美〕刘易斯·科塞. 社会学导论［M］. 安美华等译. 天津：南开大学出版社，1990：144-145.

② 〔美〕戴维·波普诺. 社会学（11版）［M］. 李强等译. 北京：中国人民大学出版社，2007：164.

守恒是这个阶段的一个主要标志。这时的儿童已经能够采取与重量、速度、数量或质量有关的多种行动，能够理解他人的角色并开始发展从他人的角度来想象自己的能力。

4. 形式操作阶段

从12岁开始，到15岁结束，在这个阶段，他们的思维能力已超出事物的具体内容或感知的事物，思维水平已经达到逻辑思维的高级阶段，能够进行高度形式的、抽象的思维，能够进行思维的逆向性和互反性变换。用皮亚杰的话来说，其思维的特点是“有能力处理假设而不只是单纯地处理客体”“认识超越于现实本身”，而“无须具体事物作为中介了”[①]。

（六）科尔伯格的道德自我理论

美国当代著名心理学家和教育家劳伦斯·科尔伯格（Lawrence Kohlberg，1927—1987）在继承瑞士心理学家皮亚杰的一些学说基础上，根据他在美国、英国、中国台湾、土耳其和墨西哥等地的研究，创立了道德发展阶段论（theory of moral development）。道德发展阶段论强调儿童的道德发展与其年龄及认知结构的变化有很大关系，它以不同年龄儿童道德判断的思维结构来划分儿童道德观念发展的阶段。

它强调道德发展是认知发展的一部分，强调道德判断同逻辑思维能力有关。运用道德两难法研究人的道德判断发展，科尔伯格将儿童道德判断发展划分为三种水平、六个阶段。

1. 前习俗水平

其基本特征是：儿童由外在要求判断道德价值，服从规则及避免惩罚，遵从习惯以获得奖赏；具备关于是非善恶的社会准则和道德要求，但他们是从行动的结果及与自身的利害关系来判断是非的。这一水平分为两个阶段：第一个阶段是惩罚与服从的定向阶段。他们判断道德是根据是否受到惩罚或服从权力。他们凭自己的水平作出避免惩罚和无条件服从权威的决定，而不考虑惩罚或权威背后的道德准则，所以这个阶段的儿童认为凡是权威人物赞同的就是好的，遭到他们批评的就是坏的。第二个阶段是天真的利己主义阶段。好坏以自己的利益为准，因

① 〔瑞士〕让·皮亚杰. 发生认识论原理［M］.王宪钿等译. 北京：商务印书馆，1981：37.

此这一阶段儿童首先考虑的是，准则是否符合自己的需要，对自己有利的就好，不利的就不好。

2. 习俗水平

其基本特征是：儿童以他人期待和维持传统秩序判断道德价值，遵从陈规，避免他人不赞成、不喜欢，遵从权威，避免受到谴责；有了满足社会的愿望，比较关心别人的需要。这一水平又分为两个阶段：第一个阶段是好孩子的道德定向阶段。这个阶段根据他是否为别人所喜爱，是否对别人有帮助或受别人称赞而决定一个人的行为正确与否。第二个阶段是秩序的道德或维护权威定向阶段。这一阶段的儿童对普遍的社会秩序和服从法律有了一定的意识，使社会秩序得以维持。不仅是儿童，别人也必须遵守不变的法则和尊重权威。

3. 后习俗水平

其基本特征是：人们以自觉守约、行使权利、履行义务判断道德价值，遵从社会契约，维护公共利益，遵从良心式原则，避免自我责备；力求对正当而合适的道德价值和道德原则作出自己的解释，履行自己选择的道德准则，而不理会权威人士是否支持这些原则。这一水平也分两个阶段：第一个阶段是社会契约的定向阶段。在这一阶段，认识到法律、社会习俗仅是一种社会契约，是可以改变的，而不是固定不变的，个人看待法律较为灵活。第二个阶段是普遍的道德原则的定向阶段。这个阶段，在判断道德行为时，不仅考虑到适合法律的道德准则，同时也考虑到未成文的有普遍意义的道德准则。前提是个人有某种抽象的、超越某些刻板的法律条文的、较确定的概念。当然其道德判断已超越了某些规章制度，更多地考虑道德的本质，而非具体的准则。

第二节　社会化的内容解构

社会化的内容非常广泛，从横向方面看，涉及个体生活的各个方面，主要包括基本生产、生活知识和技能的掌握，学习能力的提高；社会文化的认同，社会规范的学习；社会角色的学习和扮演；生活目标和人生理想的确定；完善个性的培养；等等。从纵向方面看，包括贯穿个体一生的各个人生阶段的不同角色的学习与扮演。

一、个体社会化的基本内容

个体社会化的基本内容，是指每个个体参与社会生活、从事社会活动所必需的社会化内容。最基本的社会化内容应该包括培养基本的生存技能，培养承担社会角色的能力，促进个性的形成和发展，培养正确的自我观念，传递社会文化，促进社会成员对社会共同价值观念的内化等。

（一）掌握生产、生活基本知识和技能，学会学习

掌握生活和劳动技能是社会化的最基本要求。一个人要生存，首先得解决吃穿问题。新生婴儿除了简单的本能之外一无所能，完全依赖成人的照顾。在学习吃饭、穿衣、走路的过程中，儿童逐渐积累生活经验，掌握必要的生活技能。就一般情况而言，基本生活技能主要是在家庭环境中培养起来的。

在个体的成长发育过程中，还必须掌握一定的劳动技能。早期人类社会中，由于生产力落后，劳动技能相对简单，人们往往是在实际的劳动过程中学习和掌握劳动技能的。在现代工业社会与信息社会，劳动者劳动技能的要求随着生产劳动中的科学技术含量越来越高也相应地发生变化。因此，正式教育和专业教育在劳动技能培养方面的作用显得越来越重要。社会通过各种类型的科学文化技术教育，使其成员掌握一定的劳动技能，以适应科学技术高度发展的社会。基本劳动技能的传授主要由学校及专门的职业培训机构进行。

此外，在现代社会中，社会变迁的速度加快，知识更新周期缩短，要想适应现代社会的发展和变化，个体必须不断学习，及时更新自己所掌握的有关生产和生活的知识和技能。这就要求个体在社会化过程中注重对自己学习兴趣和能力的培养，使得自己愿意学习、学会学习，提高学习的能力和效率。

（二）认同社会文化，学习社会规范

认同社会文化是个体社会化的一项基本内容，它是指个人在社会化过程中通过学习、领悟而将特定的社会文化内化于自身的过程。对于特定的社会文化的认同有利于增强社会凝聚力，促进社会团结。广义上的文化包括物质层面上的文化、精神层面上的文化和制度层面上的文化，但不管是何种层面的文化，起灵魂作用的总是蕴含在其中的价值观念。它对个人的社会行为起着引导支持和调节作用，原因是价值观念在社会文化中处于核心地位。因此，社会文化认同的关键就是将代表特定文化的最核心、最基本内容的价值观念内化。

社会规范是调整人们行为的各种条例或准则，是维持社会秩序的重要工具之一。社会规范规定了在特定情况下人们可以做什么，不可以做什么，什么是必须做的。常见的社会规范包括风俗、习惯、道德、宗教、法律等，它既可以是成文的也可以是不成文的。有些规范是普遍性的，适用于所有社会成员，有些规范只适用于某一部分社会成员，还有一些规范只适用于处于特定情境中的人们的行为。但是，不论哪种社会规范都具有一个共同的特征，即约束性。它可以约束个体的任意行为，协调人们之间的关系，以便使社会秩序井然。社会规范的社会化就是要通过各种形式的教育和其他形式的力量，使个体学习和掌握各种社会规范，并自觉地按照社会规范的要求，调整自己的行为，正确处理个人与他人、群体和社会之间的关系。

（三）学习和扮演社会角色

社会角色与社会地位相连，社会上的每一种地位都有一套被期待的、与这种社会地位相对应的权利义务和行为模式。所谓角色就是这套权利义务与行为模式体系。实际上，角色也就是社会对处于某一社会地位上的人的一种社会期待。在社会生活中，只有人们都按照社会对自己的角色期待和要求，进行角色扮演，各司其职，社会系统才能正常有序地运转。因此，社会角色的学习和扮演就成了个体社会化的一个重要内容。

事实上，人们可以有几种不同的地位，每一种地位又可能附有几种不同的角色，这样人们便处于一种“角色丛”中。当“角色丛”的各种角色期待之间发生冲突时，就可能会造成角色紧张，给角色扮演造成麻烦。这就要求把角色冲突和矛盾的处理作为一项重要的个体社会化内容来看待。

值得注意的是，社会角色社会化绝不仅仅只是个体被动学习关于其特定文化中的社会地位的角色期待，按照这一期待亦步亦趋地扮演这些角色过程。事实上，社会化是一个人类可以施加作用的过程。就角色社会化而言，它不仅仅是个人简单地接受角色期待和要求的过程，还是一个协商和创造的过程。个体正是通过不断推进的社会互动过程逐步理解并接受社会角色的。

（四）确定生活目标和人生理想

生活目标和人生理想的确立是个体社会化的重要内容之一。生活目标与人生理想既有所区别又密切相关，生活目标是通过自己的努力可以实现的具体目标，人生理想是人们对自己未来的合理的想象或希望。无论是生活目标还是人生理想的确立都与一个人的人生观密不可分，都是关于人为什么活着和怎样活着的根本看法在现实生活中的外化和体现。通过社会化使社会成员确立起生活目标和人生理想，必须注意对其进行人生目的和意义的教育，因为一个人的人生观往往在其生活目标和人生理想的确立过程中起着至关重要的指导和引领作用。

一般来说，一个人最初确立的生活目标和人生理想，在很大程度上受到父母和教师的影响。但是个体年龄的增长，社会实践的广泛深入，接触更多的人和更广阔的社会，使其视野开阔，见识增加，从而家庭影响减小，个体能动性增大，个体有了自己的价值观念，开始自己选择自身的生活目标，这就有可能导致最初确立的生活目标和人生理想发生改变，从而树立起新的社会目标和人生理想。

（五）培养完善的个性

对于个体而言，社会化就是个体内化社会文化和社会规范，形成自己独特个性的过程。所谓个性是指个体独有的并与其他个体区别开来的整体特性，即具有一定倾向性、稳定性、本质的心理特征的总和，是一个人共性中所凸显出的一部分。从狭义方面来讲，个性包括个性心理特征和个性倾向性两部分。个性心理特征是指人的多种心理特点的一种独特结合，具有相对稳定性；个性倾向性是推动人进行活动的动力系统，是个性结构中最活跃的因素，包括能力、气质、性格等。从广义方面来讲，除了上述两种比较稳定的带有一贯性的结构成分外，个性还应包括心理过程（如认知、情感、意志等过程）和心理状态等。广义的个性结构实际是指在人的整个心理结构中，把个性和人作为同一语言理解。

个性的形成主要取决于后天的环境和条件及主观的努力，当然也不能完全排除先天因素。但婴儿出生后并没有形成自己的个性，尚未成长为一个社会的人。随其成长，他的内部世界在不断地丰富、发展和完善，最后成长为一个从事社会实践活动的独立个体，成长为完全的、现实的、具体的社会成员，形成了全面整体的个人和持久统一的自我，这时他便具备了自己的个性。也就是说，个性的形成和发展是在先天素质的基础上，通过后天的家庭、学校和社会环境的影响，经过儿童自己的实践活动和积极主动性才逐渐形成的。促进个性的发展与完善是贯穿整个个体社会化过程的基本内容，社会化就是要使社会成员形成符合社会价值标准的个性，以便能够有效地参与社会生活，并在具体的社会实践中继续不断地塑造和完善自己的个性。

二、个体社会化的阶段内容

个体社会化是贯穿个体一生的社会化过程，每一个社会对于不同年龄阶段的个体所要扮演的社会角色都有不同的权利和义务要求。每一个个体要想很好地适应社会，在社会中更好地生存和发展，就必须不断地学习和适应各个不同年龄阶段所提出的各种社会问题，不断地进行社会化和再社会化。

（一）童年期的社会化内容

童年期和青春期都是现代工业社会的发明，在前工业社会并不存在童年期和青春期的概念[①]。在前工业社会中，生命只被划分为未成年期和成年期两个主要阶段。童年不是一个独立的生命阶段，小孩子从漫长的婴儿期通过特定的仪式一下子就进入了成年人的角色。童年期和青春期的概念被引入生命周期是由工业社会的发展导致教育延长的结果。

童年期是社会化的关键时期，个体在童年期的社会化，主要通过学习语言、生活知识和培养认识能力，在社会中掌握行为规范，与周边人建立感情联系，发展道德及价值判断标准等。在童年期，家庭担负着主要的社会化责任，正是在这个意义上我们常说“家庭是孩子的第一课堂”“父母是孩子的第一任老师”。儿童从出生起，就在具有种族、阶级、宗教、地区等特征的家庭中获得了一种地位，所有这些特征都对儿童以后的社会化产生重要的影响。

（二）青春期的社会化内容

青春期是个体社会化历程中的关键期，也是个体发展的一个危险期。一方面，这一时期的青少年在身体上得到了急剧的发展，而心理的发展很难与身体的发展相适应；另一方面，这一时期的青少年为了提高并获得新的社会地位和扮演新的社会角色的能力，又有许多新的东西需要学习和适应。青春期大量的社会化内容是以预期社会化的形式出现的，青春期的社会化是一种指向未来角色的社会学习过程[②]。也就是说，青春期社会化是在为各种成人生活角色作准备的过程。

根据埃里克森的社会化理论，青春期是个体从自我追寻到自我定向的关键时期。在这一时期，如果青少年将各种新的角色与原有角色很好地统合在一起，形

---

① 〔美〕伊恩·罗伯逊. 社会学［M］. 黄育馥译. 北京：商务印书馆，1990：165-168.

② 〔美〕戴维·波普诺. 社会学［M］. 李强等译. 北京：中国人民大学出版社，1999：163.

成一个和谐的角色丛，就会形成良好的自我认同感，否则，将会出现自我认同危机，严重影响今后的人生发展。

与童年期不同，对于青春期的大多数青少年而言，学校与同辈群体是其社会化的主要社会机构。大多数青少年的社会化更多地受学校和同辈群体的影响，而更少地受家庭的影响。

（三）成人期的社会化内容

一般而言，个体进入成年期以后，职业的预期社会化已经完成，职业生涯正式开始。这一时期，个体通常还要通过婚姻建立新的家庭。因此，许多新的社会角色需要成人去学习和适应。例如，学习和适应一名正式社会成员、一名公民的角色扮演，学习和适应一名丈夫或妻子的角色扮演，学习和适应父亲或母亲的角色扮演，学习和适应职业角色的扮演等。

美国心理学家布里姆（Brim）认为，成年期社会化与童年期、青年期的最主要区别在于，童年期和青年期偏重于确定个人的价值标准和动机，而成年期的社会化则偏重于使价值标准付诸行动①。这样看来，成人期社会化主要是个体之前预期社会化的继续，是个体之前预期社会化成果在成人社会生活中的展现和应用。经过童年期和青年期的社会化过程，成人已经建立起了稳固的自我形象，具有了较强的自我控制能力，能够自觉遵守社会的规范和价值，使自己的欲望服从社会的规则。但实际上，越来越多的证据表明，成人的人格并未完全定型，成人期的社会化任务仍然不容忽视。

与童年和青年不同，成人社会化的动机比较明确，他们能够根据自己的意愿去选择角色。与儿童社会化将“角色借用”作为重要的策略不同，当角色内容发生变迁的时候，成人可以“制造角色”（role making），即重新定义或再创造现行的角色。

（四）老年期的社会化内容

老年期一般从退休开始算起，它通常意味着地位的丧失。就好比把青年期看成一生中最有希望的一个阶段，则老年期被认为是希望最少的时期。但是，几百年以来，年老与社会地位的增长是密不可分的。一般来说，在传统社会中，一个人越老，相对于他自身而言社会地位就越高。但是，到了现代社会，社会平等的

---

① 鲁洁. 教育社会学［M］. 北京：人民教育出版社，1990：583-584.

观念向老年人的领导地位提出了挑战，高地位与高权力自然属于老者的观念被社会平等观念所取代，而社会平等的观念更有利于青年人而不是老年人。在传统社会，由于社会变迁速度慢，老年人因年龄优势而掌握了大量有效的、社会生产和生活所必需的知识与技能，从而体现出更高的社会价值，占有更高的社会地位。但是，在现代社会，由于知识更新和技术革新的速度非常快，老年人掌握的许多知识与技术很快就过时了。相反，青年人因为具有思维敏锐、接受能力强、敢于创新等特点，对于新知识的学习、新技术的掌握明显要强于老年人，老年人的传统优势进一步丧失。此外，由于家庭规模的缩小，核心家庭的增多，年迈的父母在家庭生活中也逐渐成为一个被边缘的、不重要的角色，这就进一步降低了他们的社会地位。

在这一时期，社会化的主要内容表现为，个人必须学会调整自己，使社会声望的逐渐下降、身体机能的变弱、面临死亡，以及一个人的生活失败等与之相适应。在上述老年社会化中，对于死亡的社会化通常受到限制或忽视。人们拒绝死亡，向濒临死亡的人掩盖他们的真实处境，并把死亡的所有蛛丝马迹都从我们的日常生活中赶走。其实，死亡是人在老年期必须面对的社会化内容之一。研究者发现，大多数人接受死亡经过了五个阶段：第一阶段是拒绝并与他人隔绝；第二阶段是愤怒；第三阶段是讨价还价（与死神做交易，祈求上帝或命运之神能让他多活些日子）；第四阶段是沮丧；第五阶段是接受。有关死亡的社会化可以使人坦然面对死亡，减少因害怕死亡而带来的恐惧与焦虑。

第二章　体育与人的社会化理论发展

第一节　不同年龄阶段体育与人的社会化研究

事物都具有一定的特性，作为生命个体的我们不是一出生就能根据这一特性作出正确选择的。我们从出生到生命结束，为了适应社会的发展和参与社会实践活动，在生命的每一个阶段我们都在不断地学习，在学习中总结一些经验和启示。所谓社会化，是指个体与社会互动的过程中，逐渐养成独特的个性和人格，从生物人转变为社会人，并通过社会文化的内化和角色知识的学习，逐渐适应社会生活的过程。哈维格斯特在《人类发展》中把人一生的社会化过程划分为六个阶段，即幼儿期、儿童期、青年期、成年期、中年期、老年期。显然在人生的每一个时期都存在着学习和融入社会的问题。换句话说，社会化是一个贯穿于人的始终的过程。

体育运动中，体育参与包括体育锻炼、运动训练、体育游戏等一系列活动，既是学习的过程，又是社会化过程。因此，体育社会化是人的社会化的重要方面，也是体育社会学研究的重要领域之一①。体育运动与人的社会化是西方体育社会学的热门话题，西方体育社会学者也是研究者之一。西方有关体育社会化研究开始于20世纪50年代的北美，之后在理论研究和实证研究两个方面都有发展。

本章按照人的生命阶段，对西方体育社会学有关体育运动与人的社会化研究作出检视。

一、儿童、少年阶段体育与人的社会化研究

所谓社会化是人为了获得社会主体性身份，学习适当的角色行动，并和所属社会体系成员期待相适应的相互作用的过程。因此，所有的社会体系都可以看成通过各种社会影响过程修正个人行动的社会化承担者。在儿童、少年体育社会化研究方面，西方体育社会学者从宏观的社会系统出发，从特定的微观层面上思

---

① 常乃军，曹景川，曹永林. 现代体育与和谐社会建设研究［M］. 太原：山西出版集团 · 山西教育出版社，2010.

考并揭示游戏、比赛、竞技对儿童少年社会化的影响①。其中，以家庭、同伴群体、社会和体育教育中的体育运动与社会化研究是西方体育社会学体育社会化研究的一个亮点。

（一）家庭中的玩耍游戏与社会化研究

家庭是最初对儿童产生影响的社会化承担者。作为个体的人，他的基础性的自我概念大部分形成于家庭，J.W.洛伊和A.G.伊戈汉姆探讨了在社会化过程中的家庭中的玩耍游戏对儿童发挥了什么样的功能。

1. 自我发展

米德在《精神·自我·社会》中详细论述了个人是如何获得自我充分发展这样一个颇有意义的问题。在米德的自我发生理论中，论述了自我充分发展时两个一般性的背景因素和两个一般性的阶段。第一个背景性因素是基于动物间姿态性会话和基于语言表达能力的人的信息表达；第二个背景性因素是游戏和比赛活动中的表现。有关自我发展的两个阶段划分是：第一阶段，个人的自我只限于关注他人对于他本身的特定态度，以及他本身参与特殊行为中个体相互之间发生的特定态度。第二阶段，自我不仅关注他人对自身的特定态度和参与特殊社会行为中个体相互间发生的特定态度，而且关注他所属的社会群体全体的社会性态度。

在米德看来，自我发生中的游戏往往和自我发展的第一阶段相联系，比赛常常和自我发展的第二阶段相联系。游戏中儿童们扮演和模仿与他们直接相关的但又是广泛存在于社会世界的角色，在扮演这些角色的过程中，儿童们对这些社会角色产生一种组织化的态度，进而通过扮演角色，儿童们又会形成与扮演的社会角色分离的自身对这一社会角色的印象。与之相对照，比赛状态中的儿童，必须取得进行比赛的各种角色，并为之作出准备。为了完成他自身特定的行动和任务，必须预先感知所有比赛队员的行动。而米德更是将儿童、少年参与比赛理解为组织化的个性性格发生的实例。儿童只要能够理解他人的态度，并且在和同伴共同的行动中考虑他人的态度，他就能够成为社会有机的成员。

---

① 王志强，常乃军，张育存，等. 城市社区体育激励相容约束机制研究［J］. 北京体育大学学报，2013，36（5）：34-38.

2. 儿童时代初期的玩耍游戏与发展阶段

在幼儿期最初能够看到的和个性性格发展相关，而且和社会化过程相关的是游戏。埃里克松把幼儿期的游戏分为三个阶段，即自发的漫无边际的玩耍，微观的漫无边际的游戏，放大了的漫无边际的游戏。在自发的漫无边际的玩耍阶段，幼儿集中注意自身的身体，玩耍常存在于通过感觉、知觉、肌肉运动知觉、声响等的反复寻觅探求之中。微观的漫无边际的游戏阶段，幼儿只限于容易玩耍的玩具领域。在幼儿园时期，上述游戏性活动便扩展到一个宏观的领域，即和他人共有的世界。儿童在以家庭为主的玩耍游戏中发展着自己初期的社会化经验。

3. 儿童、少年时代比赛游戏与社会化

随着年龄的增长，儿童以家庭为主的玩耍游戏发展到以比赛游戏为主的阶段，比赛游戏与儿童、少年的社会化紧密联系起来，对儿童、少年比赛的分析，为认识和理解比赛对儿童、少年社会化提供了重要的视角。这里所不同及需要注意的是，一般性比赛和竞技体育分析应该是儿童、少年特殊的学习比赛的设计和发展的必要条件。如果比赛和竞技体育的社会化功能能够得到更好、更充分的认识，那么适合各个年龄水准的比赛活动在基础性上、多维度上、结构性上还需要我们更多的知识。为了明确竞技与竞赛的一般结构，阿佩德和桑德·史密斯，洛伊和凯尼恩分别对其进行了探索性研究。有关竞赛的结构性维度问题尚未见到开创性的研究报告，仅有海伦和桑德·史密斯从发展论和结构论的视角对游戏、比赛、竞技进行过探索。具有代表性的成果是桑德·史密斯于1981年在第2届国际竞技体育·体育史研讨会上提交的论文，在这篇论文中，他研究并验证了5～12岁儿童进行的“接近与逃避”比赛游戏的逻辑发展过程，讨论了不同年龄水平的比赛游戏与特殊的空间、时间关系，特定比赛游戏范畴的特定接近与逃避行为及游戏者之间的关系。桑德·史斯密的分析，如表2-1所示。关于“接近与逃避”比赛游戏的逻辑发展过程，桑德·史密斯作了以下论述。

“接近与逃避”通过四个年龄层次，即从初始时对不可思议的鬼的出现在力量上的检验，到最终对相对具有相同技能的其他游戏者的力的检验这一逻辑发展过程中的行为，如追赶、逃跑、捕捉、获救、占领包含了双方的因素，各个年龄层次都存在着全新形态的空间性、时间性配置。时间和空间的配置对应于这些年龄层次儿童的认知结构。桑德·史密斯认为，其他类型的比赛包括竞技体育的竞

表2-1　“接近与逃避”比赛游戏的逻辑发展过程

水准	比赛举例	行为者	行为	空间	时间
5～6岁	1.捉迷藏 2.扮鬼游戏	拥有非常有力的中心人物	隐蔽的–探寻的 逃跑的–抓捕的	有隐身地和藏身地	插叙性
7～8岁	抢救同伴	无非常有力的中心人物	抓捕的–获救的	有隐居的场所和阵地	累积性
9～10岁	寻找突破口	中心人物和他者之间力量交替	抓捕的	两个巢穴	高潮性
11～12岁	战阵游戏	扩散的队伍	抓捕的–获救的 追赶的–逃跑的	巢穴与阵地	团队累积性

资料来源：仇军. 西方体育社会学：理念、社点、方法［M］. 北京：清华大学出版社，2010.

赛，也具有相类似的行为和空间及时间关系。进而桑德·史密斯指出，比赛过程可以在上述发展论的形式中予以把握，儿童们通过上述系列游戏，在理解社会关系、社会行为及时间和空间的基础上学习社会化的重要的本质特性。

山口泰雄、池田胜以儿童为对象进行体育社会化问题的研究，得出以下结论：①就体育参与而言，父母与朋友的影响大，其中同性朋友和同性亲人的影响更大；②体育参与和出生排行序位相关，长子和独生子对双亲的依赖度大，而老二、老三具有脱离父母的“离巢”现象。山口泰雄、池田胜以一般成人为研究对象进行的体育社会化研究得出以下结论：①过去的体育活动经验和学校运动经历对参与体育活动有一定的影响；②体育的态度也是影响体育频度的一个因素；③男子比女子参与体育活动的次数要多，但是年龄越大差异越小；④工作单位体育活动的参与，在很大程度上受同事的影响和体育活动计划有无的影响。

（二）同伴群体中的体育与人的社会化研究

家庭内幼儿时代初期的社会化经验在继续。随着儿童年龄的增长，同伴群体和学校成为影响他们社会化的第二个重要社会系统，同伴群体和学校是社会化系统中的两个子系统，在北美，特别是在美国儿童、少年的体育运动与社会化都是经验性地将同伴群体和学校合并在一起论述。因此，这里将同伴群体和学校这两个社会化子系统放在一起加以论述。

1. 同伴群体的类型

最初，最不拘形式的同伴群体是带有偶然性聚集在一起的游戏群体。儿童出生后三四年发生的，即在早期发生的群体相关社会行为，在整个学龄期初期游戏群体持续产生着相互作用，通常有两个特征可以将游戏群体从其他同伴群体中区分出来。第一，游戏伙伴的选择无论是种类还是人数都是相对稳定和有限的。第二，对于最初加入的儿童来说，游戏群体是用儿童的视角评价作为儿童的他，并用同样的视角向他传授行动规则。

根据博萨特和波尔的研究，儿童、少年中高年龄同伴群体有两种主要类型，即正常群体和问题群体。正常群体的成员具有大体相同的社会性地位。赞同从群体中排除异类者，这一群体是一种小规模的关系亲密的社会参与群体。问题群体和正常群体相比，它是一种更具标志性的群体，通常具有绰号、记号、口号、暗语、特殊的服装，具有一种将自己同一化的下位文化。哈维格斯特和纽戈阿顿研究认为，所有形态的同伴群体都具有以下三个共同的特征。第一，和将儿童置于从属地位的大人世界不同，伙伴世界的儿童、少年之间保持同等地位。第二，无论何种群体，其伙伴之间的关系表现出一时性的倾向，伙伴关系和友情一方面强烈，另一方面又难以维持长久，这一点特别是在儿童时代和少年时期尤为明显。第三，同伴群体的影响随着儿童、少年的年龄增长而加大。

2. 同伴群体的机能

社会化承担者的同伴群体具有多种机能，但是，通过同伴群体完成社会化的机能主要有三个，即教授文化与道德规范、教授新的社会角色、教授社会流动。

（1）教授文化与道德规范

一方面，各种不同的特殊同伴群体，都具有特殊的下位文化。另一方面，这些同伴群体又都具有以自身重要的方法反映作为整体的社会文化的倾向。通过同伴群体传播与教授的文化和道德性规范是同伴群体的机能之一。哈维格斯特和纽戈阿顿研究认为，儿童、少年通过伙伴学习成人一般性的道德标准，即学习成人的公平竞争、协同、诚实、责任。这些道德规范，最初虽然是儿童、少年的活动版本，会带有儿童、少年自身的特征，但随着儿童、少年的年龄增长，逐渐会演变成他们道德判断和道德行动的一种基准。

在儿童、少年道德发展中，有关游戏角色的著名论述是皮亚杰（Piaget）的《儿童的道德性判断》。皮亚杰在比赛规则方面以两个特殊现象为焦点，即规则的实践和规则的认识。在规则的实践方面，皮亚杰将儿童游戏比赛中连续呈现的行动划分为三个不同的类型，即运动行动、自我中心行动、协同选择。与这三种类型行动相对应的是三种不同的规则。皮亚杰将其称之为起因于运动智能，从社会性接触开始的相对独立的运动规则起因于尊重对方的强制性规则，起因于相互尊重的合理性规则。结果发现，儿童、少年对三种类型行动规则的理解与执行是理想的。巴拉伊对比赛对于道德修养的积极作用进行归纳，认为竞争性比赛是基于自然主义的不变的道德理念，通过他律性和道德现实主义的手段，从有特征的道德品行的观点，把人与人之间相互尊重和相互协同的能力根植于成熟的自律性的道德观之中的一种发展和进步。

然而，拜尔柯斯、霍夫曼及卡尔巴克的研究结果表明，儿童作出的道德判断常常和皮亚杰的分析不一致，但是尽管如此，皮亚杰的分析对于比赛角色对道德价值内在化影响的重要观察仍颇有意义。海伦、谢格、维普的研究和发现支持了皮亚杰有关游戏的形式和态度能够作为社会化指标使用的观点。与如何通过比赛传播和表达文化的内容一样，有关把游戏作为社会化指标也是一个很好的经验性的例证，这是维普对青年期游戏的态度所作的一项专门性研究。根据维普的观察，从儿童的游戏向比赛、竞技运动转移，其影响因素包括活动难度的增加、合理化程度的提高和态度专门化的加强。这里维普所用的态度专门化的含义是，保持活动最主要的因素“公正性”的前提下，游戏的“技能”因素的重要性上升，游戏胜利和取胜的重要性增加。维普以美国密歇根州公立小学和教区附属小学学生为对象，采用问题调查的方法，对小学各年级学生在参加体育比赛时，个人认为最重要的事项进行了调查。调查所列的重要事项有全力以赴进行比赛、战胜对手、公平公正的比赛。研究结果显示，随着年龄的增长对公平公正因素重要性的认可减少，对成功即战胜对手因素重要性的认可增加。

在强调公正、公平、技术、成就等价值的现代社会，由于其市场经济特征，社会具有的公正、公平、技术、成就，大多数和体育运动领域强调的公正、公平、技术、胜利具有饶有趣味的对应关系。维普认为，体育运动本身在本质上是社会化的反映。对于其他制度而言，体育运动本身的价值观是社会制度价值观的反映。

在同伴群体中的体育运动与社会化研究中，西方体育社会学者通过研究还有一些有趣的发现。例如，儿童、少年通过体育的社会化与出生序位和兄弟姐妹数相关。海老原修等研究发现，在男性中年长的哥哥是年幼的弟弟的体育角色模型，年长的哥哥具有父亲的角色含义。饭岛俊明分析了儿童在体育的社会化过程中家庭成员的影响，发现无论是男性儿童还是女性儿童，父母都是他们重要的社会代理人。饭岛俊明研究还发现，儿童在体育的社会化过程中，兄弟姐妹的影响也不可忽视。与女性儿童相比，男性儿童更容易把哥哥和姐姐当成自己重要的偶像。久保和子、多多纳秀雄和德永干雄等的研究都表明，出生序位、兄弟姐妹人数与体育运动行动和体育的社会化呈显著性相关。

兄弟姐妹数和出生序位对运动能力和爱好体育态度的培养也产生影响。松本和青木研究发现，影响幼儿运动能力的因素，发现在出生序位上，排行老二以下的儿童，在与玩耍伙伴和兄长的相互作用中，玩耍的机会和多样性增加。同时，双亲对其过分保护相对减少，身体活动量增加，运动能力发达。另外还发现，兄弟姐妹婴幼儿时期的玩耍和运动经验不仅有助于运动能力的培养，而且还是影响体育爱好态度形成的重要因素。

总之，包括体育社会学在内的西方学者的研究揭示了在同伴群体和学校背景下，如何通过游戏、比赛、竞技体育这些相对间接的不显著的手段，使儿童适应其所处的社会这样一个社会化问题，取得了令人瞩目的研究成果。

（2）教授新的社会角色

从社会化的角度来说，同伴群体和学校的一种机能是教授新的社会角色。同伴群体中的不同关系为青少年提供了竞争各种地位和社会性位置的机会，向他们提示了尝试各种行动过程的适宜的情景。进行竞技体育和各种比赛几乎是同伴群体普遍的特质，因此它客观上起到了教授新的社会角色的重要作用。对此，赫兰科以斯堪的纳维亚的儿童为对象所进行的一项关于参与竞技体育发展模型的研究就证实了这一研究假设。赫兰科还就社会化扩展问题进行了研究，记述了社会化中儿童之间相互作用的扩展形成。最初儿童间的相互作用是在两人之间，以后扩大到赫兰科称之为的第一次群体，进而扩展到小型共同体，最后扩展到更大的社会系统。赫兰科通过对不同年龄层次儿童在竞技体育学习中的相关社会行为的研究，揭示了儿童在渐进的复杂社会系统中是如何相互作用、接触新的社会规范和角色的。在竞技体育及社会化的相互关系检验中，赫兰科把以同伴群体作为承担者的社会化过程分为三个阶段，即前群体期、群体期和后群体期。有关社会化阶段划分，如表2-2所示。按照赫兰科的观点，同伴群体内的竞技体育参与有两种基本机能：第一，它是与竞技体育相关的社会行为的娱乐源头；第二，竞技体育参与具有强化同伴群体内社会地位的作用。如同赫兰科观察的那样，竞技体育和同伴群体共同构成社会环境，在这样的社会环境中儿童、少年在人生之初就能体验在伙伴中间创造自身的社会性位置。

表2-2　社会化的阶段划分

年龄/岁	弹子术游戏学习的诸阶段（依据皮亚杰的理论）		少年社会化过程的诸阶段（依据赫兰科的理论）
	规则的实践	规则的认识	
1 2 3 4	第一阶段 （个体性质的运动行为）	第一阶段 （无理解、无规则）	庭院群体阶段 自我中心的 幼稚的二人关系开始出现 未形成现实的群体 不存在竞技体育
5 6	第二阶段 （自我中心的）	第二阶段 （认为规则是神圣的、绝对的）	前群体阶段 幼稚的群体开始形成 幼稚的竞技体育
7 8 9 10	第三阶段 （共同的）		群体发展的第一阶段 强烈的内群体归属意识 向心性的相互作用 群体内各种俱乐部开始形成 竞技体育（球类比赛）开始出现
11 12 13 14	第四阶段 （规则的成人化）	第三阶段 （认为规则是相对的）	群体发展的第二阶段 阶段初期钢体式的群体开始出现 阶段后期相互作用的离心性加强
15 16	弹子球式的游戏兴趣结束		群体与群体俱乐部 对竞技体育的兴趣持续发展并更具有个人性
17 18			群体发展终了，出现去群体现象，个人结伴成二人关系

资料来源：仇军. 西方体育社会学：理论、社点、方法［M］. 北京：清华大学出版社，2010（后面图表也为引自仇军的书）

赫兰科及其他西方学者还分析了同伴群体中竞技体育与社会化的关系。但是，他们并没有检讨是何种类型的社会角色可以通过和伙伴的游戏学习并获得这一社会角色的迁移。同伴群体中学习的最重要的社会性角色就是个人的性别角色，这是研究教授和学习新的社会角色不能回避的问题。性别，随着出生而决定，具有先赋性，性别角色的学习是家庭社会化过程中的重要组成部分。同伴群体强化并扩展了初期性别角色的取得和认识。正如哈维格斯特和纽戈阿顿指出的那样，同伴群体在当今社会为陶冶和塑造男士风度和女士风度的男性及女性行动充当了强有力的媒介角色。但是，特兰约指出，与我们这个社会塑造男性更像男性、女性更像女性的技能和行动虽然是特定的个人性行动，但是与角色相适应的态度和价值观是长期复杂而且常常伴随着混乱的学习课题。几乎所有的少年男女都面临无成人帮助，在挫折和摸索中盲目地向人生的下一个阶段发展这样一个现实的问题。

在重提男性更像男性、女性更像女性这一概念之际，特兰约关于青少年经验的研究虽然完成于20世纪40年代，但在今天仍然具有现实意义。之所以这样判断，是因为媒体舆论对同性恋、女性解放、性解放运动这一系列具有负面影响的社会问题的忧虑，关于性的主体自主性问题，再一次被全面地提了出来。例如，维内科在一部名为《新新人类》（*The New People*）的著作中，详细描写了美国生活无性化的过程。他提示人们，今天的性角色修正与社会本身存在的能力具有密切的关系。维内科进一步预言，未来的考古学者可能会把人类对性主体性和自主体的过激变化与转换看成我们这个时代发生的唯一最重要的事件。

布朗则不无遗憾地认为，性角色行动是个性性格特征形成和发展领域探讨最少的一个领域。许多学者，诸如普拉维、甘普和桑德·史密斯、罗塞巴科和桑德·史密斯，他们认为，一方面，作为同伴群体进行比赛的副产品，少年男女可以学习适宜的性角色行动；另一方面，有关这种适宜性角色究竟可以学习到什么程度，相关的研究却比较少，而且也缺乏有关调查和测试进行性角色学习发生的特殊方法。因此，有关性角色社会化的相关研究现状也仅停留在验证游戏活动中明确的性别差异研究上。什么样的社会化过程和性角色相关联？性角色是怎样社会化的？这些问题的研究还处于推测阶段和问题的缘起阶段。

关于游戏比赛选择中的两性差异，一个更大范围的验证是桑德·史密斯和罗塞巴科进行的题为《美国儿童比赛偏好的60年历史变迁》的研究。在这个研究中，桑德·史密斯和罗塞巴科调查了不同阶段美国儿童、少年的比赛偏好。这是一个关于儿童、少年比赛偏好的纵贯性比较研究。这项研究的一个重要发现是从20世纪初期开始少年女子的比赛嗜好越来越和少年男子接近。桑德·史密斯和罗塞巴科还指出，在这整个60年中，如果以美国文化中人们熟悉的女性角色变化作为参照系加以对照，这一发现是以前学者们未能预见到的。桑德·史密斯和罗塞巴科还发现，少年的游戏和比赛角色越来越受到限制，而且，今天的少年女子进行着的游戏和比赛项目又比少年男子更为广泛。桑德·史密斯和罗塞巴科还发现，在和少年女子有关的游戏项目的比赛上，少年男子的偏好不断下降。对于这一现象，桑德·史密斯从各个方面进行了解释，他认为，其一，因为少年男子行动具有明确的角色规定，经常进行的比赛要求和特殊的技能可能促进了少年男子对这些比赛项目的参与；其二，少年男子自身的能力与他们的年龄在性的活动角色所要求的能力之间存在着矛盾，可能也是原因之一。桑德·史密斯和罗塞巴科发现，和少年男子害怕粘上女性行动的社会污名相比，少年女子很少害怕粘上男性行动的名声。科拉蒂的研究也支持了桑德·史密斯和罗塞巴科的发现。

不少社会学者发现，许多少年男子距离男性角色模型有很大差距，因而很难确立适宜的性角色主体性，帕森斯的研究支持了这一发现。维内科研究发现，在美国许多一般性读物和学术性文献中，对美国社会男子的男性气质明显衰弱表示出关注。对这一问题的研究专著是塞科斯特的《被女性化的男性：白领阶层男性男子气质的式微》。塞科斯特认为，现在的学校系统有效地异化了青少年期的男性，她指出公立学校大部分教师是女性，女教师本身具有女性行动规范的偏好，并潜移默化地付诸她所设定的行动标准之中。塞科斯特观察到这样一个现象，女性化的中小学校使许多学生厌烦。不过，这样的学校会把学生向截然相反的两个方向拉动，如果学生被学校的价值理念吸引，就会向女性化方向发展；如果学生抗拒，就会被校方打入叛逆者和落后者的花名册。最后的结果使得越来越多的学生接受女性化的规范。

塞科斯特提出了许多支持自己观点的经验性证据，她调查获得的直接数据是基于城市社区共同体中一所1000人的中学，对九年级男女学生的记录及问卷调查的统计。她研究所使用的一些二次性数据是根据这个社区12 000名学生学习成绩与辍学行动记录的统计。塞科斯特还对九年级男女学生统计的数据与全国同年级调查的数据进行比较，塞科斯特统计分析的重点是学习成绩与男子气质的关系，在操作上，她把学习成绩表中全部为A的定为高位成绩者，把全部成绩为B和C的定为中位成绩者，把全部成绩为D和E的定为低位成绩者。男子气质的评价根据加利福尼亚个性性格测量Gough男性气质测试量表测试。比较男子气质与学习成绩测定结果，塞科斯特发现：①没有男子气质的少年几乎所有科目的成绩都是良好；②中位男子气质的少年具有体育与科学两科成绩最好的倾向；③最有男子气质的少年普遍英语成绩较差。研究男子气质与学习成绩的关系后，塞科斯特还研究了学业成功和男子气质与竞技体育的关系，并得到了以下结果。在竞技体育兴趣上，最有男子气质的少年男子，除网球、保龄球、排球（少年女子欢迎的项目）以外，其他运动项目的兴趣全部超过了最没有男子气质的少年男子。在兴趣模型上，高位成绩者的少年男子与低位成绩者的少年男子具有趋同的倾向。低位成绩者的运动项目兴趣和最有男子气质者最相似，与少年女子运动项目兴趣最不相似。塞科斯特还发现，高位成绩者强调个人行动，喜欢攻击性和身体性接触最少的竞技体育项目，而低位成绩者喜欢身体接触多的团队竞技体育项目。她还发现，身体接触多的团队，竞技体育项目在少年男子低位成绩者中特别受欢迎。高位成绩没有男子气质的少年男子讨厌拳击、台球这一类个人性竞技体育项目。在与竞技体育相关的社会行为方面，塞科斯特研究发现，低位成绩者参加学校运动型的体育代表队，在对竞技体育的认同上，低位成绩者有52%、高位成绩者有43%认为竞技体育的运动是最重要的。低位成绩者无论是学习日还是休息日都会在竞技体育运动上花费更多的时间。低位成绩者有50%，中位成绩者有38%，高位成绩者有15%，在学习日花费3个小时或3小时以上从事体育运动。少年女子在体育运动方面几乎不花费时间，其中大多在学习日绝不进行体育运动，还有一些只是偶尔进行体育运动。约有半数的少年女子参加体育运动的时间仅在30分钟以下。在不重视、不关心体育运动和一般余暇活动的意义上，高位成绩男生和其他男生相比，与同龄女生更相似。塞科斯特的研究最后指出，对于学校而言，如果以受动性的学业替代体育，或者只重视受动性学业，那么男性中业已衰弱的男子气质还将进一步下滑甚至可能会崩溃，如果那样，将是一种难以承受的重荷和现实。

（3）教授社会流动

与教授新的社会角色相关联的是通过同伴群体教授社会流动。哈维格斯特和纽戈阿顿研究指出，处于社会底层的少年男女通过组织化的青少年群体或者学校和中产阶层的少年男女交往交流结为伙伴，从中产阶层的少年男女那里学习新的行为方式，获得新的价值观和人生目标，从而有可能产生向上层流动的动力，提高自身家庭的社会地位。

虽然社会底层的学生通过与中产阶层学生的交往交流可能会产生向上层流动的动力，但是这种交流交往是相互的，其作用也是相互的，这种相互作用达到何种程度会引起后续的反应，迄今为止还没有学者进行过研究。只有霍利科斯特对阿尔姆托中学青年期少年男女群体关系的调查，霍利科斯特按学生家庭社会生活背景把他们分为五个社会声望阶层，得出了以下研究结果：如果不考虑学校地位因素，在调查的1258名学生中，有大约3/5的同一社会声望阶层的少年男女在相应的同伴群体中交往交流；有2/5的被调查者与相邻的社会声望阶层中的同伴群体交往交流，约有1/25的被调查者与相隔两个社会声望阶层的同伴群体交往交流。

霍利科斯特的这一研究发现给人们的启示是，在学校这样的共同体中，和其他类型的伙伴状况相比，体育活动形式的伙伴状况可能在社会底层学生和中产阶层学生的相互作用上发挥更大的功能，而校际间的体育比赛也会对教授社会流动起重要作用。谢弗和阿迈关于竞技体育参与与学业成绩的多种关系分析，支持了霍利科斯特的研究结果。谢弗和阿迈的研究结果是基于美国中西部两所中学记录的585名青年学生的基本数据的研究取得的。谢弗和阿迈将研究样本中的164人（28%）按拟定的标准划分成不同类型的竞技体育参与者，然后从智力测试得分、父亲的职业性地位、中学课程类型、小学毕业时平均成绩等方面，比较竞技体育参与者和非竞技体育参与者的学习成绩和竞技体育参与关系问题。

谢弗和阿迈的研究表明，在各种类型的竞技体育参与者中，50%以上的竞技体育参与者比非竞技体育参与者的学习成绩好，即竞技体育参与者在学习上的平均得分要高于非竞技体育参与者。在关于父亲职业与课程的关系上，竞技体育参与者与非竞技体育参与者之间的差异较大，竞技体育参与者中无论是体能性参与者还是智力性参与者，在学业上的平均得分都高于非竞技体育参与者。谢弗和阿迈的研究还发现，参与校际间运动竞赛对于学生学习成绩具有保持性效果，即竞技体育参与者有9.2%在毕业前学业成绩下滑，而非竞技体育参与者有20%。如果从社会流动的视角考虑中学经历对社会流动的作用，也许能够作出这样的假设，竞技体育参与者在某种程度上会对社会流动过程起作用。

迄今为止，还未见到有关青少年竞技体育参与者与上升性社会流动效果的系统研究。但是，拜特、雷巴克和谢弗、雷巴克和斯奈德等有关竞技体育参与、教育上的期待及与学业成绩之间关系的研究结果也耐人寻味。雷巴克和谢弗通过对美国宾夕法尼亚州6个城市中学生（男子）785人的研究发现，竞技体育参与和教育期待之间存在着正相关关系。同时他们还进一步发现，竞技体育参与和教育期待对于大学教育而言是最重要的内容。

斯奈德和拜特就青少年教育上的期待与学业成绩之间的关系问题进行了长期的追踪研究，研究认为因校际间的竞技体育参与而产生的长期性效果是存在的。斯奈德以美国西部的一个人口为38 000人社区中的唯一一所中学的1972年毕业生为对象，进行了5年的追踪调查。最终的研究结果显示，中学时的社会参与，包括体育参与，无论是对中学时的教育业绩还是对中学以后的教育业绩都呈正相关关系。而且斯奈德最后的调查结果表明，中学时的社会参与和毕业5年后的职业地位之间具有肯定性关系。

斯奈德的这一研究结果也得到了拜特的一项类似的研究结果的支持。拜特基于全国性调查建立的数据库数据对校际竞赛相关的社会行为和社会性相关物进行了广泛的验证，他进行的这项研究其样本多达14 000人，研究对象都是中学男性学生，这项追踪研究从1970年开始一直到1975年结束，为了便于分析，斯奈德将研究对象分为非竞技体育者、初级竞技体育者、一般竞技体育者和优良竞技体育者四个等级。所谓优良竞技体育者的定义是，在中学时代参加过四个以上体育代表队并获得过两次以上竞赛奖励的学生。在这样划分的基础上，拜特根据九项社会经济环境指数，把研究对象分为高经济能力和低经济能力两个组别。在低经济能力组中，拜特研究发现，与非竞技体育者相比，优良竞技体育者在1970年的调查时点上具有更大的教育性、经济性和职业性期待；在1975年的调查时点上获得了更高的教育性和职业性地位。

雷巴克等进行了一项关于竞技体育参与向上层社会流动的学业函数方面的研究，这是一项以美国纽约市及卫星城市7个公立中学一、二年级男子中学生计1700人为对象的调查研究。雷巴克等研究发现，和非竞技体育参与者相比，中学时代参加学校体育代表队的学生具有以下特征：①中学一、二年级学生具有更高的教育渴望和期待；②到了大学二年级期间，这些被调查对象具有更高的教育目标期待；③在竞技体育参与上所花费的时间基本上与其他课业相同；④重视学业竞争性价值；⑤为了进入四年制大学，这些被调查对象更多地接受了来自老师、同学的指导和建议；⑥遵守学校规范。雷巴克等的研究得出了以下结论：竞技体育参与者与非竞技体育参与者在学业追求上存在着明显的差异，而且这种差异得到了参与校际体育竞赛的同伴们的肯定。然而，这种差异至少在部分层面上没有经过统计学的检验，对于竞技体育参与者的调查具有经验性，对于非竞技体育参与者的调查具有非经验性。

（三）社会中儿童、少年阶段体育与人的社会化研究

1. 社会中儿童、少年阶段体育与人的社会化的意义

前面有关儿童、少年成长中的体育运动与社会化的讨论都集中在家庭、同伴群体和学校方面，容易给人们造成这样一个印象，即社会化过程是一个单纯化、简单化的过程。实际上对于社会而言，家庭、同伴群体和学校固然对青少年社会化给予了重要影响，但是还存在着其他形式的社会化媒介。例如，在特定的区域内就存在着少数民族群体、宗教团体、不同社会阶层及各种形态的媒介，如果从比较文化论方面考虑，在整个社会层面上，青少年社会化过程还会更加复杂。洛伊和伊戈汉姆认为，社会化过程在区域层面的分析中，可以看成下位文化的变动演变，在整个社会层面的分析中，可以形成比较文化的变动演变，但无论是从

下位文化的视角还是从比较文化的视角来看，它们各自都有相关联的变动演变活动，由于篇幅的原因，有关变动演变活动及其与社会化过程的关系就不详细论述了。但是，作为研究体育社会化的视角，作为研究中的一种问题意识，是能够作出相关的研究的。

社会是青少年社会化的重要场所，其中社会秩序又是社会化必须考虑的重要因素。社会秩序的根本问题是如何避免社会内发生的大规模争斗和尖锐的社会矛盾，保证所有人能够更多地追求自身的利益，这是英国哲学家、政治学家霍布斯（Thomas Hobbes，1588—1679）提出的有关社会秩序中的一个难以解决的问题。儿童、少年的体育运动与游戏为人们思考霍布斯提出的难题，观察和解决社会秩序问题，提供了许多重要启示。这些体育运动与游戏对于最大化地寻求个人性满足的个体人，从没有组织的集合体的活动中获得协同与道德性、正义感与公正性，乃至形成制度性的理念，直至为解决霍布斯提出的社会秩序问题提供了可资训练的路径。体育运动与游戏一方面通过提供个人娱乐，为选择这些娱乐的个人表现自身欲求发挥独特的作用；另一方面又作为文化性活动的一种模式发挥着特殊的功能，已经成为包括艺术、舞蹈、电视剧、音乐在内的更大范围的文化性表现模式。

2. 社会中儿童、少年体育与人的社会化研究

现代社会中体育运动与游戏、艺术、舞蹈、电视剧、音乐一样已经成为教育社会中的人特别是年轻人的重要手段。洛巴斯和桑德·史密斯对体育运动模式化的社会维持问题，对体育运动社会化状况，对体育运动作为缓和人与人之间纠葛和矛盾能否发挥作用的研究，为人们提供了有益的启示。在1959年的研究中，洛巴斯根据体育竞赛结果的主要形式将其划分为三种类型，即身体性技能竞赛、战略性竞赛和机遇性竞赛。确定了竞赛类型之后，洛巴斯研究了这三种竞赛类型在美国50个宗族社会中的分布，实地考察和验证了特定宗族社会已经进行的竞赛形态与相应的文化特征之间的关系。结果发现，战略性竞赛往往与政治性统合和社会分层的程度相关联；机遇性竞赛往往与宗教信仰和超自然的事件相关联；身体性技能竞赛往往和环境性条件相关联。

洛巴斯和桑德·史密斯进行的第二项研究将此前的比较文化分析扩大到儿童时代的社会化领域，特别从两个层面上调查了竞赛类型与儿童训练变量之间的关系。第一个层面是文化之间的层面，也就是不同宗族社会文化的层面；第二个层面是文化内部层面，也就是同一宗族社会文化内部层面。在文化之间的层面上，洛巴斯和桑德·史密斯分析了来自美国耶鲁大学比较文化调查档案和人类关系领域档案的美国56个宗族社会的相关数据。在文化内部层面上，比较美国中西部12个社区共同体中1900名中学男女学生的比赛偏好。通过比较，得到以下有意义的结论：在洛巴斯和桑德·史密斯分类的战略性竞赛、机遇性竞赛、身体性技能竞赛的三种竞赛类型中，战略性竞赛具有服从性训练的倾向；机遇性竞赛具有责任性训练的倾向；身体性技能竞赛具有业绩训练的倾向。此后，洛巴斯和桑德·史密斯以美国中西部儿童、少年为对象进行的一项研究进一步验证了他们提出的研究假设：①与服从有关经过高度训练的少年男女更喜爱战略性竞赛；②与责任有关经过高度训练的少年男女更喜爱机遇性竞赛；③与业绩有关经过高度训练的少年男女更喜爱身体性机能竞赛。对这些研究发现，洛巴斯和桑德·史密斯从社会矛盾文化化模型加以解释：①在整个儿童、少年训练过程中，社会存在着儿童、少年中引起矛盾的总体文化模型化过程；②在现实世界中，社会为了缓解这些感情性和认识性矛盾，也在探求各种适当的矛盾文化模型；③通过这些文化模型，社会要向儿童、少年提供能够缓解矛盾的学习形式，使儿童、少年模仿成人行动一步一步文化化成为可能。

然而，洛巴斯和桑德·史密斯社会矛盾文化化模型基础的假说，迄今为止并没有得到充分的验证。但是，尽管如此，他们提出的这一模型还是为将来的研究提供了清晰的理论基础。洛巴斯和桑德·史密斯在提出社会矛盾文化化模型之后，又以美国成年人为对象进行了三项研究，这三项研究和前面有关儿童少年的研究结果相同。洛巴斯和桑德·史密斯基于美国三个州的相关数据比较分析，加上他们对1940年与1948年的美国全国性社会舆论调查资料的研究，报告了以下研究结果：①战略性比赛，在低地位群体和高地位群体中，更为高地位群体喜爱，男性和女性相比，更为女性喜爱；②机遇性比赛，在高地位群体和低地位群体中，更为低地位群体喜爱，男性和女性相比，更受女性青睐；③身体机能性比赛，在高地位群体和低地位群体中，更被高地位群体喜爱，男性和女性相比，更被男性喜爱。洛巴斯和桑德·史密斯进行的最后一项研究与他们提出的社会矛盾文化化模型相关联，是一项与机遇性比赛相关的比较文化性研究。

总之，洛巴斯和桑德·史密斯进行的一系列和比赛相关社会行为的社会矛盾文化化模型，在文化和下位文化方面进行的竞赛分类与可选择的社会训练关系上，给了人们许多富有启发性的见解。这些研究成果包括社会矛盾文化化理论模型这一研究结果，对将来的相关研究具有方向性和先导性意义。

（四）学校体育教育中的竞赛与社会化研究

1. 体育教育中竞赛的社会化功能

娱乐作为社会性行动模型中重要的文化学习内容，究竟提供了哪些有益的启示呢？娱乐是学习社会化广泛而普通的形式。不过，有关体育教育中运动竞赛的科学性和手段性价值的认识与研究，即使在西方国家也只是20世纪70年代的事。随着时间的推移，西方体育社会学者对于体育教育中运动竞赛的关心却有了异乎寻常的发展。从20世纪70年代中期开始，西方国家许多大学开设了“竞赛理论”课程，由此运动竞赛理念在教育、产业、军队等各个领域发展。在西方国家各种制度性领域中，模仿和模拟重要“现实世界”活动的教育性竞赛、经营性竞赛，甚至战斗性竞赛相继发展起来。

根据关注娱乐发展的专家学者们的见解，传统上虽然和运动竞赛牵连最多的专家却对娱乐的本质、娱乐的社会重要性一知半解。体育教师几乎没有探讨和追问过有关运动竞赛的本质，也没有进行过有关参与特定的身体活动可以直接或间接地促进学习，特别是促进社会化的假说的验证。而且，体育教师们事实上也忽视了对学术研究、商业、政治及军队等领域竞赛的教育性利用意义的理论认识。

体育教育家认为，选择消遣性竞赛只有表面性的教育目的，参与那样的竞赛基本上能够得到一种学习，获得社会化的经验。这种学习和社会化的结果对学生完成实质性的个人成长是质朴自然的教育。如果体育教育是追求通过身体活动实现教育目标（特别是和学生社会性发展相关的目标），那么必须将这个特殊的教育目标操作化，明确设计出帮助学生达到这些特殊目的的新的竞赛和竞技运动。因而，和特定教育目的相关联的特殊的竞赛与竞技运动方案设计、发展及其实施就成为体育教育工作者的主要工作。当然，为了做好这些工作，还需要体育教育工作者对竞赛的结构和社会化的本质两方面都有深入的理解。进一步讲，体育教育工作者，特别是体育教师必须对以下四个与体育教育相关的问题有清晰的认识：①认识作为教材的竞赛的固有价值；②认识与学生在该发展阶段相应的竞赛体系；③掌握道德性发展初期阶段的特征；④理解社会性影响的基础性机制。

2. 体育教学比赛中的社会化特征

社会的新加入者作为有系统责任的成员在面对社会化时，很重要的问题是何时、怎样向他们赋予自律和责任。今天，工业化社会的教育制度必须解决的就是这一问题，这是一个极其困难的问题，解决这一问题绝不能预期一个方向，而是和学校中的实验联系起来，现在进行的此类研究就包含了在学校应当使用的社会性经济性竞赛要件。可以有种种理由相信，竞赛是颇有意味的社会化设置，它可以带来一种报酬，确立一种自治系统，提供一种训练自律的手段，而且这种报酬，自治系统和自律手段无须外部监视，是潜移默化、润物无声形成的。学者们普遍认为竞赛具有以下特征，可以成为良好的体育教材。

（1）活动性学习

和学生被动性地在教室中学习不一样，竞赛学习几乎包含了学生发展的全部方面。正如科尔蒙所指出的那样，模拟比赛的一个非常可取之处就是它和学校中对学生学习要求的一般方法、一般理念具有根本的不同，它是以这样一个不同作为前提，构成对学习的独特理念和方法的。这个前提是学生并不是通过被教授的内容来学习，而是通过体验他们自身行为结果的学习。

（2）学习效应

比赛情景中，学生可以在巧妙的活动行为中即时性地接受来自伙伴的信息，并即时性地加以强化。在比赛中，学习效应具有这样的特点，即既是个人性业绩又是团体性业绩，因此和教室中的其他科目学习不同，某一学生的胜利就意味着他者的失败，某一运动队的胜利就意味着其他运动队的失败。另外，在比赛中个人的成功往往和运动队的成功联系在一起。

（3）注意与动机

教室中的学习，要激发起学生们的动机，而且，长时间吸引他们的注意力常常很困难。但是，竞赛却具备吸引学生注意力的固有性质。正如科尔蒙指出的那样，和竞赛同步发生的相关社会行为的强度常常非常大，无论是篮球比赛还是足球比赛，无论是桥牌比赛还是新兴项目的比赛，比赛参加者会全身心地投入到这样的人工模拟的竞争世界中，此时的他注意力非常集中，动机十分强烈。

（4）教师角色

教室中的教学常常是教师角色优位，而在整个比赛过程中，教师角色则向更自然的起帮助作用的角色或者教育的角色发展。因此，体育教学的比赛是任何其他课程难以比拟的以学生为中心的学习世界。

（5）秩序

和教师角色因素密切相关的是比赛秩序问题。比赛情景中，教师判定和裁决这类工作大大减少。比赛中，伙伴的制裁即使非常强烈也不会发生秩序问题，也不会有比赛者从比赛中脱离而破坏了比赛的现象发生，比赛中发生的不诚实行为，比赛者也能够相应地处理。这些都是体育教学比赛所具有的秩序性特征，这些特征对学生的社会化无疑是有益的。

（6）自我教育与测试

在学校智力性学科中采用符合所有学生能力水平的教学题材往往是很困难的，但对体育竞赛而言，可以使所有不同层次、不同水平的学生都能得到发展。运动技术高超者、低下者都可以在相同的社会背景中参与比赛。就体育教学而言，作为一门教育科目它至少可以让不同水平的学生更容易投入其中、参与其中。当然体育竞赛所包含的技能、比赛规则和比赛结构也可以作相应更改，从而使体育教学中的学生比教室情景中的学生更多了一份创造性学习的可能。

（7）模型化

通常，由于儿童、少年喜爱比赛，又由于体育教学中的比赛和社会经济领域各个行业相比是典型地经得起失败也能够重复失败的游戏，在比赛中，他们可以经历一些事情，总结一些经验，通过自己的努力使自己的生理跟心理得到进一步的强化，所以，体育教学比赛又具有为学生将来进入社会提供模型化体验功能的特征。

（8）自我发展

竞赛需要信息传递和扮演角色的能力。这些角色扮演和信息传递强调合理的决定与因果关系的理解。比赛中角色的扮演所发生的冲动、控制和自我抑制，规则都有明确的奖惩，这样体育教学比赛为自我发展提供了媒介。而科尔蒙对于体育教学中的比赛价值有更深入的观察。他认为影响比赛的因素有很多，有内在因素和外在因素，但是更加强调的是内在因素，一个人的心理素质，主观能动作用在比赛中是不可或缺的一部分。总之，体育教学中的模拟比赛具有特殊的教育属性，是学习和社会化的有益设置。模拟社会竞争的比赛当然不是教育中的万能良方，但是对于现代社会的青少年教育来说是特别适合的。最值得注意的是，和只有最小限度的全身性肌肉活动的教育性比赛相比，很少有提倡激烈身体活动的教育性比赛。在应用性的特殊体育计划中，几乎没有体育教师把消遣性比赛引入学习比赛中使用。但克拉蒂的研究却有不同的观点，他认为活动性学习比赛的本质是克服体育学习上的种种弊端，发展学生体育探索能力，关键在于体育教师要很有技巧地利用这样的比赛。

二、青年阶段体育与人的社会化研究

体育的社会化研究应当从把握与体育运动有联系的不同人群开始，即应当从探讨和体育运动相关人群的社会行为开始。探讨了西方体育社会学有关儿童、少年体育社会化的研究之后，很自然地就要讨论西方体育社会学有关青年体育社会化的研究。对青年体育社会化的研究几乎都将视线集中在精英体育竞技者方面，除此以外，也有一些对大学生间接性体育社会化的研究。“精英”一词颇有歧义，奥运水准者、国家水准者都可以冠以“精英”的称谓。这里依据洛伊、麦克弗森的研究界定，把竞技运动精英分为奥运会选手和大学高水平竞技选手，分别考察他们与体育相关行为的社会化，以及大学生间接性体育社会化的研究，同时对其他相关研究予以介绍和评论。

（一）奥运会运动员的体育社会化研究

凯尼恩对美国田径和体操两个奥运会集训代表队进行调查。在最初的研究中通过问卷调查了以美国奥运会田径代表队队员为努力目标的113名队员，收集了他们体育角色学习的个人属性、重要他者，以及社会状况影响的具体数据。样本数为113个，其中白人运动员96名，黑人运动员17名，结果在他们中间虽然只有30%的人被国家队选中，但行动经历却具有惊人的同质性。凯尼恩的调查显示，96%的被调查者在小学时代参与过橄榄球、篮球或棒球活动，几乎所有的被调查者在很早就有与体育相关的社会行为，参加过许多体育项目的活动。有65%以上的被调查者在参加传统体育节日的活动中首次成为比赛的胜利者，比赛获胜的事实显示了他们在早期就具备了高水平竞技运动的潜在能力。凯尼恩的调查虽然向人们展示了竞技运动精英在儿童、少年时期的体育运动经历。但是这种潜在能力并不能说明田径竞技者角色相关的社会行为可以促进其日后的成功。在凯尼恩的研究中，有50%的被调查对象在进入中学之前没有参与过田径运动，也没有参加过比赛。因此，凯尼恩认为，田径运动竞技者的角色学习是在特殊社会环境下的特殊角色行动，是通过重要他者的教授、强化影响的角色行动。调查中有75%以上的被调查者对田径运动的兴趣是在学校观看他人的竞技，或者和同伴、老师就田径运动的话题交谈，或者通过体育教学后引起的。凯尼恩的调查报告还得到这样一个结果，被调查的奥运集训队员中有88%的人在小学生时代就认为体育运动具有价值，是自己学生时代最重要的课外活动内容。即使在大学在学期间的调查结果也大体上与这一数据相同。将行动形式赋予价值，在社会环境方面为行动学习提供机会，对应该学习的角色具有决定性意义。

洛伊和麦克弗森对精英运动员体育社会化角色行为问题进行研究，结果发现，引起某种体育角色兴趣的重要他者不仅对体育角色的兴趣产生影响，而且还对体育角色、特定体育项目固定化具有重要作用。从表2-3便能看出这样的影响和作用。如表2-3所示，有30%的精英运动员最初对体育运动的兴趣是由同伴朋友唤起的，25%的精英运动员最初对体育运动的兴趣是由教师和教练唤起的，有21%受家庭成员的影响。在对棒球、篮球、橄榄球这类传统运动项目的兴趣唤起上，同伴朋友占44%，家庭成员占33%，教师和教练占16%。同伴朋友是唤起精英运动员体育运动兴趣的重要他者，而教师和教练对激发精英田径运动员的运动兴趣也具有相当的影响力，家庭成员在唤起传统性运动项目精英运动员运动兴趣上的影响力比教师和教练大。

表2-3　重要他者对唤起精英运动员最初体育兴趣的相对贡献度（N=113）　单位：%

重要他者	唤起精英运动员最初体育运动兴趣的影响概率	
	田径	传统的体育项目
同伴群体	30	44
老师或教练	25	16
家庭	21	33

资料来源：仇军. 西方体育社会学：理论、社点、方法［M］. 北京：清华大学出版社，2010

重要他者在唤起角色兴趣的同时，还强化了角色的实现和完成，促进了角色恰当的角色行动学习。与体育相关社会行为的强化和进一步学习，还需要包括重要他者影响在内的其他因素的作用。例如，通过媒体的宣传，通过产生良好效果的竞赛获得个人的满足与成就感是维持竞技者竞赛经历和兴趣的重要因素。洛伊和麦克弗森对美国精英田径运动员的调查也证实了这一点。因此，可以认为精英运动员的角色维持和相关社会行为的产生受到许多因素的激励和强化，有若干个因素在同时起作用。

洛伊和麦克弗森关于精英运动员体育社会化研究结果是基于白人运动员和教师黑人运动员混合在一起的数据获得的。麦克弗森的另一项以少数民族运动员体育社会化为视点的研究表明，少数民族运动员在体育角色的社会化发展上采取了特殊的形式，这项研究给我们这样一个启示，那就是特殊的运动员采取特殊的方式也可能导致其角色的社会化。洛伊和麦克弗森还对不同种族的精英田径运动员体育社会化之初的社会环境作过比较研究，他们的研究显示，和白人精英田径运动员相比，黑人精英田径运动员在家庭规模上属于大家庭，白人精英田径运动员和黑人精英田径运动员兄弟姐妹的比例是2.4：4.5。同时，黑人精英田径运动员出身门第低微，社会背景较白人精英田径运动员差，他们绝大部分在大都市的中心地区成长，和白人精英田径运动员比较，其比例为56：29。在发生与体育相关社会化行为的最初年龄上，黑人精英田径运动员也比白人精英田径运动员小。黑人精英田径运动员最初对体育兴趣的产生发展也和白人精英田径运动员不同，白人精英田径运动员最初对体育兴趣的产生在学校，而黑人精英田径运动员最初体育兴趣的产生在家庭和家庭的周边地区。在上述社会环境中，田径运动被学校的学生和社区共同体赋予了很高的价值。

洛伊和麦克弗森还对重要他者对精英运动体育社会化的影响进行了研究，得到了以下具有启发意义的结果：①黑人运动员在进入中学之前，在体育角色社会化上更多地受到了家庭的激励和强化。和父亲相比，更多地受到了来自母亲的肯定性认可。与教师和教练的影响力相比，同伴的影响力更大。②黑人运动员在中学时代继续受到来自田径教练、母亲、同伴的角色强化，参与运动竞技受到了女友的反对（否定性认可）。与之相反，在中学时代白人运动员的女友几乎不介意其参与运动竞技，为了获得大学奖学金，博得男同伴的称赞（地位），通过成功提高知名度是他们维持田径运动兴趣的实际动力。③大学时代，黑人田径运动员更多地受到了来自同伴、教练、父亲方面的角色强化。父亲作用角色强化因素的滞后出现，也许给人们以这样的启示，父亲的期望也是体育角色社会化成功模型中的重要因素。因此，可以看出，体育角色社会化模型在不同阶段不尽相同。另外，经济性报酬（奖学金）对于黑人运动员角色社会化也是重要的因素。在比较白人运动员和黑人运动员个人属性时，洛伊和麦克弗森的研究发现，黑人运动员最初个人属性的目标是成为知名代表队的一员，而且他们在田径项目上的确比白人运动员更早体验到比赛的成功。由于体育运动的竞争性，他们和白人运动员相比更多地牺牲了文化娱乐活动和兼职工作。

美国体育社会学者赖斯利伯格以奥运会集训队员社会化为视点进行了一项研究，这项研究以体操全能运动员和田径运动员为调查对象，研究所需要的基本数据通过问卷调查的方法获得，调查的样本数为16个。结果在这16名运动员中有8人被选拔为奥运会代表队队员。该项研究以是否被选拔为奥运会代表队队员为标准，将研究对象分为选拔组和非选拔组两个组别，分别从个人属性、早期社会化状况、重要他者几个方面考察被研究者角色的社会化，考察所依据的是非系统化模型。赖斯利伯格的研究表明，在个人属性方面，体操运动员在体操专业训练之前就参加过几种个人体育项目的活动，而且在这些体育项目上表现出较高的水准。在个人属性的社会价值观方面，这些运动员对抵制奥运会和示威游行这样的社会行动并不持同情和支持态度。这些奥运会集训队员具有较高的教育和职业需求，对宗教活动并不热心。他们的价值志向更具有中庸主义者的倾向。从选拔组和非选拔组的比较来看，选拔组的体操运动员在个人价值观上倾向于拥护少数民族的公民权，在形式上较少固执拘泥于宗教性观点，也不参加宗教性的服务活动。

在早期社会化状况方面，赖斯利伯格的研究显示，和其他制度相比较，教育体系对体操运动员角色社会化更具有影响力。这些体操运动员在中产阶层的上层或上层阶层的环境中成长。和田径运动员不同，体操运动员对体操的兴趣及其强化并不是来自媒体。换句话说，媒体并不是强化他们体操兴趣的主要因素。他们在学习角色过程中并不认为体操是重要的。这些体操运动员发生和体育相关的社会行为一般都在九年级到十年级之间，其中被美国奥运会代表队选拔上的体操运动员对体操产生兴趣的最初年龄比未选拔上的体操运动员更小，初次参加体操比赛的年龄也比未选拔上的小。这些被选入奥运会代表队的体操运动员在家庭规模上也比未选拔上的小，而且大多数都有年长的哥哥，姐妹则较少有。

在重要他者的影响上，赖斯利伯格的研究显示，父亲和教练对奥运会集训运动员们最具有影响力，其次是同辈伙伴和兄弟，母亲和姐妹没有特别的影响。体操运动员比赛经历中的成功度是维持他们角色兴趣的重要因素。和未被选拔为奥运选手的体操运动员相比，被选拔为奥运选手的体操运动员认为，父亲和兄长是影响他们体育社会化的重要他者。同时，赖斯利伯格的研究还发现，学校是体育角色社会化的最重要的环境，同辈伙伴和教练是最有影响力的重要他者。

瓦斯关于年轻运动员的文化研究表明，社会中的某些标准对于职业曲棍球运动员的角色进入来说是必不可少的。例如，积极的竞争行动在竞技体育中是制度化的规范行为，它本身对职业运动员将来的社会化发展具有重要意义。为了这种行动的制度化，并作为年轻曲棍球运动员角色义务不可欠缺的一个方面，可以通过正式的和非正式的体育社会化使年轻的竞技者获得学习。

日本曾参加由凯尼恩等主持的体育社会化国际比较研究计划，并成立了体育社会学调查研究委员会，于1981年提交了一份《关于一流运动员体育社会化状况调查报告》。山口泰雄和池田胜对体育社会化问题进行了专题研究，在日本《体育科学》杂志发表了这一研究成果。这一研究成果的主要结论是：①学校运动部是参与实现体育社会化的重要领域；②就企业选手（排球、足球）而言，体育运动是他们的业务；③奥林匹克选手大多来自企业队，得到企业时间上的支持，但经济上的援助很少；④奥林匹克选手的出生地分布在全国各地，但奥林匹克参加者来自城市，奥林匹克选手退役后有定居在城市的倾向；⑤因比赛项目不同运动员年龄各异，男运动员在各个项目上的年龄均高于女运动员；⑥教练地位受过去指导选手比赛成绩的影响。

（二）大学生运动员的体育社会化研究

西方国家奥运会选手几乎都是大学生或者是大学毕业生，从这个意义上说，大学生运动员的体育社会化和奥运会集训队员的体育社会化有许多相似之处。但是，大学生运动员群体和奥运会队员以及奥运会集训队员相比，在反映大学生青年群体及这个群体体育社会化的代表性方面更有说服力，或者说通过对大学生运动员群体体育社会化的研究，可以更全面地认识青年时期体育社会化问题。大学生运动员体育社会化的研究主要表现在大学生运动员体育社会化行为的研究方面，西方体育社会学者又将其称之为直接性体育社会化行为，将观赏、聆听、阅读、议论体育运动的相关行为称之为间接性体育社会化行为。

在大学生运动员直接性体育社会化研究方面，麦克弗森以加拿大大学冰球选手（N=52）和网球选手（N=19）为调查对象，以大学高水平运动员和体育相关社会行为的心理、社会因素为视点所进行的研究表明，有96%的被调查者在10岁之前对体育发生兴趣，有63%的被调查者在参与体育活动之前是体育消费者，表明这些被调查对象其体育角色的社会化在很早的年龄阶段就开始了。但是，对体育项目的专门化训练则发生在稍大的年龄阶段，和大学生曲棍球选手在9岁之前就进行组织化的球队比赛相比，大学高水平网球选手初次比赛的平均年龄是12.7岁。和奥运会集训选手一样，大学高水平运动员在中学阶段的体育角色表现出不专一倾向，常常是在1～2个体育角色间游动，而在大学阶段则表现出体育角色的固定化和专一化特征。

在被调查者的社会背景方面，大学生网球选手的家庭在社会阶层背景上处于中产阶层或中产以上阶层的位置。居住区域分布在城市或城市郊区。加拿大大学曲棍球选手在阶层背景上的状况是，几乎都出身于中产阶层和中产以下阶层，有30%的被调查者在中小学阶段就读于地方或者村镇学校。在重要他者的影响方面，麦克弗森的研究表明，加拿大大学生曲棍球选手和大学生网球选手相比，网球选手受到母亲的影响大于曲棍球选手。除此以外，在其他重要他者的影响上，大学生曲棍球选手和大学生网球选手表现出较大的相似性。这些大学生运动员对体育的兴趣，最初由家庭而且是由父亲唤起的。不过，中学时代家庭影响开始减小，此时他们对于新的体育活动的兴趣主要是由同辈伙伴、教练和体育教师唤起。同时，时间因素又是体育兴趣发生变化的重要指标。同辈伙伴、教练和体育教师的影响会随着时间的推移而不同。体育兴趣最初的刺激来自家庭环境。在加拿大大学生竞技选手中，同辈伙伴的影响是小学时代和中学时代第二位的影响因素，但在大学时代其影响力下降。同样，教师和教练是这些大学生竞技选手早期的重要他者，但其后重要性下降。最后的重要他者是同辈的职业竞技者。

马勒夫在一项关于女子大学生运动员体育社会化的研究报告中认为，家庭影响是女大学生运动员在体育运动中参与竞争的主要因素。根据马勒夫对这些女大学生运动员的研究，典型的女性竞技者参与体育运动和比赛得到了家庭的认可，其中至少有50%的家庭是这些女性竞技者的重要他者。

凯尼恩和克格罗以美国威斯康星大学8个体育代表队87名高水平学生运动员为对象进行体育社会化的相关研究。为了确定大学高水平运动员体育角色社会化影响因素，采用面谈的调查方法。研究结果大多数和上述研究报告相似。这里主要就研究中新的发现作一归纳。凯尼恩和克格罗研究表明，最初引起大学生体育兴趣的社会环境因体育项目不同而各异。例如，对棒球的兴趣，家庭和学校所发挥的影响力大体相当，击剑兴趣的培养地几乎都在学校，橄榄球和曲棍球兴趣的培养地在家庭和社区，游泳兴趣的培养地是家庭、俱乐部和娱乐场所，网球兴趣的培养地是学校、俱乐部和娱乐场所，田径运动兴趣的培养地是家庭和学校。同样，最初引起大学生运动员体育兴趣的机缘因项目不同也不尽相同，棒球、橄榄球、曲棍球、网球及游泳和田径选手实际参与该项运动是引起该项运动兴趣的重要因素。击剑和赛艇的大学生运动员对击剑和赛艇运动的最初兴趣，是通过和已经发生击剑和赛艇相关行为者的交流接触引起的。凯尼恩和克格罗的研究发现，观看电视、阅读报刊、作为观众前往比赛现场欣赏比赛，对唤起体育兴趣并无重要贡献。

迄今为止，在大学生运动员体育社会化方面还没有发现单一性社会化承担者在中学之前的时期发挥特殊作用的研究报告。

（三）大学生的体育社会化研究

在大学生直接性体育社会化研究方面，凯尼恩主持了一项与体育直接相关行为社会化的研究。凯尼恩在这项研究中采用了路径分析的数理统计方法。对直接性体育社会化行为产生影响的诸因素中，能够在相当程度上系统地说明不同因素对直接性体育社会化行为的影响，依照因子的重要程度排序，来自学校之外相关者的激励（附近的人们，核心家庭成员之外的亲戚）因子影响力最大，为0.361；其次，依次是学校教师（教员或教练）因子，为0.217；基本的体育能力，为0.200；团体的类型与规模因子，为0.198；个人的生物属性（即男性），为0.182。因此，如果某人是男性，具有较高的体育能力，居住地拥有相应的体育运动设施和指导者，又受到来自学校内外重要他者的激励，那么他发生与体育直接相关的社会行为的可能性是相当大的。

如果对奥运会选手、大学高水平运动员体育角色社会化的研究作一个归纳，可以得到这样一个基本结论：他们在8～9岁显现出对体育的兴趣和相关行为。在体育运动专门化练习之前，通常都有参与许多体育项目并获得成功的经历和体验，得到了许多重要他者对其体育相关行为包括竞技性行为的肯定性认可。在重要他者中尤其以家庭、同伴群体、教练最具影响力。而且，他们在体育角色社会化过程中又具有许多共同的影响因素，但因体育项目的不同、水平的高低、生命周期阶段的不同又表现出显著的差异。

西方体育社会学者在研究大学生直接性体育社会化行为的同时，还对大学生间接性体育社会化问题进行了研究。西方体育社会学者理解间接性体育社会化主要是从观赏者、聆听者、读者、议论者这些视角出发，将体育观赏者、聆听者、读者、议论者视为体育消费者角色社会化加以关注和研究的，即间接性体育社会化的研究。这些研究与体育直接性社会化的记述和研究相比，更具有实证性，在研究方法上采用了路径模型和路径分析的方法。

比较凯尼恩在美国一流职业棒球比赛期间得出的美国大学生间接性体育社会化行为因果模型和在墨西哥奥运会期间美国大学生间接性体育社会化行为因果模型中的具体路径系数，可以看出一个明显的不同之处，这就是中学时代对一般体育运动的兴趣因子虽然对大学时代的棒球间接性体育社会化行为没有多大贡献，但对大学时代奥运会的间接性体育社会化行为的影响较大。它给人们这样一个启示：唤起一种体育项目兴趣的因子并不是唤起和激发其他体育项目的因子。因此，和直接性体育社会化行为一样，间接性体育社会化行为因体育项目不同，也存在着相当的差异。而且成年间接性体育角色的完成与青年间接性体育角色的完成之间并不存在多大依存关系，即使中学时代对棒球有兴趣，但这种兴趣和大学时代的兴趣行为也只不过是一种弱关联的因果关系。西方体育社会学者还在“青年男子体育社会化是重要的”这样一个基本预设的基础上，对一些相关因子进行二次分析，结果发现，参与体育比赛的频度直接与家庭规模相关，与年龄间接相关。就冬季体育项目而言，在加拿大和美国参与此类体育项目与社会阶层背景紧密相关，而在英国与社会阶层背景只不过是弱相关。

以确定解释间接性体育社会化程度为目的，20世纪80年代，凯尼恩在威斯康星大学还进行了一项研究，这是一项以96名大学二、三年级学生为调查对象的路径分析。这项研究虽然存在着较大的残差，表明解释间接性体育社会化行为的因子相当分散，但研究还是揭示了解释间接性体育社会化行为的主要因子与体育直接相关的社会行为存在着很强的相关关系。换句话说，某人直接性体育角色形成得越彻底，对体育的兴趣也就越大，因此，他的体育消费行为也越多，间接性体育社会化程度也越深刻。

关于间接性体育社会化问题的研究，特雅麦以宣传性媒体对学习体育术语特别是橄榄球术语影响的调查也颇有创意。这项研究发现，被调查的样本人群中，65%的被调查者每周有3小时以上的时间用于电视体育消费上，在这65%的被调查者中又有36%的人每周花费在电视体育消费时间在5小时以上。被调查样本中有65%的被调查者通过观看电视学习橄榄球术语，另外还有16%的被调查者在实际比赛中学习体育术语。因此，可以认为，宣传性媒体特别是电视媒体，是认知性体育社会化的重要承担者。

三、中老年阶段体育与人的社会化研究

体育运动与人的社会化不应仅从人生某一个阶段体育运动参与这样一种孤立的观点去把握，而应该从人的各个生命阶段的视角去考量。作为个体的人可能在生命的一个阶段参加体育活动，也可能在生命的另一个阶段放弃了体育活动，之后又有可能重新回到了这项体育活动中来，在一个人的生命过程中这样的现象是经常发生的。体育运动与人的社会化研究不仅以儿童、少年、青年的社会化为视点，还应当包含进入成年后中老年的人生的各个生命阶段的体育社会化研究。随着社会经济的发展，老年化时代的到来，中老年体育运动与社会化也进入了西方体育社会学的研究视野。

（一）中老年体育与人的社会化研究假说

随着年龄的增长，参加社会活动形式的变化，社会学就中老年社会化问题提出了一些研究假说。西方体育社会学者运用这些假说解释人一生中体育社会化的过程变化。其中具有代表性的是“继续说”（continuity theory）、“离脱说”（gisengegement theory）、“活动说”（activity theory）。

1. 继续说

“继续说”由埃特克提出，它的提出是基于这样一个前提，个人在整个社

会化过程中，年轻时形成的行为方式和生活方式在以后的生命各个阶段都会延续着。也就是说，体育对于每个年龄阶段的人来说都有一定的价值，对人的生活、学习、工作等方面都会产生不同的影响，青年时期对体育的偏好者占绝大多数，随着年龄的增长，越来越多的人开始重视体育。哈利斯以40～59岁男性作为样本，将其分为体育活动参与组与非参与组，进行比较研究，以验证“继续说”的有效性。结果发现，体育活动参与组经常参加体育活动，而且体育参与组的样本成员在年轻时就得到双亲参与体育活动的鼓励，有81%的双亲自身在青年时代就定期参加体育活动。凯尼恩和麦克弗森的研究也表明，不同国家都有这样的现象，在人生早期参与体育运动的人们到了成年后仍然会继续体育运动。山口泰雄和池田胜以“继续说”为理论框架进行的一项研究结果表明，成年体育活动参与者大多在青少年时期都具有运动队活动的经历和经验。

2. 离脱说

“离脱说”开始由卡内科和海利提出，又称“职务解脱说”，按照“离脱说”的理论，老年过程是当事人从自己的职务环境中解脱，逐渐淡出社会的过程。这一过程又分为两个阶段，第一阶段是老年人脱离社会性职务的过程。随着年龄的增大，越来越多的人脱离了体育活动；第二阶段是社会援助老年人，老年人以安度晚年为主。“离脱说”提出后，柯蒂斯和米尔顿又进一步丰富了“离脱说”的理论。依据这一理论假说，柯蒂斯和米尔顿进行了一项有关加拿大体育活动参与的全国调查数据的二次分析研究（利用一次调查的数据从新的观点建立假说进行验证分析），结果证实了“离脱说”的有效性。“离脱说”能够解释参加体育活动后又放弃和疏远体育活动这样一种“体育的脱社会化”。日本为了了解人们参与体育活动的情况，对其进行了调查，结果发现，随着年龄的增长，越来越多的人脱离了体育活动，开始安享晚年。然而许多研究并不支持“离脱说”，他们认为老年人可以通过自己的方式参与一些适合自己的体育活动，并不是脱离了体育活动。海老原修利用日本“总理府关于体力、体育活动的舆论调查”的数据对同一年龄人群进行横断面二次分析，结果表明，在解释老年人体育运动减少的说服力不强。海老原修的研究证实，体育活动的参与并不是受年龄的制约，所处的时代环境对其也有很大的影响。

3. 活动说

“活动说”由费里德曼和哈维格斯特提出。按照“活动说”的观点，人在老年阶段活动的基础和年轻时是相同的，随着年老人们会忽视老年职务角色的存在。但是老年人在失去某种社会性职务的同时，为了维持相同的活动水平，还可以承担新的社会活动角色。“活动说”能够说明老年社会中老年人退休后的各种活动，因而也能很好地解释老年人退休后参加体育活动和身体活动这一现象。海老原修以同年代人群历年性体育活动参与率的变化，来验证“活动说”的有效性。研究结果显示，随着年龄的增长，同龄老年人群体育活动参与率没有变化，甚至还有增加的倾向。海老原修的研究结果支持了“活动说”。

（二）中老年体育再社会化理论模型及其相关研究

作为对“继续说”“离脱说”和“活动说”的一种补充和发展，还有“再社会化说”。其中，“体育的再社会化说”就是在“再社会化说”的基础上提出来的研究中老年体育再社会化理论模型。20世纪80年代，当时60岁以上的老年人在第二次世界大战中都是10～20岁的年轻人，他们大多具有体育的兴趣和通过体育进行交流交往的经历，具有教练经历和在身体训练中心从事体育活动的社会化经历。退休之后选择门球这一平和的体育活动作为交往手段和途径，通过体育活动实现再社会化，从而风靡日本，成为老年活动和老年再社会化的一道亮丽风景线。山口泰雄等以日本老年人门球俱乐部活动者为研究对象，进行老年再社会化研究。研究结果证实了“再社会化说”的有效性。在这项研究中，约有60%的门球爱好者在年轻时进行过积极的体育活动，有40%的门球爱好者年轻时体育活动的经验不足，即可以认为有6成的门球爱好者其社会化属于“继续说”范畴，有4成的门球爱好者其社会化属于“再社会化说”范畴。

山口泰雄采用老年社会参与的不同理论假说，提出了“体育再社会化理论模型”，图2-1所示，并对这一系列社会化过程体育参与的各种形式变化作出了解读。

1. 参与

体育社会化过程的第一阶段是参与，这一阶段一般是从儿童期的幼儿园、小学和社区开始。参与者往往以成为运动员为目标角色，在父母、老师、教练的鼓

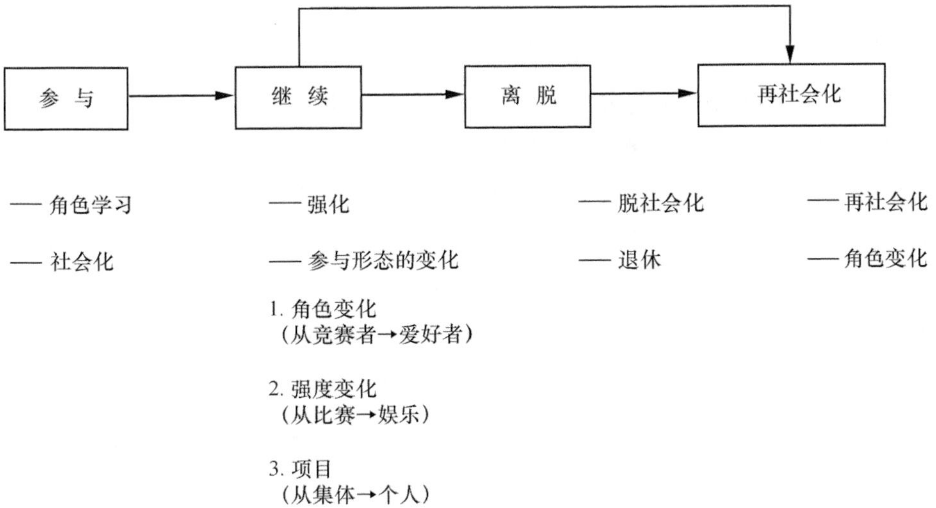

图2-1　体育再社会化理论模型

资料来源：转引自：仇军. 西方体育社会学：理论、社点、方法［M］. 北京：清华大学出版社，2010

励声中，在社区的体育俱乐部、特定体育项目学习班这样的体育环境中成长。杉原隆等研究报告，与体育的接触绝不仅是良好的一厢情愿的接触，事实也有不良的一面。例如，在小学体育教学中有些学生在练习跳马时，完成不了这项技术动作，就会对体育产生消极的态度，影响他们参与体育活动。

2. 继续

体育运动和体育活动的关键是持之以恒，没有持之以恒就没有运动技术的提高，也不会有强身健体的效果。因此，为了使体育的行动得以继续，兴趣的强化具有效果性。通过练习和比赛激发兴趣，通过教练、朋友、家庭对其运动技术的赞美，对其比赛胜利的赞赏，不仅可以帮助其建立自信，还可以进一步促使参加者产生运动欲望，得到的是一种积极的强化和刺激。从青年阶段向成年阶段过渡与进入成年和社会后，人们对于体育活动所持有的态度不一样，所处的环境也不一样，这就决定了人们对于体育活动的重视程度，在还没有从事工作之前，人们有很多的时间去参与体育活动，在工作后，由于场地设施有限再加上课余时间少，所以对体育的参与也越来越少。应适当增加一些体育场地与设施，使得即使是上班的人也能参与到体育活动中来。体育社会化在发展着，体育社会化的形式也发生了变化。

3. 离脱

体育社会化中的离脱大多数发生在成人的中老年时期。儿童和青少年时期也有许多青少年运动员因体育障碍或运动伤害从体育中退出。青少年运动员体育离脱的原因主要是过度的“胜利至上主义”。所谓胜利至上主义是指体育运动唯一的价值就是取胜，是一种无论如何都必须取得胜利的价值观，失利则受到指责。胜利至上主义强化了来自体育方面的脱社会化。离脱不仅仅是离脱和退出，实际上还包含着转换，即向其他体育项目和其他余暇活动转变的形态。海原老修的研究就证实了这一点。对于职业运动员来说，由于年龄、技术和伤病等原因，离脱意味着退队和退役。对于北美地区有关运动员离脱的研究较多。

4. 再社会化

再社会化在中老年时期特别是老年时期最为显著，其中又以媒体体育项目爱好者再社会化的倾向最为明显。山口泰雄以老年人体育再社会化为视点进行研究，研究表明，在日本老年人中间最受欢迎的体育运动是门球，其次是球场高尔夫、地滚球、草地保龄球、高尔夫、乒乓球等项目。根据山口泰雄与野川春夫和山口泰雄对日本全国健身福祉节和全国体育娱乐节参加者的体育参与状况调查，日本老年人以地滚球、球场高尔夫、门球等为媒介再社会化的居多。从20世纪80年代后期普及起来的媒体体育项目，对以前不太参加体育活动的人群和不太有规律的体育活动人群提供了一个涉足全新体育的机会。山口泰雄等的研究结果提示，对于这些不擅长体育运动长期工作的人来说，如果提供一些运动设施与场地，进行体育活动的可能性还是有的。山口泰雄等以中老人体育社会化问题为视点还进行了另外两项相关研究，研究表明，在日本和欧美等国家和地区中老年步行人口在增加。步行活动对中老年中以前没有竞技性体育经历的人群来说不具有竞争特性，是一项投身自然、满足相互交流的活动，是中老年再社会化的重要形式。山口泰雄等的一项通过体育的再社会化的研究还把视野投向了孕妇。研究表明，通过向孕妇提供游泳教室的机会，能够推动孕妇的再社会化，而且还可以为孕妇产后继续体育活动奠定持续性基础。

归纳西方体育社会学体育运动与社会化研究，可以得出一个初步的结论，通过以游戏、休闲、竞赛及竞技体育运动为主要形式的体育社会化是一个具有显在性机能和潜在性机能、具有机能性结果和反机能性结果，同时又包含可以预期的结果和难以预期的结果的复杂过程。作为科学研究，这是通过游戏、休闲、比赛及体育运动社会化研究领域必须加以更多注意的问题。本章对西方体育社会学关于体育运动与人的社会化问题的透视和描述是初步的。但是，即使从这样一个初步的透视和描述中也能够给人们以这样的启示：未来关于体育运动与人的社会化问题研究仍然需要良好的理论指导和科学有效的研究方法，并且需要在研究设计上下更多的工夫，同时还需要花费更多的时间进行更多的观察，从更小、更容易把握和处理的社会组织系统入手作出科学的探索。西方国家有关体育社会化所进行的研究，具有一般的和普遍化的意义。例如，精英竞技者的社会化在于支持他们的外部环境条件的最优化，即从他们的早年开始提供各种参与体育的机会、中上阶层的主流价值观、充分的运动设施设备、重要他者的激励支持及报酬。体育消费者无论是作为竞技者的活动还是作为竞技观赏者的活动，其消费都依存于他们自身的社会状况和环境之中。所有与体育相关行为的社会化过程都存在着明显的差异。例如，因体育项目的不同、过程的不同、生命阶段的不同而存在差异。

第二节 人的体育社会化原理探析

近年来，人的体育社会化已经成为社会的一个大话题，并根据不同的学科基础，从不同角度对体育与人的社会化进行了深入的剖析。笔者基于文化学视角对人的社会化概念进行了阐释，希望在文化学这个新的视角下研究体育在人的社会化的理论，更加清楚地认识到体育在人的社会化过程中所起的作用。

一、不同学派对体育社会化原理的阐述

关于人的社会化概念的研究，一直以来存在着研究路径之争，主要表现为结构-功能主义社会学、冲突论社会学和历史文化主义社会学三种流派的冲突和分歧。这三种流派对人的社会化概念的研究各不相同，但是他们之间联系紧密，阐述如下。

1. 结构功能主义的流派

社会学结构-功能主义流派把体育活动看成一个社会同化作用发生的媒介，将研究对象定位在儿童、年轻人，他们在运动参与的社会行为中，自然不自然地逐步融入所在社会，同时习得了必要的社会规范。

2. 冲突论的流派

冲突论的流派将人的社会化的过程理解为在社会多重的权力、符号的作用下的冲突过程。他们从冲突论角度出发，研究的对象层次大部分会集中在不同性别、职业和社会阶层的差异上，重点探讨在社会转型的大背景下，运动参与的个体实现社会化的差异，尤其体现在男性文化为主导的社会冲突之中。在冲突论的演化中，将运动参与的场域理解成一个女性角色和男性角色的场域冲突①。

3. 历史文化主义的流派

在研究人类文明史和文明化的进程中，社会学家 Elias 最先提出运动参与现象结合社会文化结构的理论，在研究过程中通过对古希腊体育和现代体育的对比，前者是对暴力的允许和后者对暴力的禁止这两种迥然相异的态度，进而反映体育运动在社会历史的作用下的结构性变化乃至概念本质的改变，从而将历史文化主义引入运动参与对个体社会化作用之中。

Elias的理论涉及社会结构层面和心理层面两个方面，在社会结构层面上，暴力及对暴力的制约是其主要研究方面，体育社会化成了折射社会结构文明化的一个侧面，关注重心是着眼于社会环境的变化，其中不仅关注社会对人的作用，更着重于人对社会的主观能动的反作用上。在心理层面上，自我控制是主要概念。

综上所述，不同流派在理论层面探讨了社会化的概念之后，引入不同场域的运动参与概念，为进一步说明体育社会化找到了必要的支撑，为相关概念的说明夯实了基础，更有说服力。体育社会化，即体育自身各个部分之间，以及体育与社会各个领域之间的相互联系和作用日益密切，越来越整体化的发展过程态势。

二、体育社会化三大主体区域

在学科分类演化的进程中，从古代思想家亚里士多德到近代的恩格斯唯物论分类，以及现代我国的学科门类划分，不同的研究领域体育属于不同的学科范畴，有人认为体育是教育的范畴，理由是体育本身也是教育活动的一种体现，如学校体育，有人认为体育是人文社会科学的范畴，理由是体育与其他人文社会学科交叉的地方很多，当然，也有学者站在文化学的角度审视体育，把体育作为一种文化现象进行研究，但也不能否认自然科学对其的影响，还有部分研究学者认

① 丁建国. 社会学在体育研究中的作用［J］. 上海体育学院学报，2003，27（05）：13-14.

为，不能漠视体育自身的发展特点，在有的学者观点中，将体育作为一种文化生活的社会历史维度和政治维度来进行研究①。下面对体育在人的社会化的过程中主要从家庭、学校和同侪三个方面进行分析。

1. 家庭

在法律上对家庭的解释是将两个或两个以上的人通过血缘、婚姻或收养关系组成的群体称之为家庭。在社会学上对家庭的解释是，所有亲戚（包括收养的人在内）生活在一起并结成一个社会单元的亲属关系体系称之为家庭。家庭这一概念可以从多个角度去分析，不仅是只能从法律的角度出发，家庭是最基础的社会单元，还可以从文化的多元性、变迁性的角度分析，并应该把研究的重点放在此处。

在家庭层面，从文化学角度看体育社会化，在家庭文化视角下，可以认为家庭是一种文化的载体。在宏观领域，以区别于结构-功能主义和冲突论研究，历史文化主义更为注重家庭在具体的历史情境中的变化，探讨家庭所扮演的社会化角色，以及对运动参与的影响与作用。

家庭在社会化层面是一个主要的构成要素，在运动参与和体育社会化的研究背景下，三种不同的社会学流派都有相对独立的关注重心，结构-功能主义流派较为关注家庭的教化功能，而在冲突论流派中，研究者较多关注性别问题，但是也存在着一定的研究交叉。

2. 学校

学校是不同于家庭的研究场域，也有着相对的独立性。根据社会学的概念分析，教育受政治、经济、社会结构、性别及种族的影响较多，在现代教育中，学校提供一些与学习有关的教材和必需品，使得学生能够更好地接受教育。因此，学校是一个教育学生的地方，是运动参与和体育社会化的主要构成因素。

在学校教育中，客观存在着诸多学校体育课程涉及体育运动的内容，也有相应的观点，认为学校体育不仅承载着“身体教育”内涵，同时也负载了“文化教育”的职责。学校体育承载文化、传达文化的功能已经受到了一定的重视，由此就可以发现，学校体育同时也包含在学校这一社会机构中，具有推进运动参与和

---

① 田雨普. 关于社会体育学取代群众体育学的思考［J］. 哈尔滨体育学院学报，2000，（1）：1-4.

体育社会化的作用[①]。

从文化学视角探讨关于运动参与和体育社会化的问题时，讨论的内容较多的关注于制度变迁、文化流变的诸多因素。而在学校场域下的运动参与行为，同样也赋予了各种矛盾冲突和文化的内质，具有历史传衍的性质[②]。学校体育课程确定是一个复杂、立体的过程。

3. 同侪

“同侪”一词在《现代汉语词典》的解释是与自己在年龄、地位、兴趣等方面相近的平辈。同侪也称同侪团体，他们有共同的爱好，在工作、生活中相互影响、相互认同、有集体的成就感和归属感。结构功能-主义研究者认为，同侪是指个体参与同侪活动，融入群体，达到“合群”的效果，在符合合群这一要求下，逐步形成自我的个性。

同侪群体简单看来是一群年龄相仿、经历相似的群体，但在文化学的视角下，往往蕴含着历史积淀下的文化内涵和结构方式等。美国社会学家尹恩・罗伯逊说过，“因为这一时期的年轻人易于建立一个有其自己清趣、娱乐、衣着、行话、符号、价值观念和崇拜对象所构成的、富有特色的次文化”。在同侪构成因素的研究中，强调的是一种文化的立体模式，更多体现在“男性文化模式”和“种族文化模式”等模式中，在这些模式基础上探讨运动参与通过同侪这一群体达到体育社会化过程中的影响作用。

在文化学的视角下，对体育与人的社会化的相关概念作定性思维的阐述，需要一个长期的过程，所谓仁者见仁、智者见智。文化学视野下的体育与人的社会化概念与社会化概念相比有其自身的特点和构成因素，是在运动参与实践活动中的社会化，在借鉴社会学范畴之内的社会化相关知识，逐步形成了一套能够自圆其说的体育理论。

---

① 高强. 运动参与与个体社会化进程——体育社会学研究方法论的实践分析与理论探讨［D］. 华东师范大学博士学位论文，2009.

② 仇军，钟建伟. 社会学与体育社会学：视域开启与理论溯源［J］. 体育科学，2007，（05）：46-53.

第三节　体育对人的社会化的作用

体育文化作为文化的一个分支，理所当然也是人的社会化的重要内容。它不仅可以为人们提供社会生活所需求的生活技能和职业技能，还可以使人们从体育文化中学到其他社会生活领域中的行为方式、行为规范和行为准则。特别是对青少年和儿童，体育文化还可以使他们树立正确的价值观，培养良好的社会态度，促进其个性的形成与发展，提高其对人体自身生命系统和自然环境的认识，培养他们适合于当代社会发展的自信、合作、竞争等方面的个性品质。

一、体育为人的社会化提供必要的身体储备

19世纪下半叶，学者们热衷于用本能来解释人类的行为。1859年出版的《物种起源》一书反复强调人就是动物，所有行为都是由遗传因素决定的，所有行为都是由36对染色体来决定的。然而，随着科学技术的进步，人们通过社会学、心理学、哲学、人类学、文化学、生物学等学科来重新审视人的时候，人们发现单纯依靠本能的人或一个自然群体是无法改造和发展社会的。仅在动物群中，人的自然生存能力也是最差的，那么如何健康和强壮呢?早在古希腊的斯巴达人就从遗传学角度和竞技角度来解决健康和身体强壮问题。据现代教育观研究，在胚胎后，人们就对人的整个生长和发育过程非常重视，从胎儿、婴儿、幼儿、儿童、青少年、青年、中年、中老年等人的年龄段无不关注着健康问题。

人具有自然和社会两种属性，既受自然发展规律的支配，又受社会发展规律的支配。体育作为人的对象性活动，伴随着人的整个发展过程。健康和力量是人体美的重要元素。从生物学角度，体育的主要作用是增强体质、增进健康，培养各种运动技能，人们通过各种身体练习来增强行、走、站、爬、跑、跳、投等基本活动技能的训练，提高人的各种生理机能，逐渐完善大脑的结构及促进心理功能的发展，使人的体能进一步增强，更重要的是通过体育在学生的心灵深处培植体育所代表的文化精神，为将来接受教育、学习知识、掌握其他技能，成为一个社会人练就良好的身体。我国教育体系从幼儿园直到大学，唯有体育课一直贯穿全过程，而且即使工作后人们仍倡导锻炼、增强体质，促进身体健康。

据教育部《关于2004年学生体质健康监测结果公告》（教体艺〔2005〕6号），学生体质健康存在的主要问题：第一，部分体能指标逐渐下降；第二，学生的肺活量呈现下降趋势；第三，超重及肥胖现象极为严重；第四，学生视力不

良检出率仍然居高不下。近年来的数次全国学生体质健康状况调查都表明，我国学生的一些重要的体质指标在持续不断地下滑。我们不能片面理解体育，而是要大力推进体育的发展，把身体好确立为素质教育的第一目标，以人的全面发展为主要目的。为此，新华社报道《中国学生体质调查：胖而无力影响国家竞争力》，《解放日报》上刊登文章《让“身体好”成为教育的起点》。梁启超说：“少年强则中国强。”如果少年弱，国岂能不弱？100多年前，当中国处于虚弱不堪时，毛泽东同志说：“体者，载知识之车，寓道德之所”，并积极倡导“文明其精神，野蛮其体魄”。100多年的时间，也许“东亚病夫”的国耻还不应该忘记。我们应该更加重视体育，经常参加体育运动，锻炼强壮的体格和增强体质。

二、体育为人的社会化提供必要的智力储备

随着人类社会的不断发展和进步，人们的物质文化和精神文化水平得到了空前的提高，人民大众对健康的要求更为迫切。体育锻炼与智力发展紧密联系、相互作用。人们的体育运动都是受思想，即智力与意志力控制与支配的。思想确定目的，体育活动是实现目标的有效手段。在体育锻炼中进行着思想即智慧的运动，促进着智力的发展。正如《学会生存》所指出的，“教育应该较少地致力于传递和储存知识，而应该更努力寻求获得知识的方法”。我们要积极参加体育运动，无论是跑步还是进行各种球类运动，要时刻注意自己动作的协调性、准确性、优美度等方面，特别是在激烈的竞技场，除了注重这些，还必须有智力作铺垫，强调智力的作用。体育是个极度需要想象力的活动。人类凭借自己的肢体要创造出丰富的人体文化，不仅需要在开发身体潜力上开发想象力，而且在运动方式及其组织方式乃至实现方式上都需要非凡的创造力，启迪诱导想象力，帮助提高思维力，为智力的开发创造良好的生理条件和环境条件。

三、体育为人的社会化提供必要的思想道德储备

体育的价值远不止于促进身体发育、强健体魄和劳逸结合的功能，更深层次的价值在于培植、释放和提升人心灵深处潜藏着的狂热与痴迷，以及身体感知世界的能力，从而充分调动我们所有的感官投入生活，使心灵丰满、生活圆融。

《奥林匹克宪章》说得好：“奥林匹克主义是增强体质、意志和精神并使之全面发展的一种生活哲学。奥林匹克主义谋求把体育运动与文化和教育融合起来，创造一种在努力中求欢乐，发挥良好榜样的教育价值并尊重基本公德原则为基础的生活方式。”奥林匹克运动绝不仅是一项运动，更是一个蕴含深刻的“主

义”。1984年，我国女排在美国洛杉矶奥运会实现“五连冠”后，女排精神极大鼓舞了改革开放之初的中国人民，人们把女排拼搏精神内化为自身动力，积极投身到工作中，为振兴中华而努力奋斗。体育是超越国家、阶级、种族、意识形态的共同理想和“生活哲学”。体育运动可以在竞争社会中培养仁爱之心，促进人与人之间的沟通。例如，我国运动员桑兰在1998年的友好运动会上受伤致残，然而整个世界的关心与支持，已远远超出了体育运动的范畴。奥运精神是一种竞技精神，是一种生活态度，是一种人生哲学，是一种和谐、自由、健康、积极的现代理论。它随着时间的流逝而不断丰富，不断增添新的内涵，成为人类不断创新、不断增长的宝贵精神和文化遗产。

四、体育为人的社会化提供必要的健康人格

进入信息化社会以后，个性化教育逐渐取代了以前的教育模式。在社会形态演进中，生产力性质的改变对于整个社会的政治、经济、文化、军事、教育等都产生了深远的影响，从而使信息社会呈现新的特点和发展趋势，因此对教育有了新的要求，更加强调个性化教育。自信心、责任心、竞争心、友谊感、独立性、自制力等，都是优良个性品质的组成部分。

体育的重要功能之一就是对人的身体施加影响，它不仅能影响人的生理属性，而且还影响人的社会心理属性，促进身心的健全发展。体育对人的性格、气质、能力等心理特征有直接影响，体育运动具有调节作用。例如，性格中的优柔寡断、自卑、懦弱、固执、骄傲、冷漠，通过体育运动可以转变为果断、自信、谦虚、热情、开朗、大方、可靠、坚实等性格。体育运动对人的精神面貌都有调节作用。

体育最根本的目的就是培养人不断地领悟世界的意义和人本身存在的意义，不断生成社会需要的健康人格和情感。健康人格和情感的运行模式不是社会学意义上的发生或过程，而是社会互动的产物，是社会性建构的结果。人格与情感是一种主观社会事实，是对社会客观事实的反映，并非人的自然、本能的反映，而是社会中各种价值及冲突的反映。而体育的体验恰恰是人格与情感最为直接的手段。体育带给了我们挑战自我的信念与理想。

体育以其丰富的活动内容、宽松的组织方式，给了人对无穷伟力的向往。体育的作用不只是强身健体，还能有效地培养学生的思想道德品质，开发学生的智力，提高心理素质，陶冶学生情操，发展学生个性和增强学生适应未来社会的各种能力。体育在教育中处于明显的基础性地位。体育运动能改善情绪，促进行为

协调，反应适度。体育运动使人正确认识自我，能培养人的意志。

体育运动是一种极富感情色彩的高尚活动。体育锻炼具有调节人体紧张情绪的作用，能改善生理和心理状态，恢复体力和精力，还可以陶冶情操，保持健康的心态，充分发挥个体的积极性、创造性和主动性，从而提高自信心和价值观，使个性在融洽的氛围中获得健康和谐的发展。

五、体育为人的社会化提供必要的模拟场所

体育运动是一种特殊的社会文化活动。体育凝聚了人类的竞争、创新、奋发向上的卓越品质，并已扩展到社会生活的各个领域，强烈的自身参与、激烈的对抗竞争、频繁的人际交往和形式多样的群体活动形成了酷似社会的模拟环境。在这种模拟环境下，也有相似社会的行为规范，规定了人们的行为方式和行为习惯，如奥林匹克精神“更快、更高、更强”就要求人们去拼搏竞争，而奥林匹克原则“公平、公正、公开”也符合社会规范原则，尊重对手、尊重裁判、尊重道德，反对服用兴奋剂，反对运动赛场的假球、黑哨等欺骗行为。

在体育运动过程中，位置分工与社会角色一样都有自己的职责和任务，如足球的守门员、后卫、前卫、中场、前锋等多个位置，都有自己的职责和任务；比赛中，裁判就像法官一样执行规则，权力不可侵犯，队员只有合作共同行动，在公平、公正、公开的环境下去拼搏才有可能取得胜利，恶意铲球、故意假摔要坚决重罚。因此，体育运动具有培养人的行为规范的教育作用，有利于人的社会化。

综上所述，体育运动对人的社会化具有积极的作用，我们既不能夸大其功能，也不能忽视其作用。尤其重要的是，目前的学校体育要充分重视体育运动对学生社会化的重要作用。

第三章　人的社会化的体育实践

第一节　家庭体育与人的社会化

一、家庭体育的社会化功能

（一）自然社会化功能

家庭是一个人成长的起点和基础，同时也是一个人社会化的最早领域，而家庭体育不但有助于一个人的成长，而且在家庭体育活动中个体在不自觉中就完成了最初的社会化，因此从一个人的发展角度或者说社会化的成长度来看，家庭是最早的社会化场域[①]。首先我们要对家庭体育进行一个简要的界定。

张永保认为，家庭体育是指一人或多人在家庭生活中安排的或自愿以家庭名义参与的，以身体练习为基本手段，以获得运动知识技能、满足兴趣爱好、丰富家庭生活、达到休闲娱乐、实现强身健体和促进家庭稳定为主要目的教育过程和文化活动[②]。

李小进认为，家庭体育，顾名思义，是以家庭成员为主体，为满足家庭成员的自身需求而进行的直接或间接的体育活动。家庭体育的开展既可以满足家庭成员的健康需求，又能增强家庭成员之间的凝聚力，促进家庭的和谐，从而成为人们追求和谐与文明生活的一种方式。家庭体育的特殊功能使得家庭体育在人们生活中日益显现出不可替代的作用，是推动社会和谐发展的有效途径之一[③]。

叶展红认为，家庭体育是指以家庭成员为活动对象，家庭居室及其周围环境为主要活动场所，根据居室环境条件与成员的需求和爱好，利用属于自己的时间选择健身内容和方法，达到增进身心健康的目的，以促进家庭和睦和社会稳定发展[④]。

---

① 常乃军. 体育在城市化进程中的价值与功能审视 [J]. 体育文化导刊，2003，（12）：10-12.

② 张永保，田雨普. “家庭体育”新释义 [J]. 北京体育大学学报，2010，（6）：45-49.

③ 李小进，张永保. 论我国家庭体育的发展 [J]. 体育文化导刊，2012，（3）：32-35.

④ 叶展红. 关于开展家庭体育的构想 [J]. 广州体育学院学报，1999，（2）：46.

车建平认为，家庭体育是指以家庭成员为活动主体，为满足家庭成员自身的体育需求，以两人或两人以上的家庭成员为单位而进行的体育活动①。

张燕中和王静认为，家庭体育主要是指以家庭成员在一定的活动场所内，通过可选择的健身内容和方法，以增进家庭成员身心健康为目的的一种体育活动组织形式②。

郑祥荣认为，家庭体育是人们在闲暇时间进行的以家庭亲情为纽带，以家庭成员共同参与为基础，以室内外场所、公园、社区健身场地为依托，以休闲、健身、康复、娱乐为目的，自发性的、有一定规律的各类健身活动。它是集休闲、健身、教育于一体，家庭成员共同参与的生活方式，具体形式包括体育休闲旅游、体育消费、体育健身、运动技能培训等③。

这些家庭体育的概念与认识都从不同侧面反映出家庭体育对于一个人的成长过程社会化的重要影响作用。那么，在家庭这个场域中个人是如何完成社会化的呢？家庭体育又是如何完成这种社会化功能的呢？

家庭是社会生活中的一个较小组织细胞，是一种最为常见和最为普遍的社会生活组织群体，同时也是一个人成长发展不可脱离的最为基本的社会团体，家庭与其成员是密不可分的。因此，从这一角度来说，家庭对一个人的成长发展极其关键，家庭对其成员的教育和影响也是积极和深远的。

首先，家庭体育是一种自然形成的社会关系，因此具有自然社会化的功能。人类社会化过程中最早形成的也是最自然而然形成的社会关系，便是父母、子女、夫妻等血缘、亲缘关系，可以说这也是最早的社会化的开始。

家庭体育由于其特殊的关系进行体育活动，那么这种活动不但有助于其亲情的培养，而且是这种亲情维系家庭各成员间社会关系的基本纽带。因此，正如美国社会学家帕森斯指出的那样，家庭所具有的各项功能中，只有孩子的社会化和成年人的精神安慰功能才是家庭本来所具有的最基础的功能④。家庭体育主要是通过情感来沟通和交流的，因此体育活动只是一种社会化的沟通工具，而真正在

---

① 车建平. 中国城市家庭网与家庭体育初探［J］. 中国体育科技，2000，（5）：19-20.

② 张燕中，王静. 我国城市化进程与家庭体育发展的探讨［J］. 首都体育学院学报，2003，（3）：8.

③ 郑祥荣. 城市家庭体育模式及其形成机制的理论与实证研究［D］. 福建师范大学博士论文，2010：23.

④ 郑祥荣. 城市家庭体育模式及其形成机制的理论与实证研究［D］. 福建师范大学博士论文，2010：27.

家庭体育中起主导作用的还是家庭成员间的相互支持和帮助等情感因素，这些情感因素是开展体育活动的基础和前提。

其次，家庭体育可以促进家庭成员的身体和心灵双重健康，有利于家庭成员走上良好的社会沟通轨道，有助于家庭成员特别是子女的社会化。社会学家们预测在21世纪中叶，我国的核心家庭在家庭总数中比例将会达到70%左右[①]。所谓核心家庭，就是由一对夫妇养育一个孩子，这就是最为标准的核心家庭。核心家庭的出现使得家庭亲情观念集中于父母子女之间，由于子女大多是独生子女，对兄弟姐妹这种亲情感受较少，而且由于当前教育体系的影响，独生子女的社会交往明显与以前的那种兄弟姐妹较多的家庭社会交往有着较大差异。可以说核心家庭不利于独生子女的社会关系的建立和构成，这就需要家庭成员多参与各种社会活动，多与外界进行社会交流，无疑家庭体育活动不但有助于家庭成员之间情感的沟通和交流，而且通过体育活动也有助于家庭成员与外界的情感交流与沟通。

最后，家庭体育可以有效地促进家庭成员间情感的交流，有利于家庭和谐，防止家庭解体。随着现代社会的不断发展，人类生活节奏日益加快，家庭成员往往由于工作或学习等活动的增加，家庭成员内部的交流越来越少。由于没有足够的时间在一起交流，所以许多家庭问题和矛盾在潜意识中日渐形成，当这些矛盾和问题积累到一定程度就会发生问题，最后家庭关系出现裂隙，因此增加家庭成员的交流时间和沟通时间是现代社会家庭问题解决的根本。那么，体育活动是有效解决这一问题的方式之一。

（二）教育社会化功能

相对于学校教育来说家庭是每个人出生后来的第一所学校[②]，家庭教育也就是人生的第一堂教育课，而且相对于一个人漫长的一生而言，家庭教育更多地将亲情和感情教育放在首位，而父母亲则是这种教育的首任教师。因此，从这一角度而言，家庭教育对孩子的成长极其关键，同时对一个人的社会化发展也极为关键。

首先，相对于其他家庭教育而言，家庭体育活动对培养青少年体育锻炼意识，培养坚强的意志，顽强的拼搏精神，高尚的道德情操，勇于进取的竞争意识，以及终身体育锻炼习惯等良好的体育习惯都有着极其重要的意义。相对于学

---

① 王耀文. 新时期家庭体育功能探析［J］. 体育文献通报，2011，（4）：113-115.

② 常乃军，陈远军. 构建中国特色体育仲裁法律的几点思考［J］. 广州体育学院学报，2007，27（3）：93-95.

校体育而言，家庭体育对于一个人的体育价值和意识的培养显得更早、更全面。

其次，由于家庭体育相对于学校体育、社会体育活动而言，具有亲情性、连续性、早期性、互助性等诸多优点，所以家庭体育相对而言就更具有最为有效的教育功能。在家庭体育活动中家长为孩子提供更为丰富的教育方式和教育手段，而且在家庭体育活动中家长可以根据自己孩子的个人兴趣爱好，以每个孩子的表现等诸多特性因材施教，因人施教，因时施教，因地施教，可以更为有效地提高孩子参与的积极性。

最后，家庭体育更为重要的一点是在体育活动中不但锻炼了身体，同时也增强了孩子的规则意识。社会是由各种各样的制度所构成的，所谓没有规矩不成方圆，相对于一个孩子而言，家庭体育首先教会孩子对规则的适应和理解。没有规则意识孩子在今后的成长中就会出现许多与这个社会规则相违背的事，那么就会受到这个社会整体的限制，甚至于社会规则体制的惩罚。因此，在家庭体育活动中逐渐培养孩子的遵守规则意识，不但有助于孩子的健康成长，而且更有利于孩子日后与社会建立良好的沟通与融合，从而有利于孩子全面发展。

（三）文化社会化功能

一个家庭的构成有物质层面的需要，同时也有精神层面的需要，相对于物质而言，这种文化精神层面的需要显得更为珍贵和重要。家庭体育活动是一种积极健康的家庭文化活动，具有较强的文化教育功能，由于当前社会经济发展迅速，人们对于物质方面的追求日渐被精神文化的追求所取代，因此提高家庭成员的文化精神境界就成为每一个家庭必须要思考的一个重要问题。

家庭体育由于其特殊的活动方式和活动内容，从身体和心灵两方面对一个人的整体素质施加影响，所以家庭体育对于培养家庭成员的精神修养、文化品位、道德素质、审判情趣、意识境界都有着不可替代的作用。

家庭体育的休闲娱乐功能可以促进家庭成员培养起自己的健康向上、积极乐观的个人兴趣。家庭体育活动中家庭成员可以通过体育比赛或者体育游戏来缓解工作或者学习过程中由于社会压力所产生的各种消极情绪，通过家庭游戏的快乐去感受到彼此之间的亲情与理解，从而将社会生活中给家庭成员产生的负面情绪、压力、痛苦，以及各种潜意识中的挫折感等所有不良情绪都在快乐与幸福的家庭体育活动中得到消融，消减社会与家庭成员的对抗，从而建立良好的社会与家庭成员的关系。

（四）家庭辐射功能

家庭是一个人进入这个世界的第一所学校，家长是孩子们的第一个老师，因此从这一角度来说家庭体育实质上是学校体育、社区体育、社会体育活动的基础，良好的家庭体育习惯不但有助于孩子的健康成长，而且有助于孩子今后参加学校体育、社会体育活动。从这一点来看，家庭体育是学校、社区、社会等体育活动的连接纽带，同时家庭体育也具有巨大的辐射功能，影响一个人的一生发展。

首先，家庭体育是学校体育的基础。家庭教育是人生获得的最早的教育活动，学校教育只是这种教育的延续和巩固。苏联著名教育家苏霍姆林斯基说过："良好的教育是建立在良好的家庭教育的基础上的，没有良好的家庭教育，再好的学校教育，也难以取得预期效果。"①当然随着孩子们的长大，学校作为专门的教育机构其对人的教育作用也是不言而喻的，那么这时家庭体育活动就成为学校体育活动的延续，孩子们在学校体育活动中习得的技能动作可以在家庭体育活动中得以巩固发展，同时通过家庭体育活动也可以沟通彼此间的情感，使得孩子们更加乐意参加体育活动，从而对于学校体育活动来说也是一种促进和发展。

其次，家庭体育是社区体育活动的重要组成部分。随着社会经济的发展和时代环境的变化，人们越来越重视健康问题，不断增强身心健康和提高生活质量，丰富社会文化生活。当前在体育设施较完备的小区中健身人群日益增多。因此在生活小区内的健身体育活动就成为当前继学校体育、家庭体育之外的另一大体育活动场域。往往由于小区离家较近，所以绝大多数的社区体育活动是以家庭为单位进行的，这时家庭体育就成为社区体育活动的一个重要的组成部分，这种体育活动使得家庭成员可以与社区人员进行有效的交流和沟通，这不但有助于家庭成员的社会化，而且也有利于他们在与社会其他人群接触时建立起良好的社会关系。

再次，家庭体育是实现"家庭、学校、社区、社会"诸多体育活动的纽带。家庭体育是学校体育的基础，学校体育是家庭体育的延续，家庭体育是社区体育的构成主体，社区体育又是一个终身体育活动中重要的活动场域，因此从这一角度来看家庭体育是将"家庭、学校、社区、社会"诸多体育活动串联起来的一个关键点。因此，家庭体育的健康与否直接关系到这些体育今后的发展。当前终身体育思想已经进入每个人的日常生活当中，家庭体育既是一人终身体育的起点，

① 谈晓矛. 开展家庭体育推动全民健身［J］. 山东体育学院学报，2001，（2）：70-71.

又一个人终身体育活动重要的构成部分，更是终身体育的基础和保证。

最后，家庭体育是竞技体育的发源地和支撑点。没有家庭体育从小的培育，孩子不会有一个良好的身体去从事日后的竞技体育活动。因为目前我国的竞技体育还是在一种举国体制下进行的，所以要想进入专业队还需要家长对孩子从事竞技体育给予较大的支持，没有家长的支持同样运动员很难有所提高。家长要对孩子从事的体育运动有所了解，甚至在许多情况下孩子父母本身就是运动员出身，因此从这一点来看家庭体育活动和家长对体育活动的热爱程度对孩子的发展有很大的影响，从这一角度来说，家庭体育对竞技体育的发展有一定的影响。

二、家庭体育中影响个体社会化的因素

（一）家庭体育内部因素对个体社会化的影响

1. 家庭结构对个体社会化的影响

随着社会的不断发展进步，家庭结构也在发生着不断地变化。目前，我们国家主要家庭结构模式还是以主干家庭或联合家庭等核心主流家庭为主，但是同时也有非主流的家庭，如离异家庭、单亲家庭、再婚家庭。主干家庭，又称直系家庭，即父母和一个已婚子女或未婚兄弟姐妹生活在一起所组成的家庭模式，也包括父或母和一对已婚子女及其孩子所组成的家庭，一对夫妇同其未婚兄弟姐妹所组成的家庭①。

联合家庭指家庭中任何一代含有两对以上夫妻的家庭，如父母和两对或两对以上已婚子女组成的家庭，或是兄弟姐妹婚后不分家的家庭。这种类型是核心家庭同代横向扩展的结果，它突出表现为人口较多，关系较为复杂。由于每个基本三角形都有自己的核心，互相之间具有较大的离心力，所以这种家庭形式只能在一定条件下发生，目前已经很少。联合家庭主要有两种结构形式：①异代联合家庭，即两对以上同代夫妇及其未婚子女与父母所组成的家庭；②同代联合家庭，即两对或两对以上同代夫妇及其未婚子女所组成的家庭。联合家庭一般是兄弟们结婚后不分家而形成的，兄弟不分家大多是出于共同继承财产的需要。父母房屋多或经济宽裕，可以提供住房或补贴，婚后子女才可能在一起共同生活。另外，如果已婚子女缺少分开居住的住房条件，那么他们除了与父母生活外没有其他的选择。也就是说，我国目前的联合家庭的形成主要是因为经济情况，很少因个人

① 杨秉辉. 全科医学概论［M］. 北京：人民卫生出版社，2010.

感情而形成。从目前我国统计数据看，联合家庭越来越少，而且大多集中于农村和边远地区。

两代人组成的家庭称为核心家庭，成员包括夫妻两人及其未婚孩子。核心家庭之所以被称为核心，是因为在社会中，这种家庭结构最为普遍，它们代表了大多数人的生活。当前我国普遍把这种核心家庭称为“标准家庭”或者“基本家庭”，当然在我国传统观念中“核心家庭”还应该包括父母的上一辈人，或爷爷、奶奶或者姥姥、姥爷，这样由三代构成的核心家庭才是最完美的核心家庭。

家庭结构不但影响家庭体育的开展，而且影响家庭成员社会关系的构建和社会化程度。目前我国随着城市化改造的进一步加快，家庭成员的构成主要变化体现为家庭成员减少，家庭规模变小，家庭类型日渐趋于一致。特别是近年来在我国一直由政府主导实行的人口生育政策，当前在城市中许多家庭都是由父母双方和一个孩子这样的三口之家为主。

这样的家庭结构对于开展家庭体育活动积极的一面是能够充分开展家庭体育活动，因为人少所以便于开展体育活动，如家庭集体散步跑步、集体旅游、体育游戏、休闲娱乐等活动。但是同样也因为人少所以在家庭体育活动中往往容易形成以孩子为中心的体育活动形式，特别是当前独生子女由于除去在学校时间外，与家人接触时间较多，在学校主要以学习为主，体育活动相对而言时间有限。与家人进行体育活动时则父母大多遵从孩子的选择，以孩子为中心去选择体育活动，这样在体育活动中也往往迁就孩子的感受，较少进行正直的对抗比赛，很难培养起孩子真正的竞争对抗意识。在这种长时间唯我独尊的环境下，孩子往往容易形成特殊的心理，任性、自私、依赖性较强、竞争性不足，这样在进入社会后往往以自我为中心，较少考虑他人感受，不利于和他人进行沟通，难以建立良好的社会关系。因此，在家庭体育活动中要充分考虑到孩子日后的社会发展因素，要培育孩子的对抗竞争意识。当然在条件充分的情况下要多与其他家庭进行联系交流，不要只局限于一个家庭进行体育活动，只有把孩子放到更为广阔的环境中才能培养起孩子良好的社会关系。

2. 家庭氛围对个体社会化的影响

家庭氛围主要包括父母之间的关系氛围和父母与孩子交流时形成的关系氛围。和睦温馨的家庭氛围是孩子建立良好社会关系的基础，同时也是实现家庭体育活动的基本条件。一个和气友好、相亲相爱的家庭氛围，可以使孩子形成稳定的情绪，友爱开朗，充满活力与自信，最终热爱生活、热爱社会，成为一个具有良好心态的社会人。

家庭体育活动可以通过家庭成员之间的体育竞赛活动，形成相互尊重爱护、以礼相待，能够通情达理，又能遵守规则、按照社会规定办事，以达到一种安定和谐、积极向上、民主平等、愉快欢乐的家庭气氛。在这种家庭氛围中父母对孩子的需求敏感性较强，孩子对家长反应积极，可以产生有效的沟通和无言的亲情感，这种环境下家长有意识地培育孩子的竞争能力和规则意识，不但有助于孩子对社会的进一步认识，而且有利于孩子在日后进入社会体系当中构建起自己的社会关系网络。

在家庭体育中，良好的家庭氛围一方面可以让孩子感受到家庭亲情，给孩子提供安全积极的探索世界、学习解决问题的勇气和能力，而且更为重要的是培养起孩子勇于竞争、勇于拼搏的精神和勇气，使他们在遇到挫折和困难时，能够从家庭体育活动中获得极大的支持和鼓励，当然更重要的是家庭亲情的支持和帮助，这些都为他们日后参加社会活动打下了良好的基础。另一方面家庭成员以积极友爱的相处方式为孩子提供了学习的榜样，而且在积极的体育活动中孩子通过模仿家长对待失败时的状态，勇敢接受失败，而对失败，正确认识到社会当中有许多时候并不是完全按照自己的意愿就能够达到目的的。只有勇敢地面对失败才能真正走向成功。

总而言之，良好的家庭氛围不但有助于形成健康和谐的家庭关系，而且有利于孩子培养起如何更好地解决社会问题，学会与人和谐相处，从而培养起更为积极乐观的人生观和价值观，建立起良好的人际关系，形成良好的社会化状态。

3. 家庭经济对个体社会化的影响

家庭经济基础也是影响家庭体育活动较为重要的一个因素。有研究表明，家庭经济水平不仅会对个体认知能力、个性发展有影响，而且对于个体的学业水平、社会关系也会产生深远影响，甚至还会影响到个体的心理发展及人格的养成。美国曾在1966年公布一项报告，这份报告对美国3000多所学校，约65万名学生和7万名教师的相关数据进行了分析，认为在诸多影响学生学业成绩的因素中，学生家庭的社会经济状况对成绩的影响最大，而学校和教师则只有很小的影响。处于贫困中的儿童往往比非贫困的儿童学习成绩低，且更容易表现出早期的学校适应问题。还有研究表明，由于家庭经济水平较低，儿童可能会经历家庭混乱甚至家庭暴力，可能会表现出心理健康、人际交往及人格方面的诸多问题，这也是影响他们正常社会化的重要压力源。美国学者Mcloyd长期研究这一社会问题，最后他得出，处于家庭贫困状态下的儿童之所以更容易受到虐待，更多地遭受到家庭暴力，是因为其家庭由于经济压力更缺乏温暖和支持。具体而言，贫困会导致夫妻之间及与孩子的冲突增加，而冲突反过来会使教养方式向敌意强迫方向转变，这样会导致儿童产生诸多不良人格特征，并对他们的人际交往产生负面影响[①]。由此可见，家庭经济基础对个体社会化有较强的影响。

相对于家庭体育而言，家庭经济状况更具有较强的影响力。可以想象一个处于贫困线上的家庭，其父母每天为生计而奔波，没有空闲时间来进行家庭成员的情感交流和体育活动，那么自然家庭成员也很难通过这种家庭体育活动方式获得温情。而且由于家庭经济水平较低，家庭可支配的经济资源也较少，所以在消费方面大多以维持家庭成员生存为主，较少用于休闲娱乐，那么体现在体育领域的消费则更少，这样也不利于家庭体育的开展。此外，家庭经济较低时，家庭成员将绝大多数的精力投入到维持家庭正常生计当中，较少有空闲时间和空闲精力来进行家庭体育活动，这样也会影响到家庭体育的开展。

（二）家庭外部因素对个体社会化的影响

1. 家庭所处地区的社会环境因素

家庭所处地区的社会环境也是影响家庭进行体育活动的重要因素。法国社会学家通过分析研究法国、波兰、匈牙利等国家教育入学就业情况，最后得出家庭所处的社会环境对孩子教育和就业有巨大的影响。很大程度上，家庭所处的社会环境可以说是与孩子的教育和就业呈正相关的，当然它并不是绝对的。日本一项全国性的社会分层与社会流动调查显示，家庭所处环境与家庭成员受教育程度及就业情况有巨大的影响，事实上，家庭所处地区的社会环境较好，该地区家庭成员受到教育程度和就业程度较高。我国学者文东茅在进行了类似的研究后也发现，在我国来自较高阶层家庭的学生接受高等教育的机会更多，接受重点大学教育的机会也更多，毕业时的就业率、升学率和起薪也更高。由这些研究可以看到，一个家庭所处的社会环境实质上是该家庭经济实力、文化实力、社会地位等综合因素的共同反应，当然一个好的家庭居住环境也表明其占据着较多的社会文化资源、组织资源和社会资源。

在我国最为明显的就是城市和农村的居住环境和差别。城市和农村的家庭

---

① 卢勤. 个人成长与社会化［M］. 成都：四川大学出版社，2010：109.

在家庭结构、经济基础、文化观念、社会习俗、居住环境等诸多方面存在着较大的差异。就家庭体育而言，城市家庭出生的孩子比农村家庭出生的孩子更多地占有社会资源。因为一般城市出生的孩子由社会公共领域提供更多的物质保障和精神服务，在城市生活的孩子能够更快、更迅速地接受到社会最新的物质享受和文化服务，而且公共服务设施完善，可以为孩子提供各种物质和精神上的服务与享受。而农村出生的孩子，由于农村环境较差，生活较封闭，接受社会新鲜事物较少，物质基础较差，同时也难以享受到公共服务所带来的种种好处。这样无论是教育领域还是其他领域，农村孩子要远落后于城市孩子，同时家庭对孩子的重视程度也有着较大的差异。农村生活较艰苦，家长整天在田地里劳动，或外出打工，空闲时间较少，因此对待孩子也更多倾向于以向其提供物质方面的东西为主，而精神层面的东西一方面是因为农村家长本身文化程度所限，另一方面家长也没有更多空闲时间给孩子提供更好的精神方面的帮助。当然相对于家庭体育而言，农村家庭与城市家庭差距较大。

2. 家庭所处地区的文化环境因素

家庭所处地区的文化环境对家庭体育的开展和孩子的社会化影响较大。韩国的教育家经过多年追踪研究得出，一个孩子3岁时的生活习惯和智力能力就已经形成了近50%，到6岁左右时能达到80%，大约在20岁时已经基本形成自己固定的生活习惯和智力能力。那么，我们可以想象到一个孩子在这样的环境下其生存发展的重要性。当然家庭所处地区的文化环境不是一下子就形成的，它与当地民众的生产、生活活动密切相关，甚至是当地祖祖辈辈文化习俗的一种继续和发展。它是经过漫长的发展而积累下来的一些固有的为当地人们所潜意识遵守的道德观念、伦理观念、生活习俗和行为规范，它反映出的是当地的人文和社会综合情况。这种文化环境从各侧面共同作用于家庭及家庭中的每一个成员。

当然相对家庭体育活动而言，这种家庭所处地区的文化影响力主要集中于当地文化风俗习惯上，中国传统文化中安土重迁，一般人都不愿意离开自己生长的地区，当然这也与我国历代统治者所实行的户籍制度有关。中国传统文化中讲究休闲安适，较少有激烈的体育对抗活动，除去少数民族的一些重要节日外，一般而言，大型体育活动较少，因此没有形成像西方国家那种狂热的体育锻炼习俗。随着近年来人们生活水平的不断提高，有一些发达地区逐步发展起来，人民生活水平得到极大提高，因此有些地区的体育设施也基本能够满足当地人民的体育需求，这时以家庭为单位的体育活动才日益增多。特别是一些富裕的地区开始举办一些地区性体育竞赛吸引了当地家庭的参与，这样地区性的文化体育活动开展起来，这不但有助于当地民众增加体育活动、娱乐活动，而且更为重要的是丰富了当地人们的日常业余生活，从而为当地人民的社会沟通打下了良好的基础，同时也为当地孩子们健康成长打下了良好的基础。

3. 家庭体育、学校体育和社区体育的结合程度

影响家庭体育更为重要的还有两个因素，即学校体育和社区体育。随着社会的发展程度日益增强，家庭、学校和社区已经成为影响个体发展的三个重要区域，而且从人的社会化这一角度来考察，这三者已经成为影响一个人社会化的关键性因素。家庭是一个人生长和发展的重要区域，学校是一个人受教育的重要区域，社区是一个人接触最多的社会化区域，因此从人的社会化角度而言，这三者直接决定着一个人的社会化程度，从家庭、学校和社区的结合程度高低，可以看出一个社会关键构建的高度和深度。

相对而言，家庭体育更多是以家庭成员为主要构建群体进行的体育活动，其活动区域较灵活不固定，形式也多种多样，但是人员构成较少，建立起来的也是家庭成员之间的社会关系，社会关系广度不够。学校体育成员相对固定，活动区域也相对固定，大多数情况下是在学校区域进行体育活动，体育活动内容相对而言也以教学大纲为主，有专职教师进行指导，依据一定标准和原则进行体育活动，个人随意性和自由性相对不足，时间安排上也相对固定，因此在人的社会关系构成中也大多以教师和学生相互之间的关系为主。相对而言，社区体育开放程度和参与广泛性上则远大于家庭体育和学校体育，特别是当前一些大型社区，其体育设施较为完善，参与群体也较为复杂多样，而且其健身时间和参与人数相对而言不固定，体育活动形式也不固定，但是参与人员的复杂性和多元性，决定了社区体育活动构建起的社会关系较为复杂多样，多进行社区体育活动可以帮助个体构建起较为宽泛的社会关系，有利于个体的社会化。

从宏观角度来看，家庭、学校和社区是一个宏观的有机整体，以学校体育为基础，以社区体育为依托，以家庭体育为纽带共同构建一个社会化教育体系。它们共同构成一个具有目标连续性、系统性、一致性的体系，完成对个体的社会化教育过程，从而促进个体的身心健康全面发展、丰富其文化活动，达到一种融洽的人际关系，从而达到构建起良好社会关系的主要目标。

三、家庭体育促进人的社会化发展策略

（一）把家庭体育纳入各级体育全民健身计划的考核范围内

家庭体育对个体社会化有较大的促进作用，但如何落实到具体生活当中则是其关键。当前我国现行体育体制中竞技体育项目还是以举国体制为主，而相对于家庭体育而言，则如何进入全民健身体系当中是关键。全民健身体制是以国家行政部门为主导推动的，因此其背后体现的是国家意志，而且在全民健身体系当中国家财政有一定的支持，地方部门行政机构比较重视这种行政指令，而且对于全民健身体系完成情况也是考核一个地方行政部门完成行政指令的重要内容。这样如果把家庭体育开展情况也纳入全民健身计划考核体系之内，那么行政部门必然会将其视为自己的政绩工程加以重视，只有这样才能在较短的时间内将家庭体育提高到一个高度。当然这做法只是短时间内的补救措施，要想长期使家庭体育真正实行下去，而且真正使社会中每个家庭都积极参与体育运动，那必须要有一个长期的规划，当然在全民健身计划中也要占有一定的比例，因此无论从长远看还是从近期看，将家庭体育纳入全民健身体系当中是势在必行的，同时也只有将家庭体育活动纳入全民健身体系当中才能将家庭成员的社会化问题发展到一个全新的高度。

（二）构建家庭体育健身网络，转变国民体育思想观念

随着社会的日渐发展，人们对物质方面的追求逐步被健康、文明、休闲等精神层面的理念思想所代替。换句话说，一旦人们的经济基础达到一定程度，那么他们必然开始追求精神层面上的东西，这就是马斯洛人类五种需求最真实的映射。马斯洛将五种需求进行了等级的划分，按层次逐级递升，分别为生理上的需求、安全上的需求、情感和归属的需求、尊重的需求、自我实现的需求。马斯洛认为，当人的低层次需求被满足之后，会转而寻求实现更高层次的需要。另外两种需要，即求知需要和审美需要——这两种需要未被列入他的需求层次排列中，他认为这二者应居于尊重需求与自我实现需求之间，此外他还讨论了需要层次理论的价值与应用等①。从这一角度来看，家庭体育活动必然成为社会发展的最终需求，那么构建起家庭体育健身网络就成为今后我们工作的重点。通过各中媒体

① 〔美〕马斯洛. 动机与人格［M］. 许金声译. 北京：中国人民大学出版社，2007：16.

宣传家庭体育的相关知识，并通过各中媒体开办家庭体育健身节目，以及设置家庭体育专栏、讲座，播放家庭体育生活的公益广告等多种形式来广泛宣传家庭体育的益处，从而使广大人民投身到家庭体育的活动当中；并且借助于科普图书、网络媒体，以及全民健身体系和重大赛事体系加强宣传，倡导人们进行体育锻炼，从而使家庭体育的观念深入人心，成为推动大众体育活动最基本的原动力。

（三）构建家庭体育服务市场体系，以市场杠杆作用推动家庭体育的发展

任何体育活动都需要相应的场地和器材，因此我们要在现有体育设施基础上加大投入，以公共服务体系和市场服务体系两体系为主推动家庭体育的发展。在一些最为基本的体育场地器材上个人无力完成的公共体育设施中，国家要加大投入力度，确保构建起最基本的体育基础设施。特别是地方政府要有计划地加大对体育基础设施的长期有计划性财政投入，虽然这些投入在短期很难看到成效，但是对长期发展国民体质却有巨大贡献。当然我们也要管理和运用好现有的体育场地设施，最大限度地利用好现有基础设施，使其发挥到最大功效。

当今社会是一个以市场为主导的经济社会，因此我们要充分运用好这只“无形的手”来对家庭体育市场进行开放调节。今天花钱买健康已经成为人们现实生活中的一个基本理念，因此放手发挥市场调节作用，将一些大众体育服务领域投入市场体系当中，用市场去调控这些服务领域，从而为广大人民的体育活动搞好服务。政府不能对全民健身体育服务全部包办，特别是一些有偿服务领域要引入市场机制，通过市场带动家庭体育的发展，如体育家政、家庭体育培训、家庭体育有偿辅导、家庭体育器械开发、家庭体育比赛服务等诸多领域，从而利用市场服务体系来推动家庭体育的发展。

第二节　学校体育与人的社会化

一、学校体育社会化的功能

（一）学校体育具有培育学生社会情感的功能

通过学校体育促进学生社会化，这既是学校体育课开设的初衷，也是世界各国开展学校体育活动所要达到的共同目标。因为从社会化的视角来看，个体的社会化就是要将社会的制度规则这种公共的准则内化为一个人的本能准则，只有这样才能真正实现个体的社会化。

首先，学校体育可以培养起学生的爱国主义和集体主义精神。每个人都有自己的祖国，从人类宏观感情来说对祖国的感情应该是所有感情的基础，而且从历史发展进程来看，爱国主义精神对中华民族的伟大复兴提供了源源不断的动力支持，爱国精神是人类集体精神中最为积极主动的一种情感精神。体育竞赛活动有其鲜明的特征，特别是在国际比赛体育活动中的胜负有时代表着一种国家荣誉，代表着一种国家情怀。近年来，我国体育健儿在国际赛场上无数次地捧起奖杯，升起国旗，以其高超的技艺赢得世界人民的赞许，同时也在国内掀起一波又一波的“体育热潮”和“爱国热潮”。例如，当年女排五连冠，举国学习女排精神。奥运会上运动员的拼搏精神，这些精神中最重要的一部分就是爱国主义和集体主义精神，同时也可以说这种精神是个体最为根本的一种精神。因此，在学校体育活动中要注意培育学生这种爱国主义精神，使学生将学习活动和伟大的历史使命联系起来，并把这种感情融入到学习当中，将民族自豪感和个人拼搏精神有机地融合到一起，从而构建起一个完整的社会情感体系。

其次，学校体育可以增强学生的团队合作意识，使学生建立起最基本的人类集体情感交流体系。现代社会由人口生育政策及中国的国情所决定，我国目前大多数中小学生是独生子女，由于家长与孩子的关系体系当中孩子一直处于中心地位，家庭全部围绕孩子在活动。这样的结果就是孩子大多以自我为中心，缺少与家庭成员以外的人的合作交流，不善于与家庭成员以外的人进行合作交流，不善于与他人合作共同完成相应的任务，不能正确地进行自我评价，在潜意识中也难以客观众正地评价他人。这些问题实际上都是社会情感功能不足所造成的一种社会交际问题。学校体育由于其是专业的教育机构，所以其体育活动中有专业的教师从事课堂的组织和教学，而且大多数体育活动都是群体性较强的体育活动，这样在学校体育活动中学生通过多方合作，构建起自己的群体意识、协作和公平竞争意识，而且在活动中他们通过所担任的各种角色，明确分解自己在体育活动中的任务和责任。通过亲身的运动可以使这些社会关系和角色逐步内化，使其建立起正确的与人合作交流的健全人际关系，从而成为一个合格的社会人。

最后，学校体育可以培养学生的集体荣誉感，构建起学生自己良好的社会情感功能体系。现代工业社会中，人与人的交流通过各种媒介被无数次放大，人与人的交流变得更加频繁，但同时先进的科学技术，使人类的合作领域也逐步增大。例如，跨国家跨地区的科学研究，可以将全世界的顶级科学工作者都聚集在一起，大家共同研究。而且随着现代化的程序越来越高，全球化一体化的进程日益加快，跨国公司在全球化的经营已经成为一种常态。因此，在学校体育中必须注意培养学生的集体荣誉感和合作精神，因为学校体育活动中有许多体育竞技活动，在这些竞技活动中不但要使学生建立竞技意识，而且更重要的是要建立起集体合作精神和集体荣誉感。也就是要通过个人参与的集体拼搏从而感受夺取胜利后的喜悦和满足，当然也要承担失败后集体成员相互支持理解、大家共同面对失败时的结果，同样可以有效地建立起集体那种默契配合所构成的集体性情感心态。当然通过集体这种撞击和磨合，使个人融入到集体当中，逐步建立起集体和个人的关系，处理好团队成员间的相互关系，最终达到建立起良好的社会关系这一根本目的。

（二）学校体育可以培育学生的人际交往能力

学校是有计划、有组织、有目的地向社会成员传授系统的价值观念、社会规范、生活技能、科学知识的制度化机构。在现代社会中，学校是将个体从家庭引向社会的第一座分站点。个体在学校的教育体系下，完成家庭教育所不能完成的进入社会前的培训，换句话说，也就是当学校教育完成后，个体将进入社会，成为一个完全具有个性特征的社会人。因此，从这一角度看来，学校也是继家庭之后对个体进行教育的最后一站，经过学校教育之后，个体便完全独立地走入社会。

那么作为学校教育体系当中重要组成部分的学校体育在其中的作用是不言自明的。学校体育可以培养学生的人际交往能力。一个人如果要想在当今社会体系下生存，就必然需要与其他人发生关系，这样就产生了人与人之间的信息交流、情感沟通等人类正常的交往关系。有专家研究过，一个人除了睡眠以外，大约有70%的时间是要花在人际交往上的。学校体育活动本身是一种具有强烈互动关系的教学活动，这种互动包括教师与学生之间、学生与学生之间，甚至有时教学管理人员也会参与到这种互动活动当中，当然如校运会等一些大型活动中可能整个学校相关人员都会参与到这一活动当中，可以说学校体育是比正常课堂教学活动进行了更多人际交往的场所。

在学校体育教学活动当中，首先构建起的是教师和学生的关系，教师通过身体示范和动作讲演来和学生进行沟通，在随后的动作练习过程中教师又要纠正学生的错误动作，这样又会有一定的身体近距离接触。当然在某些教学比赛中教师还要充当教练员甚至裁判员的角色，这样教师与学生从最初的师生关系或已转化为教练员和运动员的关系，甚至在学生毕业后还可能演化为好朋友的关系。而学生与学生之间由于在体育课中可以比平时教学课中产生更多的交流，如在体育运动中的相互帮助、相互指导，当然也可能在课后进行体育比赛等活动，这样学生与学生之间的相互交流、沟通合作，从而体验到人类除去父母之外最初的集体合作关系。由于这种关系具有极为单纯的目的，所以相对于社会人员之间的交往，这种交往反而变得更为单纯与纯洁，因此同学之间的关系相对而言也更加牢固。

总而言之，学校体育可以帮助学生建立起人类最初的也是最基本的情感关系网络，这种极其单纯的关系会维持多年，帮助学生更多分享到与同学、老师交流中的快乐和幸福，这种同学关系和师生关系可以排除学生在学习中的无助与彷徨，减缓他们的孤独感和学习中产生的烦躁感。这为学生日后构建起良好的社会关系网起到较好的助推作用。

（三）学校体育可以培育学生的社会规范功能

社会生活中的人们需要遵守一定的社会规范，同时这种规范也是人们进行正常生活的基本保证。这种社会规范是全体社会成员都必须遵守的基本的道德行为规范，也是社会成员必须履行的社会行为准则，同时也是社会赖以维持正常秩序的工具。社会规则内化为社会成员的行为规范是个体社会化的一种重要表现。

相对于学校体育活动而言，在每一次体育教学活动中都有严格的规则体系，这是维持体育教学课堂秩序最基本的要求。教师在组织学生进行体育教学活动时也要遵守相应的教学规范，学生在进行体育教学活动时也要遵守学校的教学规范。当然在体育活动中也有其自身的一些规则需要遵守，即维持体育活动正常进行的所有参与人员都必须共同遵守的规则体系，若有人违背这种体育活动就没办法进行下去。当然在体育教学过程中，学生遵守此规则体系就会受到教师和同学们的肯定，如果违背规则会受到教师和同学们的指责和批评，因此在体育教学过程中学生逐步了解这些规则，理解这些规则背后必须遵守社会大的规范体系，这样学生从最初的最基本的规则体系开始认识、了解、接受各种规则体系，将其内化到个人发展当中，并成为今后人生发展过程中的重要组成部分，同时也自然而然地完成从学校到社会的规则体系的社会化。

（四）学校体育可以培育学生的社会竞争功能

学校体育还可以培养学生公平竞争的能力。当前社会随着市场化的不断完善，合理公平竞争已经成为现代人必须具备的一项基本能力。学校体育活动中大多数是以体育比赛、体育测评、体育对抗的形式完成的，无论是课内课外、校内校外，这种竞争形式一直存在。学校体育活动以同学间的体育竞争为主，这不但有助于学生培养起公平合理的竞技意识，而且在这种体力、智力、技能、心理等诸多方面的竞争中，学生因为大多较为熟悉，而且在同一环境下学习上课易建立起最为朴实的情感。这样在体育比赛中，大家都处于同一起跑线上，完全依靠自己的实力去获得胜利，不利用外在各种因素，因此其胜利往往被大家所公认。这种竞争是一种公平合理的竞争，因此这种竞争处处体现出一种公正、准确、平等的社会规则，通过种公平竞争内化到学生的潜意识当中，这对学生日后进入社会中进行公平竞争打下了良好的基础。

（五）学校体育可以培育学生社会角色认同和角色扮演提高社会化的能力

首先，学校体育活动中要求学生全体参与，这样在活动中学生就会根据老师的安排扮演起各种各样的角色。例如，在教学比赛中有同学是运动员，有同学是裁判员，有同学是拉拉队，甚至有的同学是教练，在这种分工合作中，学生进行角色体验，在无形中已为他日后融入社会当中打下良好的基础。

其次，学校体育活动中有其特殊的规则体系，学生在体育活动中要自觉遵守相应的规则，每个参与到其中的学生都要以其所扮演的角色出发去完成自己在体育活动中的工作，如裁判员一定要根据运动场上出现的情况进行准确判罚；而运动员则要遵守比赛规则，以自己的体力和智力获得胜利。这些规则体系在特定的情况下已经融入到扮演角色的学生潜意识中，这样就内化为学生的社会规范意识，成为其日后进入社会的心理基础。

最后，学校体育活动中角色是不固定的，每一次体育活动其角色都可以进行全新分配，这样每个同学都有可能扮演其他角色。正是在这种虚拟的体验当中，学生能够充分检验到其他角色的社会责任，同时也正是在这种角色互换当中学生可以理解其他角色遇到的困难和问题，这样在下次面对同样的困难时，会更全面地思考问题，不会只纠结于一处而不能充分体谅对方的难处。正是在这种角色互换中学生体验到相互理解的重要性，那么在日后参加工作或者从事其他活动时，能够换位思考充分体验别人的难处和困境，这有利于事情真正的解决，同时也有利于构建起一个更为和谐的社会体系。

（六）学校体育可以培育学生适应社会的能力

从人的社会化角度来看，学校体育是人类除去家庭以外最初的社会规范教育场所和实践社会规范的模拟机构。与其他社会活动对人的社会产生的影响相比较而言，学校体育具有明确的教育方针和培养目标，并且有相对固定的教学计划和教学步骤，这些对个体施加影响是固定化的、模式化的，同时也是有目的地教育训练个体成为社会需要的人。当然从长期教育的过程来看，这种教育体系是有序和完整的。学校体育不仅是向个体传播知识技能，而且也从身心两个方面对学生个体进行教育。同时学校体育也是个体获得社会文化生活中所需态度和规范的场所，是个体接触社会制度和接受社会教育的模拟场所。正是在这种相对封闭的环境中，学生逐步明确社会规则体系，学会与人交往，通过与家庭之外的老师、同学在不同的社会场合中相互交流，从而不断地整合自我、他人和社会对自己的期待。在此过程中，面对不同人的评价，个体学会不断地服从权威和社会规则，调整自己的行为，这些行为规则对个体的成长和早期社会化是必需的，也是有益的。

总之，学校体育就是通过教学内容、体育活动、教学方式、教师人格、学生交流等多种形式和场所的转化，给学生个体进行了社会化早期教育的模拟和演练，最终将这些社会关系和社会规则内化为学生个体的行为方式和行为准则，这样完成了学生进入社会的最后培训，使学生以最佳状态进入到社会体系当中，并完成自我社会化。

二、学校体育中影响个体社会化的因素

（一）体育教师的因素

在学校体育活动中教师对学生而言，既是体育相关知识的传授者，同时也是社会行为规范的体现者。体育教师肩负着教学与育人的双重责任，除了教授学生基本的体育知识和体育技能外，教师的思想道德、人格风采、心理健康水平也极大地影响着学生们的发展。美国著名结构主义教育家布鲁纳就说过：“教师是教育过程中最直接的有象征意义的人物，是学生可以视为榜样并拿来同自己作比较的人物。”[①]由于教师是学生密切接触的教导者，所以其管理风格、自身的言行举止都会对学生的发展起到非常重要的影响作用，这样在长期的影响过程中对学生社会化进程和人格的发展与形成都起着决定性的作用。

教师是学校体育活动的组织者、实施者和管理者。相对于一节体育课而言，体育教师便是这一节体育课的管理者和引导者，教师授课方式和风格直接影响到

---

① 〔美〕杰罗姆·布鲁纳. 布鲁纳教育文化观［M］. 宋文里，黄小鹏译. 北京：首都师范大学出版社，2012：67.

学生的接受和交流程度。同时教师不同的管理风格也影响到对学生的管理。教师从高度管理到中度管理再到低度管理，最后实现学生的自我管理，这实质上体现着学生自我管理由低向高的一个发展过程。从学生的自我管理程度可以看到教师的管理和影响力，因此在师生交往中最佳的管理模式是学生自我管理水平的提升。当然这时并不是教师不再参与课堂管理，而是学生能够遵照学校的种种规则进行自我管理，从而达到一种最佳的管理平衡。当然作为一名体育教师要与学生进行广泛交流，对学生进行情感关怀，理解、尊重学生，这种做法对学生的影响很大，涉及很多方面。这样不但可以激发学生的学习兴趣，培养学生自主学习的能力，还可以增强学生的责任感意识和团结合作的精神。当然教师个人的人格魅力也是影响学生社会化的重要因素。具有不同人格魅力的教师会给学生展现出不同的交际人格魅力，从而影响到班级的课堂气氛和学生的言行举止，一个极具人格魅力的教师会成为学生有意或无意模仿的对象和榜样。一个有爱心、宽容待人、尊重学生人格、信任学生的教师最受学生欢迎，也有利于学生的健康成长。俄国著名教学家乌申斯基曾说过："教师的人格就是教育工作的一切，只有健康的心灵才有健康的行为。"作为一名优秀的体育教师一定会在师生互动中运用自己的人格魅力来感化学生，会利用自己的一言一行在潜移默化中影响学生的成长，通过自己的言传身教带领学生顺利完成学生的社会化过程，促使他们成为自我肯定、人格健全、社会接受的优秀公民。

（二）同学的因素

学校作为同龄人汇集的场所，对个体社会化的影响也很大。可以说从儿童出生以后就有寻找同伴的需要，当进入幼儿园以后就开始建立起最初的同伴同学关系，随着儿童的成长，这种关系和影响力逐渐强烈起来，甚至在某种程度上这种影响力超过父母和老师的影响力。因为个体在成长过程中同学交往是一种平等化的互相模仿、互相学习的过程，学会交换、分享、互利，在同学群体中更容易找到认同感和价值标准，同学群体中有自己的价值观念和交往语言，这些是父辈和教师所无法给予的。

同学间的友情对个体的成长及社会化影响较大，甚至会影响个体成年后的交友习惯及自尊心水平等。良好的同学关系，就是被同学接纳、在同学中拥有一定的地位，能够提高个体的认识能力，使个体逐渐认识到自己，学会正确评价自己和他人，能够帮助个体的情感发展，进一步发展、完善人格，学会社会必要的生产生活技能，推动社会行为及社会交往。同时，同学关系也会对个体成年以后的自尊、自信水平、人际关系交往能力、组织领导能力等诸多能力产生积极的影响。当然同学之间关系相处不佳的个体会表现出一定的畏缩情绪，不与群体发生联系，常常被群体忽略，或者因为与同学发生矛盾冲突，而不能与同伴和睦相处。如果个体失去同学或者不被同学所接受，就会产生一种疏离和不被接纳的感觉，这种感觉会严重影响儿童的自尊心、自信心、安全感和归属感的建立。这种不被接纳的经历也往往会成为孩子的创伤性回忆，使得个体在成长过程中表现出与人交流和学业活动中的人际交往困难，这种影响甚至会伴随其一生。因此，在体育教学活动中，要适度增加同学间的交流合作活动，使其建立一种良好的同学关系，同时与一些有矛盾的同学及时进行沟通，及时化解矛盾使同学间不会因此产生更大的矛盾，使整个班集体和谐相处建立起一个欣欣向荣的社会大集体，从而有利于同学们的健康成长。

（三）体育教学组织形式的因素

学校体育中的教学组织形式也是影响学生个体社会化的一个重要因素。因为在学校体育教学活动中，不同的教学组织形式会产生不同的同学与同学之间的合作关系，特别是在体育活动中的交流也会有不同的形式，这样就会产生不同的心理感染、暗示、相互间的模仿和沟通等多种形式，因此不同的体育教学组织形式会在心理、行为上产生不同的影响作用。在体育教学过程中，学生以一种集体的形式进行比赛和教学活动要比学生单独进行体育活动更有助于学生交流和沟通，同时也更有利于学生建立起良好的同学关系。诸多社会研究发现，团体的合作与同学间的相互评价能激发起个体的工作热情，提高工作效率，有利于构建起和谐的同学之间的关系。当然客观地看，体育活动中学生群体参与人数与每个成员的活动效果并不一定成正比，也就是说参加的人数与所构成的社会关系并不一致，不是人越多其社会关系构成越广，有时甚至相反，参与人越多反而越难以构成必要的社会关系体系。产生这样的结果主要有两个原因：一方面学生人数太多，在体育活动中组织形式上难以完成相应的教学结构形式，容易造成相互干扰、相互影响，甚至于人数太多时，还会出现相互之间的争斗打闹，不便于教师进行管理，同时也难以达到体育活动的效果；另一方面在人数众多的情况下，特别是在参与一些竞技活动中，个体会由于参与人数众多、责任不明确而产生出一定相互依赖感，甚至由此而产生出惰性心态，这样不但不利于体育教学的正常进行，同时也不利于个体社会关系的正常构成。

（四）体育教学环境的因素

著名教育家卢梭就曾经说过："教育者的任务主要是为受教育者创造良好的教育环境。"卢梭在这里指出了环境对受教育者成长过程中的重要作用。由此可见，教育环境对于学校教育而言，具有非凡的影响力和重要性，当然一个环境优美的教学场所对学生的个体社会化也具有较大的影响力。可以说良好的体育教学环境具有较强的感染力，在潜移默化中就影响到学生的发展，有时这种影响力要远超过家长和老师的口头教育。体育教学环境作为一种环境力量，对学生的成长和社会化有着重要的影响。当然优秀的教育环境包括很多方面，如体育教学器材、场馆设施等诸多方面。体育教学环境往往通过规范、暗示和潜移默化的力量直接或间接地对学生施加影响，从而使学生在思想观念、道德品质、心理人格、行为习惯等方面取得进步，体育教学环境既是学校体育独特的精神风貌的展示，同时也是学生文明素质、道德情操的综合反映。更为重要的是良好的教学环境对于学生的个体融入社会具有较强的影响力，为学生构建良好的社会关系打下坚实基础。

（五）体育文化的因素

学校体育还包括学校经过多年积累形成的具有自己特色的校园体育文化，这种校园文化是通过举办各种类型的体育活动、宣传校园体育文化特色而形成的。学校的体育文化一般都是深受同学们喜欢的一种健康高雅的校园文化组成部分，这种文化对学校体育有着极深远的影响力。例如，每年召开的学校运动会几乎可以说是一次校园文化艺术节和狂欢节，而且在各种比赛中以班级为单位或以年级为单位进行的分组竞争能极大地促进学生之间的相互沟通，而且在这些比赛中学生能很容易地就形成较强的集体荣誉意识，从而建立起更为全面的同学关系，为日后步入社会打基础。当然这些学校体育活动形式不仅提高了学生的身体素质和心理素质，而且也激发了学生为实现理想而努力奋斗的意志，培养起学生崇高的集体荣誉感和集体合作精神，同时这些体育文化活动给学生展示出来的是一种公平竞争、公开竞技的社会基本规则体系，这种体育文化活动不但增加了学生对社会的整体认识，形成最初的社会规则体系，而且通过这种集体性活动提高了个体与团队成员的合作精神和意志，增强了人际交往能力，促进了社会化的发展。

三、学校体育促进人的社会化的发展策略

（一）学校体育在教学目标设置中要优先考虑个体社会化问题

马克思早就精辟地指出人是社会关系的总和。由此可知，社会关系对一个人的重要性，学校作为培养学生的专门场所，因此肩负着极为重要的社会关系培养目标。当然学校教育还有传播文化、传授学生知识技能等诸多目标，但是相对于社会关系而言，培养学生良好的社会关系应该成为学校教学目标优先考虑的问题。特别是在学校体育发展过程中，由于体育活动对人的身心两方面同时作用，所以在发展学生身体素质的同时也要将发展学生社会关系作为重要的培养目标。1972年5月，国际教育发展委员会《学会生存——教育世界的今天和明天》的报告指出："（教育）要面向整个社会成员，受教育的时间也不再局限于某个年龄，而是向着个人终身的方向发展"，同时还提出了学习社会化的概念①。随着人类的发展，人们对教育的认识也逐步提高，特别是对学校体育的教育功能的认识也有逐步提高，当前人们已经认识到体育活动不但可以提高学生的身体素质，而且对于构建学生良好的社会关系也起着至关重要的作用。在我国特别是随着新课程标准体系的设立，这种在体育教学中逐步加大对学生社会化的培育功能，不但将学生的社会适应能力和心理健康问题都提到一个较高的位置，而且也为学生个体实现良好社会化打下了坚实的基础。

（二）学校体育要在教学理念上突出学生个体社会化

学校体育要在教学理念上认识到学生个体社会化的重要性，只有这样才能真正将个体社会化落实到每一个教学细节中去。教学理念是认识的集中体现，同时也是人们对教学活动的看法和持有的基本态度和观念，是人们从事教学活动的信念。随着社会的发展，教育理念已经发生了诸多变化，但每一次的教育理念变化背后都隐藏着极深的社会需要和诉求。例如，当前比较流行的教育理念有素质教育、终身教育、民主教育等，而相对于学校体育教育而言，在我国普及层面上的教育理念是终身体育和健康体育等观念。特别是终身体育的提出对学校体育教育工作中教师的教学理念有着极为重要的影响，它改变了传统体育教育理念中只要

---

① 联合国教科文组织发展委员会. 学会生存——教育世界的今天和明天［M］. 北京：教育科学出版，1996：180.

将学生身体搞好的旧理念，终身体育的教育理念是从学生个体发展的整个生命过程作为考量体系进行思考的，因此其着眼点要更为长远，更有利于学生终身发展作为基本目标进行的。当然学校体育作为整个教育的重要组成部分，对人的全面发展至关重要，因此要在教学理念上将完善学生个体社会化作为体育教育中一个重要方面加以实施，只有这样学生才能真正达到终身热爱体育活动、进行体育活动的根本目的。

（三）学校体育要在教学实践中促进学生的个体社会化

学校的根本目标是培养现代社会发展所需要的各方面的人才，为整个社会的发展提供最为基础的人力资源。学校体育的根本目标则是为这些人才在健康和身体发展方面提供最为基本的指导，但由于人类是一个群体的综合发展，而个体的发展是离不开这个社会群体的，所以更好地融入社会，更好地适应社会，更好地参与到社会发展当中是任何教育手段都必须达到的最为基础的，同时也是最为根本的目标。当前学校体育主要的教学形式是班级授课制，而这种集体性的授课模式，如果运用恰当将非常有助于学生之间进行健康合理的交流，同时也有利于他们形成自己最初的社会交际网络，有助于学生的社会化早日实现。当然在体育教学实践活动中体育教学方法的选择也是极其重要和关键的，因为体育教学方法是教学活动的重要组成部分，而且是具体实施体育教学目标的基本手段，因此在选择教学方法时，一定要以有利于学生身体发展，有利于学生个体社会交流和社会关系的建立为基本目的，一定要坚持从全体学生的共同发展这一根本教学目标来选择教学方法。教学目标对教学方法的选择具有方向性的意义，无论是教学目的还是教学目标，都是教学过程的出发点和归宿，都对落实教学大纲、制订教学计划、组织教学内容、明确教学方向、确定教学重点、选择教学方法、安排教学过程等起着重要的导向作用。特别是在促进学生个体社会化发展过程中，教学方法显得尤为重要。因为学生现有的知识水平、智力发展水平、学生动机状态、年龄发展阶段的心理特征、认知方式与学习习惯等因素较多，这些因素也在共同影响着学生个体的社会化，当然也影响着具体的教学方法的选择。从这一角度来看，选择合适的教学方法有利于学生个体的社会化，有利于学生的整体发展。

第三节　体育群体与人的社会化

一、体育群体的社会化功能

（一）体育群体的社会关系构建功能

1995年，美国著名的心理学家哈里斯（Harris）首次提出了群体社会化理论。该理论强调存在五种基本的群体行为现象，不同的背景中儿童的行为表现不同：①群内偏好（in-group favoritism），即群内成员是随机组成的，但是对自己群体的喜欢要大于别的群体；②群外敌对（out-group hostility），对其他群体的敌对态度和行为，有时伴随着群内偏好出现；③群间对比（between-group contrast），群体之间各不相同，并且群体内成员的行为还趋向于加剧这种差异；④群内同化（within-groupassimilation），群体的共同活动往往要求成员遵循一定的准则、具有相似的行为；⑤群间分化（within-group differentiation），由于成员们的地位级别有所不同，所以他们的知名度和优势不同。体育群体就是指为了达到某种体育目的，而自发地或人为地组织起来的具有结构性特征的小群体。首先将体育群体定义在小群体的范围内，它是指具有社会组织性质的大型群体；体育群体并不是一个随意组成的群体，那些临时组队参加比赛的人，也未必就一定构成群体①。体育群体的构成必须具备以下几点要素：①具有联系纽带；②具有共同的目标和活动；③具有群体规范；④具有群体意识。

相对于体育群体来说，目前的分类较多，从宏观角度可以分为：主动参与型体育群体、被动参与型体育群体和情感型体育群体。从体育群体构成的原则和方式可以分为正式体育群体和非正式体育群体。正式体育群体就是指隶属于一定的行政机构，按照一定的章程和文字依据，有一定的组织形式和程序规定，得到社会承认的正式体育组织。非正式体育群体是指社会民众在参与体育生活实践中自然形成的体育群体②。按体育群体的形成和社会关系，则又可以分为基础体育群体和功能体育群体。所谓基础群体指的是以地缘、血缘或者某种最为基本的社会关系组成的体育群体。功能体育群体则是指为了达到某种具体的体育目标而专门组织进行体育活动的体育群体。按体育群体所从事的体育活动的性质，又可以分

① 卢元镇. 体育社会学［M］. 北京：高等教育出版社，2004：108.

② 汪明旗，常务南. 论我国城市非正式体育群体与21世纪人类体育［J］. 甘肃社会科学，2004，（6）：155-157.

为体育学习群体、竞技体育群体、健身娱乐群体，以及特殊体育群体。

无论哪一种体育群体，其最基本的功能都是为活动者本人构建起最基本的社会关系功能。任何群体的构建都有着相应的社会目标，而体育群体的构建更是具有明确的目标和结构关系，而这种最为基本的结构关系实质上就是这一体育群体最为基本的社会关系，无论这些参与个体是主动的还是被动的，这种社会关系都以某种隐匿的形式或者显性的形式存在于这一体育群体成员之中。

从宏观社会角度而言，任何一个人都是社会中的一员，正如马克思所说的“人是社会关系的总和”，从这一点也可以看出，社会关系构成人类的最为基本的社会活动体系，无论你是有意为之或无意为之，总而言之，这种社会关系永远充斥于你的生活当中。特别是当前这样一种高度信息化的时代里，社会成员更是无法脱离这种社会关系网络，甚至于只有充分适应这种社会关系网络才能在这个社会生活的更充实、更完善。因此，从这一角度来看，当前许多社会体育群体构成的根本目标或者隐含的潜意识目标当中都有构建自己体育群体的社会关系网络的成分存在。从社会学角度而言，体育社会群体的构建也有助于参与其中的个体形成自己的社会结构关系和相对稳定的社会关系网络，同时这种体育群体的形成也有利于其个体成员的社会关系网络的形成，这可以说是体育群体最为基本的社会功能之一。

（二）体育群体的社会活动构建功能

当前尽管体育群体众多，活动方式形形色色、千差万别，但有一点是基本的，那就是所有体育群体的构成都要依托于一定的体育活动形式，换句话说，就是所有体育群体都是要以某种特定的体育活动方式作为体育群体所固定的聚焦基础目标，这也是这一个体育群体进行各种活动的基础和外在形式。例如，经常一起观看体育比赛、聊体育比赛的球迷群体，虽然没进行直接的身体对抗或者身体参与的运动形式，但其观看体育比赛或聊体育比赛本身就是一种社会活动，而这一社会活动或多或少都与体育有关，如果完全无关则就不能成为其体育群体构成的理由了。

（三）体育群体的社会教化功能

任何社会群体为了达到自己的活动目标或者为了实施自己的活动方案，以及为了群体的形成都要制定一些最基本的、群体内部成员都要遵守的规则制度。当然体育群体也不例外，甚至于这种规则制度在体育群体内部可能更为明确或者遵守性更强。在体育群体当中，任何一个成员都要面对各种各样的社会压力，而这种无形的或者有形的社会压力又加大了这一体育群体成员彼此之间的凝聚力。因此，在体育群体中的每个成员都参与同一体育活动，或者采取同一社会方式来完成某一共同的、具体的活动，而在活动当中必须共同遵守同样的规则和标准，只有遵从这一特定的共同规则，个体成员才能真正成为这一集体当中的一员，如果个体成员随意改变这一规则或者不受这一规则约束，则就会破坏这一规则体系，当然也就会受到这一群体其他成员的排斥，最终被逐出这一群体。因此从这一角度而言，体育群体的这种规则体系要求就是一种社会教化，只有接受这种规则约束才能被这一体育群体所接受，同样在社会活动中，时时处处都有一种规则体系的要求，而这些有形的或无形的规则体系逐步构成了这个社会的宏观网络，每一个生存于其间的人都必须遵守这些规则要求，只有这样才能真正成为一个完全社会化的人。

（四）体育群体的社会情感功能

任何一个群体的成员都有一种内隐或外显的社会群体归属意识，正是这种群体归属意识构成了最为基本的社会群体情感功能体系，体育群体自然也不例外。体育群体是按照一定的规则结构组合起来的，自动形成较为核心的集体归属情感，每个成员都在这一集体内扮演着相应的角色，当然每个体育群体都有其内在的核心层，这一核心层是领导这一体育群体发展的最根本的动力源，同时这一核心层也是制定这些规则或章程的关键成员，可以说他们是体育群体的灵魂人物。当这个体育群体在进行活动时，每个群体构成成员都有相应的地位和角色，这些角色与他们自己的能力和特性相适应的，是在了解自己与他人，并承认差别为前提情况下形成的。每个成员的地位、角色合适，就能够提高群体活动的效率，使每个成员都感受到集体的归属感。

特别要指出的是，在体育群体当中的角色扮演可以有效地增强体育群体成员的社会认同感和归属感，同时这些角色扮演在某种程度上还可以增强体育群体成员的自豪感和荣誉感，甚至在某种程度上可以弥补现实生活当中缺少的某种社会情感体验。例如，有意识地让一些往往处于班级活动边缘的同学担任一些体育活动的主角、主力，这样不但能促进他们的主动性也有利于他们积极主动地参与到体育活动当中并勇敢地承担自己的角色定位。当然如果学生接受这一角色，就意味着必须承受其他成员的期望与潜在的要求，如果扮演失败，就等于辜负全体成员的共同期望，以及自己的主观愿望，那么不仅不能满足自己的扮演欲望，而且也可能受到来自外界的评议和负面的指责。当然如果成功扮演了这一关键角色，那么不但可以迅速提升自己在群体中的社会地位，而且也极大地增强了自己成功的自信心，使他们更好地承担现实生活中的各种角色，更有自信心和荣誉感，当然这也促进了他们的社会情感功能。

（五）体育群体的社会文化功能

当前社会生活节奏越来越快，越来越标准化、规范化，工业文明几乎影响着人类社会生活的每一个细小的角落，而且随着社会竞争压力的逐渐增大，对物质的狂热追求，使人类身心二分逐步增大，人类被工业社会异化为劳动的风险也在同时增大，这样人类就需要寻求一种全新的休闲娱乐方式，在体育活动中人类的身心是统一的，而且身体的运动可以对抗人类的工业异化，因此，体育群体在当代社会的文化功能日益突显，社会个体在参加体育活动过程中，能够暂时性脱离现实生活中的种种压力与不如意，从而全身心地投入到体育运动的快乐体验当中，这种身体的自我愉悦和心灵的极度放松最终使得身心都得到充分的放松。特别是在群体性体育活动中通过与其他运动成员的交流互动，在其他成员的影响下脱离开现实中的种种不如意，在体育运动中充分享受人群活动的交流沟通乐趣，从而构建起健康的人际关系，在根本上建立起良好的社会文化关系体系，因此从这一角度而言，体育群体可以构建起一个健康良好的社会文化活动体系。

二、影响体育群体中人的社会化开展的因素

（一）自发性因素

体育群体的构成除去官方直接组建起一些特定体育群体外，大多体育群体都是由一个个具体的个体自发参与组织起来而形成的。因此，我们在这里只着重考虑构成这些体育群体的自发性因素。

自发性是体育群体最为核心的一个关键性要素。体育群体成员大多出于共同的爱好，或者出于一个共同的目标而聚集在一起，但无论是哪种形式，可以说都是一种自发的自觉性行为。因为只有自发组织起来才可能形成一个较为凝聚的团体，而这种自发性是体育群体最为重要的一点。在大多数情况下，体育群体都有一种约定俗成的规则制度，有时这种规则制度是显性的，而绝大多数情况下这种规则制度是隐性的，是深植于这一体育群体每个成员内心的。因为成员加入这一体育群体本身就是一种内在的自我行为，而少有外部的规定限制，因此这种内

在的自发的行为对个体而言，更具有约束力，往往正是这种内在的自发性才使得体育群体对这种显性或隐性的规则制度更愿意自觉自愿地遵守，因为你的选择是自愿的，因此你的遵守也是自发的，这样在群体社会活动中，这种行为更积极主动，体现出成员个体的自我意识和自我追求。这更有利于群体成员建立起自己良好的社会关系和社会交往。

（二）动态因素

相对而言每一个体育群体都不是固定不变的，往往只有核心群体成员是固定的，外围群体成员往往是呈动态变化的。这种动态变化主要体现在两个层面：一是成员构成往往是动态的。也就是说许多体育群体由于是非正式的组织，没有严格的上级机构，大家往往是依据同一个目的或者出于同一种兴趣而聚集在一起形成一个体育群体，因此这种聚集完全是一种自发状态的，依靠成员一种自觉行为和自律行为。如果成员一旦感觉到这种群体对其吸引力不足，或者没有相应的群体归属感，就会主动离开，而群体对其成员没有更多法律上的或者制度上的限制，因此从这一角度而言，体育群体的成员呈现出一种动态性流动，感兴趣的成员不断加入，不感兴趣的成员不断离开，这样形成“加入—离开”这样一种动态流动。二是每一个体育群体成员可以是这一群体成员，同时也可以是别一群体成员，相对于成员个体而言，由于感兴趣的角度不同、层次不同，所以表现出的活动方式也有着诸多不同。因此，群体里的每个成员都有可能同时存在于多个不同体育群体内，这样群体成员之间关系就有着种种不同，总体而言，相对于个体成员又呈现出一种动态的流动性。正是这种动态性却无形中增加了体育群体组织的社会交往深度与宽度，同时也使得体育群体的社会人员构成具有复杂性和多元性，这既有利于这个体育群体的整个平衡，同时也有利于体育群体成员的社会交流的纵深性，当然更有利于个体成员的社会化程度逐步提高，从而构建起一个良好的社会关系网络，达到健康的社会化程度。

（三）群体约束因素

体育群体所具有的促进个体形成的重要功能是促使个体能够积极地进行自我体育锻炼意识的进一步提高。每个体育群体都会对其中的成员个体进行评价，无论这种评价是正面的还是负面的，有时这种评价是肯定的，当然有时也会有否定性评价，但无论哪一种评价都是群体给予的。当然在体育群体中，良好的表现、精湛的技能、有效的战术和充沛的体力都会赢得整个体育群体的认可，同时也会得到整个群体的客观评价，受到相应的赞赏和鼓励，同时也就在群体中确立起自己的地位。当然如果体育群体中的某个成员因为某种原因表现不好，也同样会受到大家的批评。在当前的各种社会需求中，社会参加和社会承认都处于较高的层次，特别是对一个人的群体归属感的形成有较大的影响。当然在体育群体中如果不遵守这种群体无形的约束则必然会受到体育群体一致的批评和制裁，直至开除出这个体育群体。因此，体育群体的成员都在潜意识中或者在行为中将这种群体规则视为必须遵守的准则不敢进行违抗，甚至在更多的情况下自觉自愿地接受群体的约束，因为正是这种约束才使得体育群体形成一个群体。同时也正是这种群体约束因素才使生活在群体内的个体达到一种完全社会化的根本目的。

（四）共同目的性因素

体育群体是一种围绕体育的某种性质或某种活动而聚集在一起的人类群体。构成这一群体的大多数成员出于同一目的，如相聚在一起共同参与一次体育活动，或者相聚在一起举行一场体育比赛，或者进行一次体育游戏活动等。因此，从体育群体的分工形式来看，每个体育成员都有各自的任务，他们要明确自己所要达到的目标，努力完成各自的体育活动。最为关键的是体育群体成员聚集在一起要有一个明确的体育目标，或者为了提高某一些运动技能，或者为了增加自己的身体机能，或者为了健身娱乐，总而言之，这些体育群体成员都是为了同一个目标而聚集在一起的，这样在这一目标下就形成了群体的集体意识和集体目标，而这一目标就是这一群体进行各种各样活动的根本动力所在。

三、体育群体促进人的社会化发展策略

（一）正式体育群体与非正式体育群体共同发展

体育群体虽然有正式体育群体和非正式群体之分，但无论哪种体育群体都是对我国居民体育活动和社会交往活动的一种促进。特别是近年来随着我国国民生产力的不断增强，无论城市居民还是农村居民其闲暇时间不断增多，人们从事体育活动的愿望越来越强烈。由于城镇化的建设速度在不断加快，人民生活水平日益提高，大家从事体育活动以便强身健体的目的越来越强烈，但是由于我国体育基础设施建设还远远达不到人们的需求，所以在资金投入、基础建设上还达不到西方发达国家水平。因此从这一点来说，国家还没有能力将这些非正式的体育群体给予更多资金上的支持和技术上的服务，这就需要一些正式体育群体和非正式

体育群体自己想办法。当然由于我国地域辽阔，人口众多，分布不均衡，所以从宏观角度而言，国家也无力、没必要将所有非正式体育群体都纳入到统一管理当中。政府只要给予非正式体育群体政策的支持，也就是充分放权于非正式体育群体让他们更自由地发展，同时也要加强一些国家直接管理和参与的正式体育群体对非正式体育群体进行技术上和人力上的支持，使非正式体育群体能够在现有基础上进一步发展。当然非正式体育群体发展的程度也会对正式体育群体产生巨大的推动作用，因为非正式体育群体组成人员多样和复杂性，有利于正式体育群体所从事的项目得到更好地推广发展。从以上分析可以看出，正式体育群体和非正式体育群体实质上具有较强的相互促进作用，只有正式体育群体和非正式体育群体协同发展才能真正促进我国体育事业的兴盛发展，同时也有利于构建起一个宏大的全民健身体系，从根本上有利于我国全体居民的共同发展。

（二）加强非正式体育群体的基础设施和综合管理

正式体育群体由于有较强的制度保证，而且其成员固定、结构完善，所以变动较小，最为主要的是国家对这些正式体育群体都有资金和设施上的投入，相对而言管理较规范。非正式体育群体则由于其自发性和非正式性，所以国家对其的关注度较小，当然几乎没有资金投入和支持，西方发达国家大多将这一领域直接划归到公共服务领域。所以非正式群体更适合当前公共服务领域对国民体育活动的参与，所以非正式体育群体组织形式灵活，活动内容是以全体成员的共同愿望为基础的，因此能吸引更多的公民参与其中。再加上非正式体育群体时间和形式上都没有严格的规定，完全以群体成员的兴趣和时间进行调整，因此更有利于社会公民参与其间开展丰富多彩的体育活动。但是非正式体育群体在活动中遇到最大问题是场地和基础设施问题，没有活动场地就无法开展体育活动，因为任何一项体育活动都需要一个公共空间进行活动，而且超正规的体育比赛对场地的要求越高，没有较好的基础设施是无法满足体育群体的活动需求的。因此，从这一角度来说，国家要加强非正式体育群体的基础设施建设，以满足非正式体育群体的健身活动需求。同时国家也要对非正式体育群体进行更高层次上的宏观综合管理，不是具体指导非正式体育群体的各种活动，而是要在宏观上为非正式体育群体提供活动资金、基础设施及相应的技术指导，只有这样才能更有利于非正式体育群体活动的开展，才能使更多的人参与到非正式体育群体当中，才能使个体的社会程度更高、更宽泛，最终形成一个良好和谐的社会氛围，从整体上促进国家的繁荣发展。

（三）提高公共服务领域的体育群体活动质量

近年来虽然我国公共服务领域的体育活动越来越多，但在体育群体的发展上还需要进一步发展。当然公共服务领域里的体育群体主要指非正式体育群体。因为非正式体育群体大多成员都是依靠自觉自愿性原则进行各种体育活动的，那么相对于公共体育服务而言，如果这种自觉自愿行为能受到相关部门从技术或者从设施管理方面的帮助则更有利于这些社会集体进行相关体育活动。从个体社会化角度来看，集体性体育行为在公共领域中的完成，实质上就是一种社会关系的构建过程，我们可以看到在当前社会中，每天有许多人群自发地聚集在公园或广场进行体育健身活动，实际上这种活动就是一种典型的公共空间领域中的体育活动。由于这些体育健身活动没有更好的技术指导，大多是由一些每天参加人群中的热心者进行技术指导，然后不断凝聚成一个小团体，在相对固定的时间内进行体育健身活动，由于其活动时间相对固定，而且活动内容相对固定，同时也简单易行有利于大家共同学习，所以在这些固定的小群体发展下，参与人数逐步增加，最后形成一种相对固定的群体性活动。可以说一旦这种活动相对固定下来，那么无形中给参与者本身提出了一种限定性和自律性要求，甚至这种无形的限定性成为这个团体每个成员都必须遵守的一种社会性规则，只有参与到这个群体的核心层面，这些群体活动领导者才有责任和义务帮助刚刚参与者完善其技术，从而也要求这些领导者自己首先必须遵守这种社会约定俗成的规则。这样这种社会自发小团体随着时间的推移逐步发展成为一个有一定组织结构、有一定领导阶层的固定式群体活动，那么在这种情况下，这种群体性活动就需要进一步提高自己的公共服务能力，这时就需要在技术上或者在场地设施、器械设备上有更进一步的发展。如果这时国家公共服务机构对其进行帮助，那么就更有利于这些集体性社会团体向更健康、更良好的方向发展，从而对推动整体社会公民的发展有极大地帮助。当然对社会化层面而言，也有利于更广大的公民社会交往体系的构建和完善，有利于生活在其中的每一个社会成员更好地发展。

（四）建立机制，吸引个体融入体育群体当中进行丰富多彩的体育活动

对于个体社会化的发展而言，个体始终要融入到社会发展体系当中，没有一个完全独立存在不与其他人发生交往的人，特别是在今天这种信息交流如此频繁密集的社会当中，这种社会交往更是一种常态化的交流，而这种社会交往则构成了一个人社会化的发展基础。可以说一个良好的社会机制可以使更多的人加入到

体育活动群体当中，这种体育活动不但有利于他们身心的发展，而且也有利于他们形成一个良好的社会活动团体，有一种社会归属感。心理学研究证明，良好的群体关系，包括被群体接纳、拥有一定的群体地位和群体归属感，能够提高个体的认知能力，而且有利于个体逐渐认识自己，学会正确评价自己和他们，能够帮助个体增加社会情感功能，推动其社会认知、社会情感和社会交往功能。当然这种群体归属感还有利于个体建立相应的自尊、自信水平和人际交往能力。相反如果社会个体缺乏这种群体归属感，则常常会感觉被整个社会所遗弃或与社会发生疏离，有一种矛盾心理，往往在工作中或生活中容易与社会其他成员发生冲突，随着年龄的增加，这种与社会成员的疏离感会直接影响其日后的生活和工作，甚至在某种程度上影响到其自信心、自尊心，以及安全感，到成年之后这种群体脱离的感觉会阻碍其与社会其他成员的交流，最后难以融入到集体活动当中。因此，从这一角度而言，如何增加其与社会其他成员的交往，就成为社会化过程要优先考虑的问题。总而言之，个体社会化是一个长期的、繁杂的问题，不是一个部门机构所能完成的，这就需要整个社会建立一种长效机制来共同完成这一任务。

第四节　体育传媒与人的社会化

一、体育传媒的社会化功能

（一）体育传媒的信息交流功能

体育传媒是大众传媒的一个重要组成部分，是人类传播体育信息的中介媒质。因此，体育传媒最主要的一个社会功能就是将体育信息以最快的速度传播给受众，这种快速性和及时性是现代传媒所要具备的最基本的功能。当然从文化学角度来看，人类的身体语言是通用的，不需要任何的翻译，特别是近现代以来已经完全规范化的体育运动项目，几乎不需要任何书面语言或口头语言的表述，任何人看到电视屏幕上飞奔的运动员都明白他们在干什么，不需要任何语言表述，这就是体育传媒在全球乃至人类发展历程中特有的一种身体表达。当然由于体育运动本身具有在传播和系统中可以使用非语言符号系统，所以在全球不同人种中、不同语境系统中，在不同的地区和民族之间都可以共同享用观看这一身体表达体系，这就使得整个人类在体育运动方面的交流变得较为顺畅和快捷。换句来说，即使是在千里之外的英国上演一场足球比赛，那么只要传输一个视频信号，不需要任何口头语言或文字语言系统，全球人类都可以观看，而且都能看明白。当然在现实生活中，由于不同文化种群都有自己特有的历史、文化、习俗、语言、制度、阶层、意识，甚至在表述方式上也千差万别，正是这些差异性阻碍了人类更为广泛的交流和沟通，但是这些障碍在体育运动面前却显得如此不堪一击，因为体育运动是一种世界通用语言。当然也正是因为这一点，体育传媒在现代社会中起着巨大的影响作用，构成了人类交流的一个重要途径。

在现实生活中体育运动也往往起着交流沟通的作用，特别是现在随着体育传媒的快速发展，体育信息已经成为人们日常生活中一项重要的生活内容，而便捷快速的体育传媒则通过某一项体育运动或者某一场体育比赛将一些互不相识的人快速地聚集在一起，如各种各样的球迷协会组织。正因为这一点，现代传播学者哈罗德·拉斯韦尔在他写的《传播在社会中的结构和功能》一书中指出，传媒的一项巨大的社会功能就是使社会各部分为适应环境而建立起相互关系①。由此可见，体育传媒的一项重要的社会功能就是其信息交流功能，同时也正是这一种功能使得现代体育传媒成为一项巨大的商业行为。无论是足球世界杯比赛，还是夏季奥运会比赛都有传媒公司以天价去购买传播权。例如，美国全国广播公司（National Broadcasting Company， NBC）以11.8亿美元的天价去购买2012年伦敦奥运会电视转播权。从这一天价数字我们就可以看到体育传媒体系背后的巨大的信息产值，我们也就明白为什么体育产业会成为全球十大产业之一，而这一产业背后的基础支柱就是体育信息的流动，正是体育传媒对体育信息的整理、加工、传播具有专业化的能力，所以才使得体育传媒构成人类社会中一个巨大的体育信息流通体系，同时也使得更多的人通过体育传媒走到一起，从而建立起如球迷那样的特殊的社会关系。因此从这个角度来看，体育传媒对人类社会化的影响是巨大的。

（二）体育传媒的信息调控功能

体育传媒的另一项社会功能就是对体育信息的调控功能。在体育运动的运作和发展过程中，体育传媒起着重要的整理、分析、编辑、整合作用，可以说现代体育传媒中这种对于体育信息的处理功能更是成为体育传媒的一项重要处理手段。“表面上看，电视传播的是同一个体育表演，然而它彻底重新定义了表演的题材。在电视机前，观众体会不到对比赛的任何期待，感受不到现场的宁静，也

① 董天策. 传播学导论［M］. 成都：四川大学出版社，1995：21.

无法捕捉到现场的喘息声和步伐声。电视烘托不出现场的气氛，它从不逗留，总是追踪运动员，特别是追踪领先的运动员。电视中看到是连续前进，而路边看到的是连续倒退。电视镜头总是对准领先的运动员，使电视观众的视线总是停留在第一名的前后，突出落后者的渐渐不支和优胜者的连续不断的战术。”①从这一段论述中我们可以看到在现实世界里的长跑者是一个个经过我们观看的那个点，而在体育传媒的传播过程中这个点却始终处于第一名的周围，仿佛我们一直跟随着第一名在跑一样。这实际上反映出的是体育传媒通过技术手段在对体育比赛中的信息进行处理之后反映给观众们看的画面，而这背后折射的却是体育传媒对体育相关信息的一种调控手段。

现代体育传媒这种信息调控功能直接影响到人们的日常生活。我们可以想象在古希腊时期，要想观看古代奥林匹克运动会，需要翻山越岭，奔波数月才能到达伊利斯，因此到现场观看比赛的观众毕竟是少数一些有钱有闲的人，普通民众无法观看到精彩的奥林匹克比赛，只能通过各种渠道听到关于奥林匹克运动会的比赛信息，而这种信息和现代视频传播信息比较而言，则有着巨大的差异。现代体育传媒不但扩大了体育比赛的传播面积，同时也增加了体育比赛对人们的影响力。今天奥林匹克运动会单单一个开幕式，全世界就会有40多亿的人群在观看，而这是古代奥林匹克运动会无法想象和无法做到的事。现代体育传媒正是通过这种对体育信息的巨大调控作用才拥有今天数量如此之多的观众，同时也正是现代体育传媒这种对体育信息的调控手段才使得体育活动成为人们生活中一项重要的组成部分，成为人类的社会构成中一块极为重要的内容。

（三）体育传媒的身心娱乐功能

体育运动本身具有较强的文化娱乐功能，无论是古代的体育活动还是现代的体育活动，这种身心娱乐功能是体育活动得以持续发展的最为关键性的一点。当然随着现代人们生活水平的日渐改善，对生活质量的追求越来越高，特别是近些年来，由于工业文明的冲击，人类日渐异化为社会巨大机器上一个螺丝钉。高速快节奏的生活方式将人类的社会生活正常交往推向一个全新媒介体系当中，人类通过各种现代传媒手段进行更为广泛意义上的交流，而体育传媒在其中也起着积极主动的作用。

---

① 〔法〕乔治·维加雷洛. 从古老的游戏到体育表演：一个神话的诞生［M］. 乔咪加译. 北京：中国人民大学出版社，2007：148.

当然从体育运动本身来看，一方面，人们直接参与体育活动可以从中体验到其他活动所不具备的身体上的运动快乐和愉悦；另一方面，人们在观看一场十分精彩的体育比赛，或者观看一场体育活动时也会充分感受到体育比赛现场的那种激情，同时也能得到相应的感官享受和心理满足。当然这种体验是通过体育传媒手段来达到的，但是从某一层面来说，正是体育传媒的这种不在场的虚拟性的感官刺激给我们提供了一种比亲身参与其间更为强烈的视觉感官刺激，我们可以听到现场观众如潮水般的呐喊声和嘈杂声，但同时我们也可以清晰地看到赛场上每个角落发生的细小变化，而在现实比赛场地中这一细节反而不会引起我们的注意。正是通过现代传媒的传播，我们可以看到更清、更细、更激烈的体育比赛，同时我们也能从中得到比以前更为真实、激烈的感官体验，从而获得一种全新的赛场体验。当然随着现代传媒的发展，今天通过观看体育比赛已经形成许多社会团体的核心活动内容。例如，许多球迷俱乐部都有相对固定的观看比赛的酒吧之类的活动场所。这样通过体育传媒的信息传播使越来越多的人关注体育活动，从宏观角度来看，正是通过现代体育传媒将体育比赛信息及时传播给全球每一个角落的人们，才使得体育运动具有今天如此大的社会影响力，同时也使得体育运动成为日常生活中一个必不可少的组成部分。

（四）体育传媒的社会舆论功能

体育竞赛有自己的竞技规则和道德标准。例如，最为基本的公平竞技不借助于外力而获得胜利，那么服用兴奋剂就会受到严厉的处罚，因为体育竞赛有自己的道德评判标准和价值体系。正如法国著名体育学者乔治·维加雷洛说的那样：“体育正是在一个没有卓越人物的世界中才能如此身价百倍。也正是在这个世界里，体育聚集了它所有的榜样价值，以众多的模范人物和激昂的行为建立起理想的反社会模式。可以说，体育为我们展示了一种对理想价值的追求，上演了一场充满传奇和真理的戏剧。”[①]体育是建立在同一个身体上的公平竞技，这是体育竞技的原点，也是其根本。当然对于现代体育传媒来说，这种标准和道德体系恰好成为其传播体育比赛最为吸引人的手段和功能。因为现代体育传媒具有调动一切媒介与舆论的力量来参与、影响、修正和督促体育运动健康发展的功能。体育运动的健康发展与良性运转需要内外部环境的共同提高，而体育传媒在其中起着

---

① 〔法〕乔治·维加雷洛. 从古老的游戏到体育表演：一个神话的诞生［M］. 乔咪加译. 北京：中国人民大学出版社，2007：198.

巨大的推动作用。

现代传媒技术已经深入到社会的各个层面，特别是在现代这种完全商业化的时代，而许多体育竞赛活动也同时在产业化和商业化，随之而来便是在各种利益驱动下的黑哨、假球、赌球、服用兴奋剂等有悖于体育道德体系的行为和现象，这些行为和现象实质上在毒害着正常的体育比赛，危害着整个健康的体育运作体系，因此这就需要现代传媒体系的监督、揭露、曝光，使这些丑恶的、不健康的因素受到社会大众的批判。从这一点来说，现代体育传媒在创造了一个又一个视觉盛宴的同时，也在起着对这种视觉盛宴背后的种种体育不公平、不道德、不健康现象的警示和监督作用。体育传媒这种社会功能恰恰赢得了社会观众对其的信赖度，同时体育传媒也在无形中提高了自己的社会信誉度，从而树立起自己的社会道德标杆，为创造良好的社会形象和社会环境作出了相应的贡献。

（五）体育传媒的大众教化功能

社会需要一定的规则，生活中也需要遵守相应的社会标准行事，如果你违背了这种规则标准，那么你就会受到相应的批评甚至于是处罚。当然在体育活动中这种规则意识可能更强，如果没有规则许多体育活动就可能无法完成，同时也就不会出现那么精彩的体育比赛，可以说正是这种规则体系才使得体育竞赛如此丰富多彩、精彩无比。现代体育传媒对这种规则的体现也是极其明显的，如在各种比赛中解说员会对一些比赛的规则进行详细解读，而且这种解读不但有利于人们对于体育比赛的认识程度的提高，无形中也是对大家一次规则性教育。特别是当代工业如此发达的社会，规则和标准几乎成为每个行业所必须遵守的社会准则。

另外，体育传媒对于一些明星球员的介绍在无形中突出了其身上许多闪光的社会道德因素。甚至可以说在当前社会中这些明星球员的道德形象几乎成为整个社会学习的榜样。比如，我国早些年宣传的女排精神，实质就是为社会树立起一种榜样，通过这种榜样的作用去教化民众，使人们的行为更加符合这个社会的发展。当然在体育比赛中还会体现出诸如拼搏精神、公平竞争、团队观念、规则意识、爱国主义、和平理念等各种各样的社会良好品德精神，这些品德精神就是我们所要大力宣扬和积极遵守奉行的行为标准。因此，从这一角度来看，这些明星运动员的良好个人品行的宣传和体育精神的弘扬对青少年甚至整个社会都起到一种很好的教化作用，而这种教化又是通过一件又一件的小事，一个又一个的鲜活人物所展现的，可以说这种教化作用是在潜移默化中达到的。

二、体育传媒中影响个体社会化的因素

（一）自我传播因素

体育传媒的自我传播又被称为人内传播、内向传播等，是指个体接受外部信息并在人体内部进行信息处理的活动。社会是由作为意识和行为主体的个人组成的，自我传播是一切社会传播活动的基础。美国心理学家詹姆斯在其《心理学原理》中提出，人类自我是一个双重角色，它既是认知的主体，又是认知的客体和对象[①]。可以说个体的自我传播是体育传媒中影响个体社会化的基础，没有个体之间的自我传播，就不会有人与人之间的信息传播与交流。自我传播是个体对于相关信息的内化过程，同时这一过程也是极其重要的个体内在社会化的过程，正是个体将体育相关信息内在转化为自我认知的一种形式，才使得体育传媒中的诸多信息自动转化为自我的一种理解形式，同时这种内在的转化也构建起最为原始的社会认可和社会交流的基础，为日后的人与人之间的信息交流提供了最为必要的交流条件和基础。当然从社会学角度来看，体育传媒中的自我传播是一种开放的体系，是自我接受外界信息的一个重要处理系统。自我在接受外界信息之后，再通过自我整理、分析，内化为自己的库存信息，可以说这种信息在个体体内不是一种被动的传导和简单的复制过程，而是一个在内外信息流动基础上能动的创造过程。正是这种主动的甚至于积极的信息处理过程，才使得个体在接受外界信息之后建立起与外界最为基础的联系，而这种联系正是社会关系构建所必需的一种联系形式。

（二）人际传播因素

人际传播是指个人与个人之间的信息传播活动，也是由两个个体系统相互连接组成的新的信息传播系统[②]。人际传播相对于体育媒体而言比自我传播略大一点，它是两个个体之间进行体育信息传播的一种社会关系组成。在现实生活中这种传播是最为基础的一种传播，同时对于一个个体而言，这种传播是建立社会关系最为快速、紧密和具有亲和力的一种传播。由于体育运动是一种最为常见的社会交流活动，所以人际传播也就是社会协作中最为基本和普遍的一种信息交流

---

① 董天策. 传播学导论［M］. 成都：四川大学出版社，1995：101.

② 郭庆光. 传播学教程［M］. 北京：中国人民大学出版社，1999：81.

手段。在体育运动中许多情况下人际传播是不需要借助任何物质而直接进行的交流沟通，甚至在某种情况下个体之间只需要通过一些眼神、姿势、手势、表情、身体动作来达到沟通与信息交流，而这种交流是建立在个体之间极为熟悉和社会关系较为密切的基础之上的。当然从社会学角度层面看，这种人际传播之间的体育信息交流是一种符号互动关系，也就是说在这种社会交往过程中，体育信息以一种特定的符号形式呈现，而这种特定符号只有交流者两个个体者明白，其他人不一定清楚他们之间的这种交流符号的本意，甚至在某种情况下他们之间即便是使用语言来沟通，别人也很难明白他们之间的真正本意，这是一种长期进行交流沟通后的信息高度符号化，有时这种交流甚至接近于一个的直觉和本能反应，如个体之间的眼神交流。当然这种交流是双向性的，同时反应要及时、准确，互动频率较高，因此这样的个体之间的人际传播才能建立起较为牢固的感情沟通，同时真正的人际关系网络也是在这种交流沟通过程中健康良好地建立起来的，这样一种相互信任、高度协调的社会关系网络，当然对个体的社会化发展有较强的帮助。

（三）小群体传播因素

小群体传播又称群体传播，主要指有别于组织传播的两人以上的非组织传播活动。相对于大众传播而言，又称为小群体传播。关于群体的概念，日本社会学家岩原勉将其定义为："具有特定的共同目标和共同归属感、存在着互动关系的复数个人的集合体。"[①]小群体传播是体育传媒中最为广泛的一种传播方式，这种传播因为有一定的组织结构模式，同时也有特定的共同目标和共同归属感，因此这种小群体传播能使参与者有较强的归属感和认同感。当然小群体传播是在自我传播和人际传播基础上发展起来的一种传播模式。对于现代体育各项目的运动中来说这种小群体传播极为重要，因为从社会学角度来看，这种小群体的传播对运动员的获胜有极其重要的促进作用。因为一个个体无论其运动天赋有多强，也需要一个团队来为其服务，对其进行从训练到后勤保障等多项服务。最为优秀的运动员没有良好的团队帮助，没有自己忠实的球迷、粉丝，其发展空间最终还是狭小的，当然对于集体性运动项目而言这种小群体的传播就显得极为重要了，因为小群体的传播不但有助于球队集体相关信息更及时准确的相互传递外，更重要的是通过这种小群体之间的快速传播，可以迅速建立起相对牢固的小群体之间

---

① 郭庆光. 传播学教程［M］. 北京：中国人民大学出版社，1999：89.

的亲情感和归属感，有助于小群体的团结，有利于增加比赛中的协调配合默契程度，从而建立起小群体成员之间良好的社会关系。

（四）大众传播因素

大众传播是指专业化的媒介组织运用先进的传播技术和产业化手段，以社会大众为对象而进行的大规模的信息生产和传播产业化手段，以社会大众为对象而进行大规模的信息生产和传播活动。而现代大众传播的主要媒介有报纸、杂志、电影、广播、电视、网络、广告、标志、讲演和表演等。大众传播是体育传媒最为核心的一项传播因素，当然从社会学角度看，现代体育既是大众传播的重要内容，同时其本身也是一项极为重要的大众媒介构成体，现代体育与传统体育重要的区别就是现代体育，通过体育教育、体育比赛和其他多种形式的体育活动，向社会大众表达着一种全新思想理念、精神意识、道德观念、规则标准等，可以说现代体育项目实质上是借助于体育专业组织形式的专业组织手段来实施的一场大众文化。当然从传媒角度来看，体育传媒为大众传播提供了强大的传播技术和载体，为社会大众快速接受体育相关信息提供了巨大的方便性和快捷性。当然从人的社会化角度来看，大众传播是构成社会广泛观赏、阅读体育信息的重要传播手段，特别是随着体育传媒的宣传、报道和广告的连续性投入，使得大众传播在商业推广和商业运作方面具有较强的优势，这也使得体育传媒与商业体系形成共生关系。大众传播而建立起巨大的观众市场，形成了一个规模巨大的媒体广告市场体系，由此促使相关体育传媒组织与体育组织之间建立起一种商业上的共生关系。这也使得体育活动与媒体系统形成了一个产业链条体系：体育活动作为主要传播内容而通过媒体的技术传播吸引广大观众来观看，从而形成一个巨大的广告宣传体系，而媒体系统则又通过这一巨大的广告宣传体系的出售来赢得转播权，并将其所获利润的一部分用以向体育组织机构购买独家转播权，而体育组织则用出售传播权的获利来购买高水平运动员的广告形象或者打造更为精彩的品牌体育赛事和更为吸引人的体育活动。而这种双向的互动式交流使双方都得到很好的发展，同时也共同促进了相互之间的联系和发展。从更为宏观的视角来看，这种大众传播几乎将观众、媒体、运动员、运动组织构成、市场运作人员等多种体系、多种领域的人员都集中在大众传播体系之内，从而构成了一个体系极为庞大的社会关系网络，促进了整个社会体系的完善和发展。

三、体育传媒促进人的社会化发展策略

（一）体育传媒在宏观层面要促进社会和谐发展

社会和谐发展可以保障体育传媒顺利开展，同时也是个体社会化顺利完成的基本前提。因此从体育传媒在宏观层面的发展来看，积极促进社会和谐发展是其重要的任务和职责。体育传媒由于其巨大的影响力和传播途径，以及其巨大的信息覆盖率，对于促进社会和谐发展有着巨大的推动作用。

我们知道个体的社会化主要依靠源源不断的信息传播和社会交流活动来实现其社会关系网络的建构的。因此个体的社会认知就显得尤其重要，社会认知是个体对他人，以及各种社会现象的认知，这种认知可以理解为个体对社会信息的接收、整理、分析、归纳、加工等一系列过程。个体对世界的感知主要是通过社会信息的传递来完成的，因此社会大众传媒为个体提供了内容丰富的社会认知内容，同时也影响着个体社会认识发展的节奏和方向。当然单就体育传媒而言，对个体的社会认知主要是通过与体育相关信息的传递达到的。特别是随着现代生活节奏的快速发展，教育体系的完善和信息渠道的多元化都使得社会学习日益走向一个繁杂多元的体系，而体育传媒则由其特定的体育相关信息来吸引大家的眼球，使大众在娱乐享受的同时感受到体育信息带给我们的潜在教化，如对体育规则体系的遵守，对明星球员的行为模仿等。简而言之，就是个体在不必直接作出反应，也无需亲身参与、亲身体验，只要通过观察和模仿他人的行为就可以获取相关信息和经验时，这种感染力度最为强烈，因此从这一角度来看，体育传媒要以传播正确的、正面的正能量为主，促进社会向更加健康和完善的和谐体系发展，不应偏重于负面信息的传输，致使大众在潜意识中受到不良教育，从而在社会活动中表出现不良行为。

（二）体育传媒在微观层面要促进个体全面发展

当然体育传媒主要传播的体育信息在微观层面上会引导一些个体学习模仿。特别是青少年正处于学习、认识社会的过程中，这种大众传媒力量会直接影响到他们个体的成长。青少年正处于身体发育的最佳时间，由于其身体生长发育的特定要求，在学校和家庭当中对体育方面的信息教育会自然增多，而且青少年对体育信息的接受也最强烈。这样体育传媒信息对于青少年的影响也就较大。特别是一些体育传媒中对一些体育明星进行英雄人物式的特意塑造更易引起青少年的追

捧。广大青少年会以这些明星球员作为榜样加以模仿，因为在体育传媒中会对这些明星球员给予形象性、权威性、真实性、英雄性的宣传，这种正面的传播可以给青少年以榜样式的激励作用，当然某种情况下这种榜样式的宣传也会带来一定的负面信息，如泰森的不良形象宣传和塑造。榜样教育虽然使青少年快速建立起自己的世界观和价值观，但同时也会影响到青少年今后对社会的认知，一旦这种教育出现问题，那么其结果将会直接影响到青少年的一些基本认识问题，从而不利于青少年的健康成长。因此从社会化角度来看，体育传媒要以促进个体健康成长、建立良好社会认知体系为主，在传播内容上要以积极向上的体育信息为主，只有这样才能真正促进个体的全面发展。

（三）体育传媒在教育层面要规范个体行为达到社会化要求

在信息广泛传播的今天，体育传媒无形中也是社会教育的一个重要组成部分。因为体育活动是大众喜闻乐见的一种形式，大众的关注度较高，社会影响力较大，所以从教育层面来说体育传媒也要以规范个体行为，达到社会要求为重要传播标准。今天体育传媒通过技术手段可以将视频、图像、声音、动作、文字全方位立体化地传播给世界的每一个角落。大众个体时刻处于这种信息包围当中，因此无形中会受到这些信息的熏陶，甚至在某种程度上大众会模仿一些明星球员的动作、服饰、发型，甚至于行为方式。特别是随着当代网络多媒体技术体系的发展，大众对相关体育信息的接受渠道日益增多。根据“梅特卡尔夫”法则：网络的价值与连接网上的电脑的数量的平方成正比，也就是说，在网络上共享资源的人越多，其信息资源也就越丰富。而这种丰富的体育信息资源无形中就起到了一种巨大的社会教育效应，特别是青少年在学校接受正统的教育之外，更愿意通过这种自由的网络媒体来认识世界和关注社会。因为体育传媒通过网络为他们提供了精彩的赛事信息和强烈的视觉震撼，这种刺激和教育是学校所无法提供的，所以从这一角度来看，体育传媒在教育层面也负有较大的社会责任。

（四）体育传媒在文化层面要引导个体进一步社会化

当然体育传媒从根本上讲属于社会文化宏观体系中的一个重要组成部分。当然体育传媒这种社会属性是由体育运动本身的文化特性决定的，从宏观层面来看体育运动本身就属于文化体系当中的一个重要组成部分。特别是随着电视传播技术的发展，精彩的体育活动随着电视走向千家万户成为大家最为喜闻乐见的一种大众娱乐节目。体育传媒内容多样，形式鲜明，信息含量较大，而且其对运动中身体的全方位展示使得其具有其他传媒所没有的视觉效应。这种巨大的信息影响性对一个人的社会感知有着极强的冲击力，而从社会化角度来看一个人的社会化过程是终身的，从出生到最终的死亡都伴随着社会化教育过程，当然作为身体文化的一种存在形式，体育自然也不例外，而且由于体育活动最基本的物质基础就是身体，而每个社会个体都有一个大致相同的身体，那么这种身体活动就会无形中吸引着大众的目光，同时这种体育传媒传播的相关信息也在影响着个体的文化认识，在潜移默化中改变着大众文化价值观念。因此，从文化传播的角度来看，体育传媒对个体社会的影响是一种长期行为，而且随着时间的增长，社会成员对这种社会传媒具有一种信息依赖性，以及信息相对固定性。这样体育传媒对大众文化日常生活的影响就会转化到大众的社会化过程中，从而在深层次上改变一个人的社会化进程。

第四章　体育与人的政治社会化

目前，人的社会化问题成为社会学、文化人类学、教育学、心理学等学科都十分关注的问题，人们之所以在这些研究领域内对这个问题表现出极大的兴趣，是因为人的社会化不仅对个人的生存与发展是至关重要的，而且对社会的良性运行和协调发展起着重要的推动作用。

第一节　政治社会化的理论诠释

一、政治社会化的理论构成

政治生活是整个社会生活的组成部分，它与经济生活、文化生活有着密切的联系，形成有机整体①。我们处于政治生活之中，日常的政治生活大体上有三方面的内容：一是政治学习、宣传活动，二是完成一些具体的政治任务；三是有关实现政治理想的实践活动。政治生活的内容包括：依法行使政治权利，履行政治义务；遵守维护社会公共管理制度；投身于特色社会主义民主政治建设；关注我国在国际社会中的地位和作用。我国全部的政治生活，是以依法行使政治权利、履行政治性义务为基础和准则的。政治生活同经济生活、文化生活一起构成了我们的社会生活。

政治社会化体现在如何对待政治制度、政治生活方式、政策及个体政治观念的发展等问题上。在不同的社会制度和阶级中，个体政治社会化有不同的内容和方向。关于政治社会化问题在各国社会心理学领域仅有少量的研究。美国 R. 赫斯1969年作了一项关于儿童政治观念发展的研究。他提出很多政治问题让各个年级的儿童回答，发现很多年龄比较小的儿童把美国政府与美国总统混为一谈，三年级以上的儿童才能区别担任政府职务的个人和政府机构②。这说明个体政治化是发展的，并且与一定的知识文化水平有关。

政治社会化的内涵是社会个体通过接触和学习某种政治文化，培养政治立场

---

① 常乃军，陈远军. 公民体育权利本原探析［J］. 体育学刊，2008，15（12）：10-13.

② 陈远军，常乃军. 试论公民体育权利的社会实现［J］. 体育文化导刊，2006，（12）：16-18.

（包括信仰、政治情感和政治态度等）和参与政治的能力。[①]

二、人的政治社会化的理论依据

（一）社会学习理论

社会学习理论（social learning theory）是美国心理学家阿尔波特·班杜拉（Albert Bandura）提出的社会心理学基础理论，这一理论源于行为主义学派的强化学习理论即学习，本质上说是受到积极强化、消极强化、无强化、惩罚的影响，而改变了行为的发生概率。例如，小孩说真话，就得到了糖果奖励，以后他就会更多说真话；小孩说谎话，得到了糖果，以后他就会更多地说谎话。而社会学习理论则认为，不仅加诸于个体本身的刺激物可以让其获得或失去某种行为，观察别的个体的社会化学习过程也可以获得同样的效果。例如，小孩看到幼儿园老师夸赞彬彬有礼的小朋友，并且给其糖果吃，等到他（她）见到幼儿园老师，也会彬彬有礼；而小孩其他特质，如性别角色等也是从社会环境学习而来的。

（二）社会比较理论

美国社会心理学家 L. 费斯廷格（Leon Festinger）1954年提出的一种关于自我评价及亲和行为的理论。这个理论认为任何个体的内心中都会存在一种评价自我的驱动力，当没有客观的评价标准时，个体会将他人的言行举止作为评判标准，进而对自己的态度、情绪、能力及言行举止作出评价。费斯廷格认为，用客观标准去评定个体的情绪和情感表达是否恰当具有一定的难度，但可以通过他人的态度、情感来评价个体的情绪表现的合适程度。他还认为，个体更愿意与自己处境相似的人进行比较，相似程度越高，社会比较的驱动力就越强。[②]在相互比较过程中，总会产生不确定性，激发一种自己和他人对比的要求。有时这种对比的要求会非常强烈，以至于即使有方便的客观标准存在，个体还是会进行社会比较。

---

① 常乃军，曹景川，曹永林. 现代体育与和谐社会建设研究［M］. 太原：山西出版集团·山西教育出版社，2010.

② 杨丽娴，张锦坤. 妒忌的心理学研究进展与取向［J］. 心理科学，2009，32（3）：655-657.

（三）科学发展观

在党的十六届三中全会上，以胡锦涛同志为总书记的新一届中央领导集体，明确提出要“坚持以人为本，树立全面、协调、可持续的发展观，促进经济社会和人的全面发展”的科学发展观。科学发展观要求以人为本为核心，以全面协调可持续为基本要求，以统筹兼顾为根本方法。其中，全面是指社会生活的方方面面都要进步发展，要落实五位一体的总布局，即全面推进经济建设、政治建设、文化建设、社会建设和生态文明建设，以促进社会的全面发展与进步；协调是指要统筹好各方面发展的相互适应性，达成生产关系和生产力、上层建筑和经济基础的协调发展；可持续是指发展进程要具有持久性和连续性。可持续发展就是要促进人与自然和谐共进，实现经济发展和人口、资源、环境相协调，要保证世世代代的永续发展。以人为本就是以最广大人民的根本利益为本，努力实现人的全面发展，并将此作为经济社会发展的出发点和落脚点。

第二节 体育对人的政治社会化的影响

一、体育对儿童的政治社会化的影响

体育游戏是小学阶段体育教学中不可缺少的一项重要内容，在促进少年儿童政治社会化的功能方面，担任了重要的角色。

首先，少年、儿童在游戏中能学习认识社会和认识自己。通过模仿各种社会角色学会处理人际关系（指有效地与他人进行交往活动的能力），遵守社会规范，适应社会生活。当少年、儿童为了完成一些规定性的团体游戏时，需要团结协作、互帮互助，这有利于培养少年、儿童的集体主义精神。此外，游戏的规则也同样具有教育作用。少年、儿童在游戏中遵守游戏规则，履行游戏中的职责，可以增强少年、儿童对自己行为的责任感。

其次，体育游戏会涉及走、跑、跳、投、攀登、爬越、搬运等活动技能，这与少年、儿童的日常生活息息相关，有助于提高他们的日常活动能力和生活能力。

最后，体育游戏有利于少年、儿童身体的生长发育。体育游戏的活动内容会有一定的运动量，少年、儿童参与其中进行练习，会使身体内的一些生理生化指标和相应的器官系统发生变化，参与运动的肌肉群得到锻炼，进而促进他们的生长发育。同时，经常改变游戏活动的各种环境条件和活动方式（如采用竞赛的方法等），提高要求，可以全面地发展少年、儿童的速度、力量、灵敏、耐力等身

体素质，提高他们判断时间、空间的本领，发展他们的思维、判断、记忆和创造能力，提高他们对外界环境的适应能力。此外，游戏不是单调乏味的而是具有情节性、趣味性的。这会吸引少年、儿童参与其中，提高他们的情趣，完善他们的人格，如阳光开朗的个性和团结协作、顽强拼搏、有勇有谋等心理品质，促进他们身心健康发展。

在我国民间流传着许多的游戏名目，其中许多深受孩子们的喜爱，如打陀螺、抖空竹、踢毽子、跳绳、跳房子、弹玻璃球、拔河、放风筝、捉迷藏、荡秋千、龙舟竞渡、踩高跷、舞龙灯，以及现在学校体育课中广泛开展的各种各样的体育游戏等。这些体育游戏不仅为广大青少年儿童所喜爱，在成年人中也颇受欢迎。

游戏是幼儿进行社会性交往的起点，它为儿童提供了大量的交往机会，使儿童逐步学会认识和区分自己与同伴并能正确地处理自己和同伴之间的关系，社会交往能力得到了锻炼，加快了儿童社会化的进程。

1. 有利于儿童政治社会化认知的发展

朗朗上口的童谣和优美动听的儿歌，这些童谣和儿歌中包含许多关于自然和社会的知识，还囊括了社会生活的各个方面，可以开阔儿童的眼界，扩大儿童的知识面，如“骑铁马”的游戏，可以把城市所发生的巨大变化纳入到儿歌中，如建筑的变化、环境的变化等。

游戏不仅是娱乐儿童身心的过程，还是引导儿童了解他人、认识生活和亲近社会的过程。例如，游戏“大风吹”，儿童们围坐一个圈，一个站着的孩子说：“大风吹”，坐着的孩子一起说：“吹什么”，站着的说：“吹姓张的”或“吹扎辫子的”或“吹蓝色上衣的”等，说完后，坐着的孩子谁有那个特征就要站起换个位置重新坐下，未找到位置的孩子开始重复以上环节。通过这个游戏，可以锻炼孩子们的灵敏性、反应性，培养孩子观察能力，了解他人的能力，而且通过此项拓展可以使孩子掌握更多的知识，如通过对姓的提出，可以让孩子们了解百家姓的知识。游戏可以让孩子乐在其中，美在其中，更悟在其中。

2. 游戏有利于儿童社会行为的形成

人文主义心理学家马斯洛认为，“当儿童胜利的、安全的需要得到满足时，儿童就渴望自己有所归属，成为团体中的一员，渴望在团体中与他人建立深厚的感情”。

很多游戏一般都需要若干儿童共同合作才能进行，这样无形中就培养了儿童的合作交往能力，如“炒盐豆”“卷爆竹”“城门、城门几丈高”等，这些儿童特别爱玩的游戏都是需要至少两名幼儿参加的，幼儿可以从中满足合群的需要，形成自然的游戏伙伴关系，这为先进的独生高楼儿童提供了发展社会性的良好时机。并且，游戏所独具的特点，促使儿童形成分享、合作、助人、谦让、遵从等社会行为。某些游戏有约定俗成的游戏规则，才能使游戏进行下去，这些游戏对幼儿具有很大的诱惑力，为了参加游戏，游戏时儿童必须相互协调、合作，学会自己解决人际矛盾，学会控制自己的行为和情绪，学会理解和照顾他人，平等待人等。同时，在游戏中，每个幼儿自然的更换角色，也会自然地产生“领袖”，自然的淘汰“领袖”。

二、体育对青少年的政治社会化的影响

青少年时期是学生个性发育的一个转折阶段，他们正在告别童年，开始一个崭新的成长和变化时期，身体正急剧的发育，心灵在不断丰富，情绪在激烈波动是青少年的特点。他们正在竭力摆脱童年时期的幼稚状态，向承认过渡，心理上处于一种非常不稳定、不平衡的状态中，常常出现心理矛盾和心理冲突，被心理学家称为“心理断乳期”“风暴期”“动荡期”。所以，我们可以将体育运动引入学校教学中，帮助青少年通过体育的内化作用摆脱青春期成长的烦恼，并使青少年的行为更符合当今社会的要求。

卢勤认为“政治社会化是个体逐步接受并获取现有政治制度所肯定和实行的政治行为取向与行为模式的过程。个体如何对待、学习并适应政治制度、政治生活方式、政策，以及个体政治观念的发展，均构成政治社会化的内容。政治社会化是使自然人变成政治人的过程，其目的是将个人培养和训练成为遵守政府规定，服从国家法律，行使正当权利，承担应尽的义务，促进政治稳定的合格公民”[①]。从这一角度来看，每一个生活在社会中的自然人都要经过政治社会化的改造过程，从出生开始到接受各阶段的教育，政治教育可以说无处不在，而学校教育中一个相当重要的目标就是要将受教育者“培养和训练成为遵守政府规定，服从国家法律，行使正当权利，承担应尽的义务，促进政治稳定的合格公民”。当然由于任何体育活动都是在社会宏观环境中进行的，所以在体育活动中自然也就渗透一种政治社会化的教育过程。

---

① 卢勤. 个人成长与社会化［M］. 成都：四川大学出版社，2010：58.

美国学者赫斯认为个体政治社会化的发展通常会经历三个阶段：一是国家象征期，早期以国旗、国歌或国家领袖为具体的国家象征；二是抽象国家观念期，中期以有关国家、政治群体的抽象观念作为爱国有根据；三是国际组织系统期，随着年龄增长，逐渐知道世界由许多国家所组成，他们所在的国家是国际关系中的一员[①]。这三个过程在体育竞赛活动中也有很好的体现。青少年首先接受的是国旗、国歌或国家领袖等具体的国家象征教育。许多学校的校运会中都有较为隆重的开幕式，在开幕式中升国旗、奏国歌对于青少年而言，则就是一种无形的政治教育。特别是在一些国际比赛中，识别本国队员运动服上的国徽标志，为本国运动员加油，关注本国运动员的比赛成绩、胜负情况，这些行为无形中促进了青少年国家观念的形成，同时也在潜移默化完成了对青少年政治社会化过程。

在一些举世瞩目的大型国际赛事，如奥运会、足球世界杯等比赛中，这种国家意识表现得更为强烈，而且这种国家荣誉的影响力已经不仅仅局限于青少年，许多成年人都参与其中。特别是在奥运会比赛中，许多家庭围坐在电视机屏幕前观看有本国运动员参加的比赛，大家与比赛中的运动员一样承受胜利的喜悦和失利后的懊丧。正是这些大型国际比赛的巨大影响力，使得许多国家把参加这些大型体育竞赛当做一项重要工作来完成，同时这也彰显着体育参与政治社会化的巨大作用。

三、体育对成年人的政治社会化的影响

在将健身视为时尚，提倡“生命在于运动”“运动即良药”的今天，体育是人们普遍关注的话题。体育不断普及化、大众化和丰富化，它的影响力越来越强，影响范围越来越广泛，并深入到生活中的各个层面。例如，奥运会与世界杯足球赛的举办可以吸引全世界一半以上人口的眼球，不仅如此，在我国每天活跃在社区广场上、公园中的各种团体活动更能体现体育的魅力，尤其是中国女性在广场上的健身舞，深深震撼着外国人。不仅如此，体育是“以身体活动为媒介，以谋求个体身心健康、全面发展为直接目的，并以培养完善的社会公民为终极目标的一种社会文化现象或教育过程”，具有“文明其精神，野蛮其体魄”的独特功能，在构建和谐社会中发挥着不可替代的作用。

---

① 卢勤. 个人成长与社会化［M］. 成都：四川大学出版社，2010：58.

1. 体育运动蕴含的精神内涵与和谐社会一致

社会主义和谐社会的总要求是：民主法治、公平正义、诚信友爱、充满活力、安定有序、人与自然和谐相处。体育不仅仅是一种身体运动，更是一种教育手段、一种生活方式、一种精神载体，体育精神较好地体现了和谐社会的这些目标追求与价值导向。发展体育事业，是和谐社会建设的重要环节。

公正是体育运动的灵魂和重要的价值尺度。运动场上强调的是，“大家站在同一起跑线上”“横杆面前人人平等”“不按名头评优秀”“不以身份排座次”，大家平等参与、切磋技艺、展示实力、享受过程。在长期的发展过程中，体育不分种族、性别、信仰，摒弃偏见、歧视、欺诈，追寻并实现着公正的核心价值。这与和谐社会提倡的公平正义如出一辙。

规则是体育运动的生命线。在体育竞技场上，规则就是法律，具有不容挑战的权威性。从这个意义上说，体育精神与法制精神天然契合，都追求平等、崇尚秩序、尊重规则。我们所要建设的和谐社会，是一个民主法治的社会。在发展社会主义民主、健全社会主义法制、实现依法治国的进程中，体育可以发挥其独有的价值和作用。

促进人与自然的和谐相处，是和谐社会建设的重要内容。现代化进程的加快，一方面给人类生活带来了极大便利，另一方面也加剧了人与自然的矛盾，影响着自然界的均衡与和谐。在这种形势下，走向户外，走进大自然，陶冶身心，强健体魄，成为人们越来越迫切的需要。体育让人们重新接近自然、回归自然，成为人与自然关系的缓冲器、润滑剂。

2008年北京奥运会的成功举办，更是构建和谐社会的一大举措，不仅对中国具有重要意义，对促进全世界的和平、团结方面，也发挥着重大作用。举办奥运会的初衷就是为了追求和平，当时因为希腊的几个联邦常年发生战争，人们由于对战争的厌倦和对和平的追求，便提出举办体育竞赛的想法，这一方面满足了各方的竞争欲和占有欲，另一方面又提供了一个共同交流的机会和共享和平的机遇。比如，一直处于敌对和分离的朝鲜和韩国在2004年雅典奥运会的开幕式和闭幕式上共同组队参加，两国在2008年北京奥运会又共同组队参加。

2. 体育运动促进人的全面发展

我们要构建的社会主义和谐社会，是“各尽所能、各得其所而又和谐相处的社会”，是人与自然、人与社会、人自身全面和谐的社会。在这些和谐关系中，人自身和谐是自然与社会和谐的产物，同时又是社会和谐发展的根本前提。而和谐的人自身各个组成系统，如德、智、体、美、劳，或者生理、心理等之间的和谐，即人的身体健康、人格健全、情感健康、精神充实、身心协调。这种和谐是马克思说的“人的全面自由的发展”。构建和谐社会，其根本着眼点在于实现人的全面发展，这也是马克思主义的根本价值所在。体育运动不仅能够增强人的体质，其中所体现的精神文化，更能够促进人的精神的发展。这对和谐社会中实现人的全面发展有着极大的作用。

体育运动中的不断超越的进取精神、顽强拼搏精神、公平竞争精神、团结友爱精神、爱国主义和国际主义精神都是人类精神文化的真实反映。体育赛场上运动员的无限拼搏和对人类身体极限的不断挑战，都会让世人认同和感动。比如，足球赛场上的双方球队的争夺，以及看席上观众的呼声则给人更多的是一种激情，特别是足球被踢进球门的一刹那，让人有一种莫名的冲动，情感的发泄和压抑后的解脱。

不仅如此，体育运动所衍生出的艺术精神，如体育场馆形象、奥运会徽标及徽图、运动员服饰和运动雕塑，都被世人所津津乐道和广为传播，带给人美的享受。此如，2008年北京奥运会的鸟巢建筑成为奥运代表形象之一，还有奥运吉祥物五个福娃被做成各种艺术形象在世界各地传播，被人们广泛接受和喜爱。

3. 体育运动为构建和谐社会提供动力

体育运动作为健身手段，促进着生活质量的提高和信息的传播，可以推动旅游、商业、服装、食品、服务行业、宣传出版等各行各业的繁荣，起到推动社会生产力发展的作用；体育运动传播思想意识，影响生活舆论、道德风尚，服务于社会政治经济制度；体育运动调节人际关系，促进人际间的和谐，美化环境，创造和谐的社会环境，发挥社会调节功能……体育功能的多元化毋庸置疑，正日益成为现代化建设的重要组成部分，在构建和谐社会中具有特殊的、不可替代的地位和作用。

以竞技体育为例，竞技体育的发展，能够培育中华体育精神，增强民族凝聚力和民族自豪感，为和谐社会建设提供强大的精神动力。在竞技体育方面，“东亚病夫”的屈辱早已成为历史，我国已经成为世界竞技体育舞台上的一支重要力量。在参加各类世界性大赛的过程中，我国体育界涌现出一大批英雄集体，如蜚声世界的中国女排、长盛不衰的中国乒乓球队、被称为“梦之队”的中国跳水队、勇攀高峰的中国登山队等。我国体育健儿们用辛勤的汗水和骄人的战绩，创造和诠释了“为国争光、无私奉献、科学求实、遵纪守法、团结协作、顽强拼搏”的中华体育精神，使之成为社会主义先进文化的重要组成部分，成为全社会共有的宝贵精神财富。国运盛，体育兴。中国竞技体育的发展，极大地增强了民族凝聚力和民族自豪感，为广大人民群众投身和谐社会建设提供了强大的精神动力。

第五章　体育与人的道德社会化

道德社会化是人的社会化过程中的重要方面。古人云："感人心者，莫先乎情。"没有"人的情感"，就从来没有，也不可能有人对真理的追求。在当前社会主义市场经济条件下，在构建社会主义和谐社会的今天，人们的道德社会化面临多方面的挑战。而体育，一方面作为社会文化的组成部分，是道德社会化中需要内化的价值；另一方面，体育游戏的特质吸引着人们积极参与，在参与中影响人的一些性格、价值的形成，因此体育与道德社会化有着复杂又密切的联系。本章试图通过体育与人的道德社会化关系的研究和探讨，为全面认识和提升体育在人的道德社会化中的功能及作用提供参考。

第一节　体育对人的道德社会化的影响

体育概念的诸多诠释说明体育不仅是社会文化的一个组成部分，而且是人的道德社会化的组成部分。在体育参与中，人的道德社会化是怎么形成的呢？大致分为以下三个方面。

一、体育与道德认知

道德是一种在社会生活中用来约束自己及他人行为的准则和规范，它属于一种社会意识形态，具有认识、调节、教育、评价和平衡五个子功能。道德是一种正面价值取向的代表，具有判断行为正当与否的作用，道德观念并非一成不变，它会随着社会时代背景的变化发生相适应的改变。从人性的角度来说，道德就是要对事物及他人负责，不对他人及社会公共安全造成伤害的一种准则。

道德是指正确处理人与人之间关系的行为规范或规则，它用善恶荣辱等观念评价人们的行为，调整人与人之间的关系①。除了个人之间的关系之外，人们对社会、国家、阶级、民族，以及对婚姻家庭的态度等，都具有道德的意义。（参见王长根著《走上真道——企业文化批评理论》）道德是人类社会所特有的一种

① 曹景川，常乃军. 从反兴奋剂看诚信道德与和谐体育之构建［J］. 上海体育学院学报，2010，34（2）：85-87.

意识形态。道德问题并非是个体孤立性的行为，而是与他人的行为发生冲突，甚至是对社会环境产生恶劣影响的行为。道德可划分为私德和社会公德。在每个社会背景下一般都有与其时代相适应且被社会公认的道德规范。

社会性是人与动物相区别的一个显著特点，人类的所有活动都是在社会中进行的，只有以社会为前提，人类才能生存和发展。社会生活是由人与人之间因生产和生活需要而形成的社会关系所构成的。人类的社会行为既有正面积极的也有负面消极的，如带给他人幸福和安宁，会促进社会的繁荣发展；带给他人痛苦和伤害，会造成社会的动荡和灾难。这就需要道德适当的调整人与人间的社会关系，对人的行为加以必要的约束，使其行为朝着正面积极的方向发展。由此可知，道德不是人类生来就有的意识，而是在后天生活中受一定的生产关系和社会舆论的影响而逐渐形成的。

行为规范意义上的道德涵义：

1）“道”，本意是客观真理，即自然界的构造、运动、变化等规律，社会的客观发展和变化规律，人的生老病死等规律，是自然存在和发展的规律。对于客观存在的事物，人类无法改变，只能去顺应，这样社会才会和谐、安定幸福。

“德”，本意是顺应自然。只有在遵循自然规律的前提条件下，即要在顺应“道”的情况下，去改造自然，人类和社会才会发展。

因此，把“道”和“德”统一起来，人类遵循客观规律去做事、处理事情，就是所谓的“道德”。

2）“道德”的一个通俗概念就是有素质。道德作为人类社会发展到特定阶段的特定产物，是社会中制约、调整和引导人与人、人与社会间相互作用的行为规范和规则的总称。人类社会发展到不同阶段有不同的道德标准，但无论是哪一个阶段的道德标准，都会反映出一些共性的内容。美国学者赫什就提出，人的道德一般表现在三个方面，即关心他人，愿意帮助并保护他人；能够正确地进行道德判断；按照已有的道德观念和道德判断去行动。

道德（品质）是个体在社会道德约束下的具体体现，社会中的个体往往根据约定俗成的某些态度、言论和行动规范约束自己的行为。道德（品质）是指一个人在有关道德舆论的影响和学校道德教育的干涉下形成的，它是对社会现实的反映，道德品质依存于客观的社会生活条件，也有赖于人的心理发展的规律。

道德品质在理论上包含道德认识、道德情感和道德行动三种基本成分，它们之间相辅相成、互相促进。道德品质的形成和发展是这三者共同发生作用的综合过程。一个人道德品质的形成在哲学范畴上是矛盾斗争的过程，该发展过程达到一定的时间和程度就可能发生质变，从而表现出发展的阶段性。生命周期中的各阶段人群在道德品质三个基本成分有着质的区别，同时表现出的差异性也体现在生命周期的同一阶段人群身上。

个人道德（品质）的培养，在实践中应该因人而异，一般情况下可以先从培养一个人道德行动和习惯开始，有时可以从激发他们的道德情感着手，有时可以从提高他们的道德认识做起，不能机械地遵循由道德认识到道德情感再到道德行动和习惯的途径，但是，只有这三种基本成分得到相应发展时，道德品质才能更好地形成。

所谓道德社会化是指社会成员通过社会互动学习道德规范，内化道德价值，培养道德情操的过程。道德社会化对于社会个体和社会共同体来说都是必需的：就社会个体而言，道德社会化是个人融入社会的基本途径，在此过程中，“自我”得以确立、个人的德性品质得以形成和完善，实现了从生物人向一个正常的社会人的转变；对于社会来说，通过道德社会化的过程，培养出一定社会所需要的社会成员，同时，民族的道德传统得以积累和延续，社会的道德秩序得以维持和发展。道德社会化包括三方面的内容：认同道德规范、明晰道德关系和形成道德人格。道德社会化的实现途径主要有两条：一是社会的道德教育，二是个人的道德修养。

道德社会化是个体将社会道德规范逐渐内化为自己的行为准则的过程，是个体社会化最重要的内容之一。戴维 · 谢弗等在一项关于儿童抚养情况的调查中发现，74% 的家长希望自己的孩子具备良好的道德感，能够明辨是非，并以此作为与他人交往的准则。

道德社会化的研究主要集中在儿童的道德认知、道德情感和道德行为三个方面。三者之间存在着紧密的联系，道德情感影响道德认知的形成和倾向，而道德行为又是道德认知和道德情感的体现，通过道德行为可进一步促进道德认知和道德情感的巩固和发展。

社会心理学中有关道德社会化的理论有三种，即精神分析论、认识发展论及社会学习论。精神分析论创始人是弗洛伊德，代表人物是美国的埃里克森。精神分析理论认为，父母的各种道德观念和行为模式影响着孩子的道德发展，因为孩子会有意识或无意识地模仿父母的道德行为。埃里克森则强调社会文化因素在个体的道德社会化过程中的作用。认知发展论的创始人为瑞士的心理学家皮亚杰，代表人物是美国的科尔伯格。皮亚杰的认知发展理论重点在于分析儿童道德品质中的认知成分——道德判断，他认为儿童道德判断与智力发展是平行的。皮亚杰将道德发展分为前道德阶段、他律阶段、自律阶段和公正阶段。科尔伯格则将道德发展分为三个水平，即前习俗水平、习俗水平和后习俗水平，每一个水平又包含两个阶段。社会学习论的代表人物是美国的班杜拉。他认为，道德行为是通过学习而获得的，也可以通过学习而改变。供儿童学习的各种道德行为广泛地存在于社会环境中，儿童时时刻刻都在主动或被动地学习着他所处文化环境下的道德行为，因此，决定儿童道德行为的是社会环境条件。

由于体育的特点，体育游戏和体育竞赛在人们的道德社会化过程中发挥着重要作用[①]。体育游戏可以通过游戏规则进而解决人与人之间矛盾的问题，体育竞赛是由体育游戏演变而来的，它的竞赛规则比体育游戏更为公平、公正。遵守竞赛规则，竞赛才得以顺利进行。模范遵守竞赛规则者，还可以获得公平竞赛奖（如第十五届世界杯足球赛）、体育道德风尚奖（如2013年山西省大学生田径运动会）；不遵守比赛规则者，要受到裁判的制裁和舆论的谴责。即便是约翰逊和马拉多纳这样的超级明星，如果违反竞赛规则（服用兴奋剂），也要被毫不留情地惩罚出局。人们在这样的竞赛环境下，不仅学会要遵守竞赛规则，还学会区分竞赛成绩与体育人格，追求的不再是外在的竞赛成绩，更注重内在的体育人格的完善，并把这种学习能力迁移到其他社会道德规范中。

目前国内关于人的道德社会化的研究理论视角大多数是从认知发展及社会学习的理论框架出发去寻找答案的，注重从家庭、社会、学校、大众传媒等方面进行研究。因此，本章将在精神分析的理论框架下，对研究对象从微观层次上，即体育运动方面来进行研究。从精神分析的理论来看，体育文化作为社会文化的重要组成部分，在个体的道德社会化过程中起着重要作用。

道德认知是一种对行为的是非、善恶和执行意义进行衡量的认识，它包括三个方面的内容，分别是道德概念的掌握、道德判断能力的发展和道德信念的确立。最著名的研究者是美国儿童发展心理学家科尔伯格，他提出了“道德发展阶段”理论，对认知性道德发展模式的发展作出了重要贡献。

道德认知的核心和关键是道德判断和推理能力，结果是使个体形成道德观念和道德原则，并能运用这些观念和原则判断他人的是非善恶，进而调节和控制自己的行为。道德认知是道德品质形成的基础。皮亚杰认为，主体对客体的认知活动是主体与客体间适应与平衡的桥梁，通过认知活动，主体的认知结构会被不断

---

① 王志强，常乃军，曹永林，等. 山西省民间体育团体行为公平相容约束机制研究［J］. 体育文化导刊，2013，（3）：5-8.

的同化和顺应，进而使二者之间建立平衡与适应。个体道德认知水平有效发展的途径就是“引起儿童对真正的问题情景产生真正道德的冲突、不确定性和意见分歧，向儿童提供高于其自身发展一个阶段的思维方式”。

从婴幼儿开始，人们身体的基本活动方式都离不开走、跑、攀、爬，只是随着年龄的增长，活动的方式不断复杂化、丰富化和激烈化。强烈的自身参与、激烈的对抗和频繁的人际交流与竞技体育活动的强制性规范，使得各种体育竞赛活动成为人们对社会法规和伦理道德学习的模拟过程。而且儿童对体育竞赛中竞技有一个较长的接受过程，早期（幼儿期）在集体游戏中各自做一些独立的玩耍而已，不注重其他；中期（5岁左右），对竞赛中活动游戏规则视为神圣不可侵犯，拒绝变更游戏规则；后期（10岁左右）开始了解规则的真正意义，开始重视相互尊重和合作的价值，使游戏和比赛更为公平，开始协商游戏变更规则，一旦竞赛开始，绝对遵守规则。

步入青少年后，在体育运动中存在着各种规范及标准，各种类型的比赛都有竞技结果的不可预测性，但前提是运动员及裁判员守则都必须在各自的规范和标准下进行，同时也赋予了他们体育运动高尚的公正和公平的价值观，破坏了约定俗成的竞赛规则，就是被淘汰出局的那一方，同时他会受到严厉的惩罚，这样也就在比赛中培养了体育道德。Jantz在1975年的研究中指出，儿童在比赛中对规则的理解程度与道德发展水平高度相关①。当在体育活动中发生类似于个体利益与集体利益相矛盾冲突的事件时，就为个体提供了道德选择的机会，这将有利于提高个体解决冲突事件的能力，进而促进其道德认知水平的发展，这也是体育活动的一个优势，它能作为一种开放式的教育。

有人说：“游戏是儿童嫩叶的自然展开。”在体育游戏中，他们的各种天性都会不自觉地表露出来，在家长面前活动更是无拘无束，勇敢或怯懦、机智或顽钝、憨厚或狡黠、占强或谦恭，暴露无遗。家长可以充分观察、了解，掌握他们的兴趣、志向和性格，进行潜移默化的引导和教育，还可以通过家庭的集体活动对孩子们进行遵守纪律、尊老爱幼和团结友爱的道德教育。

体育活动是人与人之间身心、情感交流互动及人对物情感寄托的过程。在参与体育活动的过程中，会伴随出现成功与失败的结果，这会对人的知、情、意、行等心理方面产生很大的影响，也对促进人的生长发育和身心健康发展有重要的

---

① 常乃军，曹景川，曹永林. 现代体育与和谐社会建设研究［M］. 太原：山西出版集团 · 山西教育出版社，2010.

价值。体育文化作用于人的情感世界，具有很强的“教化”因素。通过鲜活生动的内容，感染其参与者和欣赏者，使人的心灵得以净化，品格得以提高。体育文化所创造的氛围能激发个人愉快地、自主地从事身体锻炼，促进个人个性的发展，使个人在享受体育活动的时候，以求获得知识的满足感、技能提高的喜悦感及失败后战胜困难的超越感，以及与他人共同参加体育活动的集体感、运动后的轻松愉快感、个人自我选择实现目标的成就感，从而提高个人感受美、欣赏美、创造美的能力，塑造美的人格和心灵，接受美的熏陶。因此，体育成为提高道德认知水平的重要渠道。

二、体育与道德行为

体育与道德行为指青少年通过参与体育，在身、心、群诸方面发展起来，在道德认知推动下，将社会道德观念内化，产生涉及道德意义的行为，为日后进入社会角色打下基础。

行为因素是人们在一定的认识、情感、意志、信念支配下所采取的行动。它是知、情、意、信的外在表现，是人们内心世界的显露，也是一个人道德的综合反映。行为习惯形成之后，它又反过来作用于知、情、意、信诸因素，它对于认识的巩固与深化，情感的丰富与升华，以及意志的锻炼和信念的形成，都起着很大的作用。由于行为是道德形成的最终标志，所以引导人们产生正确的行为，并在此基础上形成良好的行为习惯，对道德行为的培养具有至关重要的意义。

道德行为是指人们在一定的道德意识支配下，表现出的对他人和社会的有道德价值的活动，包括道德的行为和不道德的行为两大类。不同的时代、民族、社会和阶级，对这两类行为有不同的要求标准。一般来说，道德的行为是有利于他人和社会的行为，反之则为不道德行为。

道德行为是人们在日常生活中所表现出来的具有道德价值的行为，它是道德的外部表现方式，也是道德教育的最终目标。传统的道德教育借助“家庭”和“学校”两大社会环境，并通过“说教”与“演示”的方式，将德育教育的重点放在了向孩子灌输道德知识上，然而很大一部分孩子或者学生虽然熟记了家长和教师传输的理论知识，但实践中有一部分孩子或学生反而表现为“高道德知识”但“低水平道德行为”的个体。道德教育的终极目标是希望相应个体有良好道德行为的外显行为，绝不是对相关道德知识的海量存储，实践中“说一套，做一套”，平常人们口中经常谈到的素质问题，就是道德的外在表现。道德行为是道德价值存在的体现。道德的本质是实践，“如果离开人们的实践活动，离开他们的多种多样的实际行为，而孤立地研究道德意识的本质、特性、结构，显然是不可能完全、充分地理解他们的。”研究者认为个体的实践活动是使个体道德得到真正发展的唯一途径。

以身体活动为载体对个体进行教育是体育区别于其他学科的最显著特征。个体不再是单调的在教室里坐着学习社会或自然，而是在室外以身体活动为对象进行学习，进而培养个体社会角色转变的能力。在人的道德社会化进程中，个体必须学会担当适当的社会角色，而竞技体育活动为培养个体的社会角色转变能力提供了有效的学习内容。在竞技体育活动中，如篮球比赛，队员分别承担前锋、中锋、后卫等各个角色，任何一个角色都有其特定的权利和义务，如有获胜的权利，有遵守体育法律和道德规范的义务。通过对体育角色的学习，培养担当社会角色的能力，这对形成人的道德社会化意识有重要的意义。因此，体育成为落实道德行为的重要实践。

三、体育与道德情感

情感是人对客观事物是否符合自己的需要产生的体验，是人的心理活动的一个重要方面。心理学研究表明，人的感觉、知觉、记忆、思维、想象等多种能力的发挥，都和道德情感有关。

传统的德育更多地将教育的目的放在道德认知上，并没有引起研究者及教育家们的关注，道德情感是道德心理结构的有机组成部分，长期处于从属地位，1989年，“学会关心”被联合国教科文组织确定为该轮会议的主要讨论议题，议题从“学会生存”到“学会关心”的转变标志着道德教育新纪元格局的产生：道德教育的核心价值不仅仅是常规的理性公正，还带有感性的、细腻的关怀价值，同时道德教育也开始了从主知到主情的转变。

道德情感是社会个体对道德理想、道德建构的向往之情，是在情绪上对道德原则、规范上的认同、共鸣。情绪反应可能表现为是积极的、肯定的（道德自豪感、尊严感、利他行为后的愉悦感），也可能表现为消极的、否定的情感（羞愧感、内疚感等）。但无论是积极肯定的还是消极否定的情绪反应，都是对当下或将来出现的一种自我肯定情绪体验的精神报偿。“道德情感是从社会形成的道德出发，用道德原则的观点感知各种现实的观点时，人所体验的所有情感。”道德情感要以一定的道德认知、道德判断和推理为基础，个体没有道德情感。随着他的成长，个体与外界交往的增多，个体需要与社会需要的矛盾和冲突的增加，个体的体验和感受不断丰富，就逐渐形成了相对稳定的有社会含义的道德情感。有的人能养成社会所希望的道德情感而有的人却不能。原因很多：自身的认知、个性差异、环境、教育、安全感、归宿感、敬畏感、自尊感等一些扎根于人类本性的、自然的、对道德情感的发生发展具有驱动和保证作用的情感。

皮亚杰认为，“有三种情绪或情感能够影响儿童的道德生活：①爱的需要，它以各种形式在人从婴儿到青少年期的发展中起主要的作用。②儿童对比他自己强大的人有一种畏惧感，这在他的服从和信奉行为中所起的作用是不可忽视的。③混合感情，同时由爱和恐惧构成，这是所有伦理家所着重强调的重要情感”。

道德情感即一种内心体验，是伴随着道德认知和道德行为而产生的。它既可以是在利用道德观念的标准对自己及他人的行为进行评价时所产生的一种内心体验，也可以是在道德观念的支配下，人们采取行动的过程中所产生的一种内心体验。道德情感对道德认知和道德行为有双面效应，积极的道德情感有利于发展个体的认知及其行为。陶冶道德情感是道德情感形成的过程体现，它包括两方面的任务：一方面是改变性质的，现实中遇到和个人道德认识相对抗的道德情感时要有意识的改变，进而形成积极健康的、正当的道德情感，在改变的过程中需要有清醒的个人理智，坚定的追求理想人格的信念，并有经历磨难而不放弃的精神；另一方面顺同性质的，形成并增强与已所获得的道德认识相一致的道德情感。

体育活动的社会化属性决定在体育活动中相互接触，个体参与到体育活动中必然能认识到互动的重要性，尤其是个体间的相互合作与相互关怀。体育活动所提供的相互协作的环境，有利于个体道德规范的形成。在体育竞赛中，不仅需要团体内部的协作配合，如生活上互相帮助、精神上相互支持、战术上相互配合等，还需要对手间的协作，如运动员与陪练员的协作。在体育活动中，个体会扮演各种角色和担任不同的职责，从而使个体学会了“移情”，也就是学会了“设身处地”考虑他人的处境，有利于培养个体的移情能力。

在参与体育活动中，参与的每个个体都能获得鲜明、强烈、丰富、多样、易变等情景的强烈情感体验，对陶冶个人的情操具有特殊的作用。例如，在体育活动中，教师一般采用个人示范、相互观察、相互保护、相互帮助的教学方法，学生在各种情景教学方法的指导下，在从事各种身体练习中，潜移默化地培养自己的责任感，以及相互信任、相互帮助、团结协作与助人为乐的精神。

体育文化活动的开展给参与活动的所有个体提供了一个展示自我能力的机会。例如，活动的组织者、裁判人员、参赛个体都在不同的方面展示着个体的能力；与此同时，体育文化活动的开展也给个体提供了较好的独立思考与活动的机会，这将激发个体创新和发展的潜力，以使他们获得知识的满足感、对自己能力的肯定，以及失败后战胜困难的超越感，促进个体个性化的发展。

综上所述，通过对道德情感和体育实践相结合的探讨，笔者认为体育活动具有双重性特征，既有体育本身是德育教育的有机组成部分，同时又是一种独特的精神文化、行为活动的综合体，是对个体进行道德教育的重要途径之一。

第二节 体育对人的道德社会化的作用形式

社会是一个大整体，它存在与其相适应的社会规范，我们生活在这个大社会中，要想个体与社会和谐发展，必然要遵从一定的行为准则和方式。而体育道德是体育运动中各种社会角色行为规范的总和，和社会规范的诸多方面两两对应，是社会道德的重要载体。体育是一种具有内涵的文化活动，因为它的体制与精神互为表里关系。个体心正的前提是身正，所以身体教养是道德心理修养的必要条件，这就需要通过体育活动来实现。个体在体育活动中对体育认知水平的不断提高，会越来越追求完美、欣赏健康的体魄、崇尚丰富高雅的修养，以使个体的精神得以升华，从而将社会道德规范逐渐内化为自己的行为准则，实现人的道德社会化。一般认为开展体育活动有助于在学习中活跃思想、精神放松。提高积极性，有助于学生发展体能，起到强身健体、提高身体素质、发展情感和意志的作用，有助于个性发展，能培养学习兴趣、激励学生竞争意识，适应社会能力增强，且具有奋发图强的热情。具体来说，体育在人的道德社会化中的积极作用有以下几个方面。

一、体育能促进社会规范形式的形成

体育运动具有强烈的自身参与、激烈的对抗和频繁的人际交流的外显特征。竞技体育中严格的行为规范体现了其强制性的特点，虽然体育游戏和娱乐性的体育运动也有相应的规范并且是大家乐于接受的，但这些规范不会给个体造成精神压力，所以竞技体育的行为规范是培养个体社会化的必要过程，可以将各种体育竞赛活动视为个体对社会法规和伦理道德学习的模拟过程。

人们常说，“没有规矩不成方圆”，人们只有自觉的遵守社会规范，遵守法律，尊重生命，规范自己的言行，才能创造一个安定、美好和幸福的社会环境。体育运动也毫不例外，在参与的过程中，要遵守运动的规则，公平竞争，文明参赛，传递体育道德的正能量。例如，当你观赏比赛时，要做一个文明的观众或者文明的球迷，不可以脏语谩骂、攻击他人，更不可以造成球迷间的暴力行为；对

裁判员的最终裁判结果要予以认可，不可对裁判员无礼；当自己的队友或者对手表现出精湛的技艺和精彩的表演时要予以欣赏、支持和喝彩。

儿童与少年的生理和心理发展还不成熟，这个时期的个体自我意识明显增强，希望在和谐的家庭环境、校园环境和社会环境中按照自己的思路成长和发展，但是他们对是非、善恶、荣辱的判断能力还不强，再加上复杂矛盾的叛逆心理，不喜爱约束，不能正确理解和参与社会的竞争。体育运动有利于个体养成遵守一定社会规范的品德。

二、体育能促进价值观念的形成

体育运动在实践中可以培养个人广泛的社会意识、改变气质、完善人格和形成正确积极向上的价值观。当个体在游戏或者比赛中面对循规与投机、个体利益与集体利益等种种的矛盾时，能培养他们坦荡、光明磊落的道德情操；当个体面对胜利与荣誉、激烈对抗的僵持期、挫折与失败、歧视与偏见时，能培养他们冷静、容忍、睿智的优良品质。

个人人生价值的体现是在社会大环境中实现的，所以今天的人应该具有更强的参与社会的意识，同时融于社会、奉献社会。生命力旺盛与“好动”的个人具有好奇、探究、体验、甚至“冒险”的心理，而体育活动内容丰富、形式多样，有深刻的寓意和趣味，富有挑战性的魅力正迎合了他们的“口味”。再有体育实践有广阔的活动空间，对不同职业、不同年龄的个人都具适应性，他们可以参与其中享受娱乐、观赏、竞技带来的激情与刺激，大部分的参与者都能找到适宜自己的角色地位并受益。

价值感是当你面对一项挑战性任务时，对自己行为能力的主观评价和能力趋向的推测。但正确的自我评价并非易事。很多时候人们对自我的认识和评价并不是很客观、合理，不能摆正自己的位置。体育锻炼可以帮助你体现自己的价值，增强你的自我价值感。

（一）走出自卑

自我价值感低的人容易产生自卑心理，在各种竞争面前总是缺少勇气，觉得自己不行，对自己的能力评价过低，在追求理想和目标时容易丧失信心。你是否注意过那些特别喜欢运动的人，往往自信心都很强，而且不仅仅表现在体育锻炼中，在其他方面也是如此。

许多自卑者总觉得低人一等，把自己封闭起来，采取一种消极的自我防卫。

体育锻炼能帮助自卑者通过与不同人的接触和交往，走出封闭的小圈子，重新认识自己、正确评价自己。

（二）自信≠自负

自信不等于自负。自信可以激发你的斗志，坚定战胜困难的信念，勇往直前。但是，自信必须建立在客观现实的基础上，脱离实际的盲目自信不但会影响你的学习生活，过于自负还有害于心理健康。体育锻炼有助于你形成正确的自我价值感，避免盲目自大。在体育锻炼过程中，你会发现自己的独特之处和不如人的地方，从而逐渐形成正确的自我评价。自卑和自负都可以向自强转化。树立坚定的信心，就一定能把握成功的机遇，自强不息。

三、体育能调和人际交往关系

体育活动能给人以更多的接触和交往的机会，使素不相识的人距离更近，消除隔阂，从探讨竞技技术开始互相沟通，从而促进人际交往关系的和谐发展。睿智的人应该具有渊博的社会文化知识，提高知识面，开阔视野，使自我融于社会。在复杂的社会中，无广泛的知识，不进行多层面、深层次学习不同文化知识，会被社会进步所取缔。体育活动的开展是最直接的方法。指导个体开展体育活动，使之动之以晓，学之以用。科学配方使大学生在有效的时间和空间发挥最大学习动机。

生活中没有与世隔绝的世外桃源，你必然会有需要帮助的时候，也会有人需要你伸出援助之手的时候。能正确的处理与他人的关系，友好的与人交往，是我们每一个人所必须具备的能力。如果你喜欢篮球，一定有不少也爱打篮球的朋友吧。如果你喜欢体育，经常参加体育运动，你一定有更多的机会去结交更多的朋友，大家一起参加运动、共享运动乐趣。体育运动能够让你融入到集体的大家庭之中，通过与他人频繁的交往和接触，缩短相互间的距离；你还可以从同伴那里得到支持，相互鼓励、相互信任、相互合作。运动场是你结识朋友的好场所，为你创造了去理解他人、尊重他人，以及被人理解和尊重的机会，为所有爱好体育运动的人提供了一片可以尽情释放青春和热情的“天空”。除了学习上的交往外，大量的人际交往常在课余时间进行，而体育运动又是余暇活动的主要形式。掌握一项体育运动技能，就等于多了一种与他人交往的手段，这将极大地提升你的人格魅力，使你具有较高的人际亲和度。体育运动会促使你虚心向他人请教，学习更多的运动技能，你会发现体育运动是一种很好的社交活动，来表达你的意识和情感，能让陌生的你、我、他成为运动场上默契配合的伙伴，场下无话不说的朋友。体育运动使你更容易接受新事物，从而提高你社会交往、社会适应的能力。

中国的“乒乓外交”事件是体育促进人际交往方面的重要事件，而且是国与国的外交关系，正是那场适时的乒乓球比赛，消除了在中美外交史上20年封闭的隔阂，还开通了台湾与大陆的联系。由此可见，体育活动能增加人与人、国与国之间沟通交流的机会，缩短距离，消除隔阂，培养良好的心态，并扮演着国家友谊的使者。

四、体育能促进个体的团队意识

团队意识是由团队目标、团队角色、团队关系和团队运作过程四个方面所构成的一种整体配合的意识。在当今社会中，团队意识被认为是最有价值的社会化行为之一。网络时代的社会高速发展，人与人之间的交流往往相信网络，也不信现实中的人，互相合作更是遇到最大障碍，而体育活动中的团队意识，既是体育活动完美进行的必要条件，又是发展个体社会型能力的一个重要途径。在一场足球比赛中，它的结果往往具有不可预测性，这对观众的眼球有强大的吸引力，而一场精彩的足球比赛，恐怕最有看点的无非就是其队员间良好的合作意识、默契的合作表现及团体的凝聚力。因此，经常参加体育活动，既可以增强个体的合作意识，又可以培养个体的团队精神。

竞争不仅是体育运动的一个特征，还是体育精神的一个重要内容，竞争精神是现代社会中一个重要的价值观念。在竞技体育比赛中，没有门第、尊卑的排列，不是人情环境而是法制环境，不论资历还是讲究实力，都要秉着公平竞争的原则参与比赛。奥林匹克运动会的口号“更高、更快、更强”就是竞争的最好体现，在竞争中更能激发个体身体素质与战术、心理素质协调配合的展示自我、突破自我。

取得成功，与他人合作是非常必要的。体育运动中时时有竞争、处处有合作，对培养竞争与合作精神大有益处。竞争与合作无处不在。在现代社会，信息量每天以惊人的速度增长。要继承和掌握人类的知识，单凭个人力量是远远不够的。只有很好地与他人合作，借助众人的力量，互通有无、取长补短，才能弥补自身不足。

体育运动的另一大特性就是它的合作性。在体育运动中，大多数项目都是以团队的形式出现的。无论是一场球赛，还是一次接力跑，要想在运动中取得胜利，如果没有同伴间的同心协力与默契配合，单凭个人的高超技能是很难取得胜利的。现代社会的竞争日趋激烈，努力提高自己的竞争意识和竞争能力，有助于学生走出校门后更好地适应社会。对参加体育运动者而言，竞争更多指的是自己同自己的竞争。体育运动的一大特性就在于激烈的竞争性。正是激烈的竞争促使每一位参与者不断地去努力、去创新。这一切都促使参与体育运动者尽自己最大的努力去奋勇争先，去取得胜利。长期参加体育运动，有助于形成较强的竞争意识。合作意识与合作能力是体育运动参与者必备的素质。

体育比赛中的项目多是团体项目，团体性质的体育活动是在一定规则约束下进行的，每个队员以最佳的身体状况，通力合作，挖掘潜能，发挥技能，才可能在这些项目中取得好成绩。比如，我国女排连夺五冠，就是发挥团队精神的结果。

五、体育能提升人的意志力

人生的道路上充满着形形色色的艰难险阻，要培养坚忍不拔、百折不挠的坚强意志品质去面对各种各样的困难，才可能有所收获、有所成就。坚强的意志品质既是在克服困难的过程中表现出来的，又是在此过程中培养起来的，具体包括目的性、独立性、果敢性、坚韧性和自制性等意志品质。大多数优秀运动员会在不同时期为自己设置不同的目标，并通过自己的努力和拼搏来完成这些目标。这是因为当一个运动员有了明确的目标后，便会产生巨大的内部动力，始终保持积极的情绪，努力实现自己的奋斗目标。参加体育锻炼可以培养目的性，对自己行动的目的有了明确的认识，才能有计划地去努力实现这个目的。学会独立的处理问题，不仅能拓宽生活空间，还能从中体会到独立的快乐，体验到自我价值的实现。如果意识到自己做什么事情都要依赖父母，缺乏独立性，碰到问题时往往束手无策，那么，参加体育锻炼吧，它可以使你对自己行动的目的与意义有明确的认识，并能根据自己的信念与认识，主动调节自己的行动。果敢绝不是草率、鲁莽，它必须建立在明确的战术意识和准确的瞬间判断能力上。如果你觉得自己处理事情常常犹豫不决，不够果敢，建议多参加乒乓球、网球、羽毛球、击剑、拳击等活动，这些运动方式促使你在紧张的情况下及时作出决定，并坚决的执行这些决定。久而久之，你会发现自己开始变得处变不惊、勇敢果断。自制性是指能够自觉而灵活地控制自己的情绪和活动方式的意志品质。很多人之所以会成功，就是因为他们有很强的自制力，不会受到惰性和消极情绪的影响。体育运动中很多项目都需要参与者具备良好的自制能力，这时就需要用较强的自制力来调节、控制不良情绪的产生。如果你想增强自我控制能力，可以参加一些持续时间长的运动项目，如慢跑、游泳、太极拳、棋类、自行车等。体育运动不但能够强身健体，还可以拓宽你的生活空间，让你有更多的机会结交朋友，获得更多的理解和支持。

在体育活动中，激烈的身体对抗和比赛结果的不可预测性对参与者提出了两个要求：一方面，要有承担一定生理和心理负荷的能力；另一方面，要有克服限制个体表现的能力，尤其是身体条件和外在环境条件。在参与这些体育活动的过程中，在提高他们运动技能的同时也能提高他们的生存能力、坚强的意志力、勇于挑战困难的能力，使他们以一个更阳光、更积极的姿态面对生活。

意志是在实现预定的目的时对自己克服困难的活动和行为的自觉组织及自我调节的心理过程。在日常生活中，很多事情都能体现出一个人的意志品质。面对同样的一件事情，有的人选择有始有终，有的人选择半途而废；面对同样的一个选择，有的人表现的当机立断，有的人表现的瞻前顾后；在现实生活中，我们往往遇到这样或那样的实际问题，有些人能独立自主的解决问题，而有些人则遇事晕头转向，并失去了解决问题的思路。个体在参与体育活动的过程中，全身心地投入到锻炼当中，失败时调整心态，继续顽强拼搏；胜利时也能以平常心对待，冷静面对，逐渐培养了个体的独立性、果断性、坚韧性、自制力和自觉性，从而使个人获得健全的道德品质。

六、体育能促进人的社会角色的形成

社会是一个综合场所，由政治、经济、文化等主要因素构成，每个人在社会中都随着时间和环境等因素的变化扮演着不同的社会角色，在不同的场合中个体会以不同的身份与他人交往，并作出与扮演角色相符合的正当反应，这能体现出一个人的社会适应能力。和其他学科相比，体育运动在锻炼个体扮演社会角色方面有其独特的条件，学生时代进行球类比赛，学生在球场的各自位置扮演不同的角色，并履行各角色的责任。在体育班里，有体育特长的学生担任体育骨干，将学生按个人体育兴趣分成若干个小组，并委任小组长，（篮球小组长、足球小组长、田径小组等）。这样的组织形式在培养学生运动兴趣的同时也使学生们都尽力扮演好自己的角色，履行自己的责任并努力提高自己的运动技能，培养他们竞争的精神。通过各种类型的比赛，各种角色的学习，学生能从中感受到各种角色都有其相应的重要性，成功的扮演能带给他们自我肯定的情绪体验，进而认识到通过主观努力可以使其改变社会地位。

获得角色的过程就是学习的过程，社会角色是完成社会活动必要的社会构成。体育活动中积极承担比赛中相应位置的角色，能在增强体质同时，培养个体的运动兴趣，促进个体个性化的发展。在体育活动中，个体担任了超过自己能力范围之外的角色，带给个体压力的同时也会提高他们的自信心和自豪感，这将是他们前进的动力。通过体育角色的学习，对人的社会化意识形成具有重要影响。

七、体育能促进人的社会道德观念的转变

体育道德是运动员、教练员和裁判员在体育活动中应当遵循的道德规范。中国体育运动以增加人民体质、力争在世界体坛赢得荣誉为宗旨。它的基本道德规范是：热爱体育事业，勇攀世界高峰；刻苦训练，钻研技术；不伤对手，公平竞争，尊重裁判；对教练工作认真负责，作好日常训练、临场指挥和赛后总结；裁判执法公正等。

随着社会生产力的进步，体育活动已从古代以生存为目的演变成了一种具有相对独立体系的文化形态，它是人类的一种高级文明活动。体育活动作为一种开放式的教育形式，通常与道德教育相融合，使个体在参与体育活动的过程中，不知不觉受到道德教育，提高道德素质，培养道德素养。实例比比皆是，在两人三足游戏中，要求参与者步调一致，团结齐心；隔网对抗项目需要公平竞争，坚强的意志，强大的心理素质。在进行比赛前和比赛结束后，都要举行礼仪活动。比如，在跆拳道开始前和结束后，双方都要相互敬礼；在乒乓球比赛开始前，要和对手、裁判长握手，结束后除了他们还要和对方的教练员、队友一一握手。

体育活动通常融入了道德教育的内容，但体育本身不具有此项功能，要想充分发挥体育活动的作用和体现体育活动的价值，就需要发现、挖掘并利用体育活动中的德育功能，从而不断促进人的道德社会化。

当今社会角色、利益关系和价值取向多元化，影响人们的道德发展的因素纷繁芜杂，如何引导青少年乃至全体民众形成正确的人生观、价值观，培养良好的道德品质是关系到国家、民族前途命运的大课题，也是在构建和谐社会中面临的一大难题。体育竞赛以其娱乐性、竞技性成为民众普遍接受的文化活动形式，它推进着体育参与者道德社会化的进程。然而，具有休闲、娱乐、健身功能的体育竞赛却不能远离道德。近几年来，体育竞赛中各种攻击性行为及其他不道德行为屡有发生，这对体育参与者塑造完善的人格、秉承良好的职业道德带来了冲击，更对社会潜移默化带来了不可避免的负面效应，致使一些业余体育爱好者无视体育规则和体育道德。本来参与体育的最终的目的是拥有健康的体魄，并获得积极进取的思想，这样一来反而不利于青少年社会性的培养，对其道德社会化产生消

极影响。另外，职业体育竞赛中的某些消极的、不健康的东西也在挑战着体育精神和职业道德。如今，体育科技的不断进步，生化监控手段的不断强大，名利的不断诱惑，使体育界的毒瘤——兴奋剂一直在快速泛滥的发展，使用违禁药物成为一个世界性的问题。使用兴奋剂不仅会摧残运动员的身心健康，破坏公平竞争的原则，还违背奥运会举办的本意，成为道德社会化中一个潜在的危机。与此同时，体育暴力也在冲击着职业运动员、体育爱好者道德社会化的进程。体育暴力行为主要表现为赛场内外的暴力冲突事件，如观赛席上球迷间的暴力行为，赛场上对手间的暴力行为等，而发生频率较高的项目是足球和冰球。这些行为无疑是对关心人、尊重人、人与人、人自身和谐的体育精神的践踏，从而导致置身其中的一些人体育精神的堕落和社会道德的丧失。

第三节　体育促进个体道德社会化的发展策略

当今世界，体育已成为人们生活中的一个重要内容。作为特定环境下的社会文化——体育文化，是社会文化中最具活力的一种文化现象，它向参与者传授一定的价值观念、行为规则和道德规范，使体育参与者在个体社会化进程中形成一定的价值体系、思维方式、群众心理及思想观念，对其符合社会规范要求的人格塑造或个性化过程中起着潜移默化的影响作用，使其行为在社会公认的体育竞赛规则内进行，在体育精神的引导和感召下，逐步使社会各种关系得到融洽的发展，促进社会矛盾的化解，构建了和谐社会的氛围。

那么，如何充分发挥体育在人的道德社会化中的积极作用呢?

体育的发展与社会的发展不是相背离的，而是相互配合的。社会发展为体育发展提供环境和条件，所以社会发展会促进体育发展；如果社会发展滞后，不能与体育发展相协调，就会阻碍体育发展。

一、消除政治化和政绩化，坚持“以人为本”

长期以来，体育在我国被政治化和政绩化，“以物为本”及“以运动成绩为本”导致了许多问题。为了物欲，教练员让运动员服用违禁药品，以提高运动成绩；曾经为了参加比赛，打开国际政治交往的局面，国家领导人作出了“我队应去，并准备死几个人，不死更好。要一不怕苦，二不怕死”的指示。这一切导致对人的个性发展的漠视和对人的权利的忽视，人性遭到践踏，兴奋剂泛滥，训练过程中人的权利和尊严得不到应有的尊重。体育在其发展的过程中出现了价值异化，形成了“成则为王败则为寇”“一金遮百丑”的价值追求，把人由体育发展的中心推至边缘，造成部分体育人职业道德沦丧，反映到社会上则是贪污受贿，追求功名利禄。体育在道德社会化中的积极作用受到了极大的冲击。

随着时间的推移，党的十六届三中全会中提出“坚持以人为本”的新要求，而“以人为本”最早是由春秋时期的管仲提出的，对这个理念的再度重提，体现了人类发展观念上的重大改变——更追求人类的自由创造性和主动性，重新审视了人类的生存意义、人类的价值和人类的发展观念。这势必影响体育观念的转变，体育人文精神的复归是体育观念发生根本性变化的一个重要标志。要从人文精神、全面发展的视野出发，将人的尊严、自由、幸福和体育活动紧密联系起来，使人们身心得以健康发展的同时更能实现人性的价值和意义，渗透出体育活动对人类终极人文关怀的作用。这样一来，人们在闪耀着人文精神之光的体育运动中才能使灵魂得以净化，人格得以完善，精神得以升华，社会公德得以内化，最终成为和谐社会的一个个体。

尽管如此，目前在我国很多地方还是把经济的增长作为发展的核心，尤其是GDP的增长，而对社会发展和人全面发展的重视程度不够。这就要求我们在体育运动开展的机制、体育竞赛的举办、体育产业与经济协调发展等诸多方面解放思想，转变观念，出台新措施，制定新办法，催生出一种符合“以人为本”精神的体育道德，进而渗透于体育的各种行为关系中，规范、约束体育参与者的言行，通过对他们的内心塑造良好的品质，最终实现道德的社会化。

二、发展体育文化，提高全民道德素质

体育文化是构成大社会文化的一个方面，是国际文化和中华民族文化的高度集中，是我国优良的民族精神和时代特征相结合的产物，对培养人的道德情操及提高道德素质有着重要的作用。体育文化当前的主要任务是逐步抛弃旧的思想局限性，努力实现体育观念向现代化转变；当前的主要目标是提高体育工作者的道德素养，只有体育教育者的道德素养提高，才能通过他们的言行去教育、改善和影响体育参与者的素质，进而促进全体国民素质的提高。

促进社会体育文化的发展，应该适应社区组织网络化、管理工作服务化、多元化的趋势，从国外体育健身项目中、从民族体育运动和民族舞蹈中，根据我国民众特点，创编群众体育运动项目。在城市的建设中，要考虑到体育公园、体育馆、体育场的规划；在居民区的建设中，要考虑到社区广场、体育路径、健身器材的建设。除此之外，还要培养体育器材的设计人员，体育活动的参与者有着不

同的年龄层次、身体层次、文化层次等，相适合的体育器材才能让更多的人参与进来，这就对体育器材的设计者提出更高的要求。通过媒体、学校、家庭，还有社区指导人员对全民健身运动的传播与动员，逐渐提高人们的健身意识、发动人们的健身行为，从而促进人们身心健康发展和人格的完善，使体育成为人们生活中一种新型且不可缺少的生活方式。

校园体育文化作为社会文化的一种亚文化，要服从并服务于以马克思列宁主义、毛泽东思想、邓小平理论为指导的社会主义文化，并大力宣扬社会主义的文化，对学校学生进行规范教育、社会行为准则教育和爱心教育，进行爱国主义教育、国际主义教育、党的方针政策教育和时势教育，构建和谐校园，为和谐的社会主义培养合格的建设者和可靠的接班人。

三、建立与市场经济相适应的体育道德评价标准

体育道德评价标准，应该与市场经济相适应。这是保障人的道德社会化健康发展的基础。根据我国当下的社会背景，应对竞技体育中体育道德评价标准有以下认识：首先，要强调体育道德标准的有用性，不断强化人们对“公平竞赛奖”意义的认识；其次，建立相适应的经济奖励机制，竞技体育的利益性是不可避免的，但是经济奖励不恰当的设置，会对运动员甚至教练员、工作人员带来道德选择的误区。最后，建立相适应的惩罚机制，在竞技体育中出现的各种违规行为及道德失信行为，都应受到相应的惩罚，为体育竞赛提供一个公平竞争的环境。只有建立一个合理、恰当、实用的体育道德评价标准，才能得到大众的认可，并服务于体育活动。

在人们的日常生活中，体育道德评价标准主要体现在体育交往中。体育交往是指在社会生活中，人们以体育活动为途径进行信息间的传递与沟通的一个过程。体育交往中有规范交往者行为的潜规则，具有限制交往者行为的作用，是人们社会文化活动的组成部分。体育交往在公正的基础上，融合了不同个体、不同民族的伦理准则与共性[①]，这集中体现了体育道德精神，且对提升个体的体育行为和道德素养有指导作用，是体育道德评价标准形成与更新的一个重要途径。

---

① 常乃军，曹景川，曹永林. 现代体育与和谐社会建设研究［M］. 太原：山西出版集团·山西教育出版社，2010.

四、打击以金牌论政绩观，树立正确的输赢观念

树立正确的输赢观念，深刻认识体育，特别是竞技体育是挑战人类自我极限的本质属性，并将其内化为经济体育发展的根本方针，使社会自觉形成“诚信光荣、欺骗可耻”的理念，使体育赛场真正成为讲究诚信的赛场，对人的道德社会化也可以产生积极的影响。

在当前，竞技体育运动已经不仅仅是几个独立的个体之间的行为，而已转化为一个有着政治、经济背景的复杂的社会性、制度性活动。

袁伟民就曾经指出各种虚假行为，如“兴奋剂”的使用，与虚假的政绩观念是分不开的。在回答《南方周末》记者提出的“您怎么看以金牌论成败，以金牌论政绩的现象”的问题时，袁伟民回答：“靠金牌衡量政绩会把人家压垮，为什么？怕丢乌纱帽嘛，这样体育运动就变味了。金牌要争，要靠真本事，而不是唯金牌论英雄。要竞争，但不是恶性竞争，不竞争，不要金牌，不要奖牌，那体育魅力就没有了。当我们的体育运动走到良性循环的时候，我们的春天就来了。”对传统的继承与弘扬，是加强诚信教育、构建诚信道德的根本！

五、完善体育法规，诚信道德与体育法制协调发展

法律与道德是社会发展的“左膀右臂”。法律是借助国家的强制性、威慑力来保证人们必须遵守的道德规范的实施。道德是调整人们之间，以及个人与社会之间关系行为规范的总和。道德与法律的相辅相成，共同维护着社会的和谐进程。

由于客观的历史原因，在我国现阶段，体育法制建设还比较薄弱。类似赌球、打假球、有组织性地服用兴奋剂等有违体育道德的事件仍在发生，还缺少相应的法律规定和奖罚措施。

在加强体育道德建设的同时，强化体育立法和执法，依靠道德和法制的相互配合，形成社会主义体育道德风尚，这已是当务之急！一旦突破了道德限度，则可经由法律途径予以惩戒。这样做才能使体育道德真正融入人们的生活，也才能使体育在人们的道德社会化的道路上走得更坚实、更健康。

六、借助社会力量，走体育社会化之路

如上所述，体育运动在人们的道德社会化进程中有着重要的积极作用，那么也只有让更多的人参与到体育运动中来，才能发挥其在人的道德社会化中的这一作用。

但是，纵观目前我国体育运动的开展和普及，形势却不容乐观。地方重视不够，缺少体育场地和体育器械，以及专业的体育从业人员，使得多数体育项目还只是少数职业运动员的专利。就拿风靡全球的足球运动来说，在我国的职业运动员也只有1万多人，这对于我们这个拥有10多亿人口的大国来说实在无法画等号。远的不说，就拿山西来说，全省连一个像样的足球场地都没有，更不要说在一些地方根本就没有足球场地。其他体育运动除了偶尔举办一些群众运动会外，更多的还停留在健身、娱乐活动上。这样一来，多数人被拒体育运动之外，只能坐在观众席或电视前充当置身其外的看客。没有体育竞赛的体验，对体育精神、体育道德、体育评判和规则只是停留在口头上，一味的凭着自己的好恶和情感喝彩或发泄，或“一犬吠声，百犬吠影”，结果轻者导致不同意见之间的谩骂，重者发生暴力冲突的悲剧。假如人们从小置身体育运动中，知道了什么是公平，什么是诚信，什么是规则，什么是尊重，什么是输赢……还会出现上述情况吗？所以，应大力推进体育社会化的进程，使更多的人参与其中，在体育道德社会化的功效下完善人格，提升素养，进而规范、影响他们在生活中的行为。

当前，和谐社会的构建迎来了体育社会化的春天。随着对健康老龄化，提高生活质量、生命质量的理念升华，越来越多的人把体育健身视为潇洒人生的必需，越来越多的人把目光注视到体育社会办的“标杆上”。人观念变了，一批单位的领导人、一批企业老板的观念变得更快、更好。他们崇尚尊老敬老，乐意捐资助体，将一笔又一笔现钞投向了体育这块没有任何回报的领地，他们的思想光华，闪烁着体育事业人文精神的光辉。地方应顺势而为，采取单位联合办体育、企业敬老办体育、个人喜庆办体育、部门邀请办体育等形式，加快体育社会化步伐，使更多的人感受到体育这一特殊文化的魅力，从而为最大程度发挥体育在人们道德社会化中的积极作用提供一个良好的环境和广阔的舞台。

第六章　体育与人的文化社会化

人类在维持生存与发展过程中，根据自己生活的需要，仅仅依靠拥有本能的、非社会化改造的“自然人”是远远不够的，人在社会中生存还有更高级的物质和精神生活的需要，人本身要通过创造性的劳动和不断地学习、训练、改造成为“社会人”后才能满足这种需要。这一改造必须通过人的社会化过程来实现。同时，人类社会已经形成的文化也要随人的社会化过程由老一代传递给新一代，使人类以文化为代表的人类的经验、技能、智慧得以保留和传承下来，不会因人的个体的死亡而消失。体育作为文化的重要组成部分，以及体育本身的文化特性，决定着体育在人的文化社会化的过程中扮演着重要的角色①。我们希望从社会学、体育社会学、文化社会学、文化人类学的不同角度深度剖析“体育”“文化”“社会”“社会化”，以及“文化同社会之间的不同关系”等问题，并以此为根据研究体育在文化社会化的过程中发挥的重要作用，从文化的本质和作用、体育文化社会化的功能、文化社会化面临的问题表征、竞技运动异化的问题等方面进行分析和理解，力争通过各学科观点，经过分析和整理，论证体育本身作为一种文化载体、一种文化现象，同时又作为人类社会化过程的重要途径和改造手段，体育对于人的文化社会化对社会的生存与发展具有重要而深远的意义。

如何理解“文化”，理解“社会化”及“文化社会化”对于本章的研究有着重要的作用，这主要源于“文化”一词具有太强的包容性，并且涉及的学科和领域非常的广泛。由于体育本身就是文化的一种现象，文化的大范畴内又包含着体育；文化的产生又与社会的产生和发展有着至关重要的联系，两者之间还有着非常复杂的关联性。因此，为了理解和处理体育与他们之间的关系，充分认识“文化”，理解“文化社会化”是最基础的一步。

“文化”是一个意义广泛、包容性很强的名词。由于“文化”在本章中的重要作用，对于“文化”的理解我们需要从它的多方面因素入手。不同学科、不同方向的研究者对文化均有不同的理解和认识。文化的特殊性，决定着对文化的研究不是某一学科独享的权利，不同的学科有着不同的视角在对文化进行着研究，

---

① 常乃军，曹景川，曹永林. 现代体育与和谐社会建设研究［M］. 太原：山西出版集团·山西教育出版社，2010.

但是对于文化的多样性，文化有广义和狭义的划分，文化同社会之间的密切关系，以及文化与人的密切关系都有着同样的认识。

第一节　体育与人的文化社会化的理论阐释

在阐释体育与人的社会文化关系时，应先明确社会文化的核心内涵。它的核心内涵包括社会规范和社会价值体系两部分。社会规范是指人们在长期的社会生活中逐步制定出来的，社会规范是以法律法规、道德规范、风俗习惯、宗教戒律和日常生活中的规则、条例、制度等为代表的。人并不是天生就知道什么是社会规范的，但是人为了适应社会生活的需要，在生活中得到其他社会成员的认可，就必须接受相应的社会规范，并主动去遵循。因此，如何接受社会文化、学习社会规范、学会遵守社会规则就成了人社会化的重要内容。体育目前在国内外，一般都是以竞技体育、体育、社会体育、或者游戏等多种多样的体育形式为载体的①。关于体育对促进文化社会化的作用，我们认为，体育本身独具价值的规则，使得人们在体育参与或接触体育文化的过程中逐步认识了规则，养成了遵守规则、符合社会化需要的习惯，并在此过程中加深了对社会约束力的理解。在体育参与过程中的这种体验，则在很大程度上，逐渐迁移和反映到了现实的生活，直接或间接的影响着人们在现实生活中对社会行为规范的意识，加速了人们掌握社会行为规范的过程，以个体的内化为基础转化为实际行为，并形成社会习惯造成行为的社会定势②。

一、体育本质是一种文化

体育是以身体活动为载体，从而促进个体身心健康、全面发展及不断完善人格的一种教育过程和社会文化现象。讨论文化与体育首先我们需要了解什么是体育，并以此为基础理清二者之间的关系。我们认为，文化包含体育，体育本身是一种文化。

所谓文化，就是指人在改造客观世界、协调群体关系、调节自身情感的一系列过程中所表现出来的时代特征、地域风格和民族特点。在旧石器时代由于不同地域出土的器物中，其风格和样式上尚无的差别，所以“文化”一词只有在新石

① 王岗，常乃军. 打破我国体育文化传播中的思维定势［J］. 体育文化导刊，2002，（6）：24-25.

② 林波. 体育教学与人的文化社会化［J］. 福建体育科技，2000（3）：45-49.

器时代以后才被使用，如“仰韶文化”“龙山文化”。

卢元镇在他的《体育社会学》中认为，“文化，是一个构成社会的重要参数。文化和社会虽然是两个独立的系统，但他们之间存在着非常密切的自然联系。民族文化精神从根本上影响和制约着社会的发展，而社会制度、社会关系、社会结构、社会运动等，又在不断构筑着民族文化精神，创造出新的文化”①。

李金龙和王超英在其主编的《体育社会学群众体育学》中认为，“人类从野蛮到文明依靠的是文化。从原始的人到社会的人，依靠的是文化。人的个性、情操、气质，也靠文化来培养。文化是构成社会的一个重要的参数和设置”②。

何劲鹏、柴娇和姜立嘉主编的《体育社会学导论》中同样强调文化同社会的关系，明确文化和社会是两个独立的系统，但之间又有着非常密切的关系③。

席焕久主编的《体育人类学》中认为，“文化是人不可缺少的重要组成部分，离开人类就无法认识文化，离开文化也无法认识人类。文化是一个内涵丰富、外延宽泛的多维概念”④。

易剑东所著的《体育文化学》中认为，“各种关于文化的解说都有一定的道理，但不是十全十美的；不同的学科都有着不同的文化概念；得出一个各学科都满意的文化概念是不现实的”⑤。

从广义上来讲：文化是指人类在社会历史进程中所创造的全部物质和精神财富的总和。它既包括意识形态的部分，又包括非意识形态的部分。文化是一种人类社会特有的现象。文化是由人创造的，为人特有的。因此，有了人类社会才有了文化，文化同时又是人类社会实践的产物。在阶级社会中，文化是阶级斗争的武器。一定文化（当作观念形态的文化）是一定社会的政治和经济的反映，又影响和作用于一定社会的政治和经济，仅从我国历史上来看，从洪秀全的金田起义、康梁的维新变法、何子渊的教育革新，再到孙中山的民主革命无一不是推动社会向前发展的动力。

从狭义上来讲：文化是指社会的意识形态，以及与其相适应的文化制度和

---

① 卢元镇. 中国体育社会学［M］. 北京体育大学出版社，1996：48.

② 李金龙，王超英. 体育社会学群众体育学［M］. 广西师范大学出版社，2000：25.

③ 何劲鹏，柴娇，姜立嘉. 体育社会学导［M］，2009：19.

④ 席焕久. 体育人类学［M］. 北京体育大学出版社，2002：54.

⑤ 易剑东. 体育文化学［M］. 北京体育大学出版社，2006：37.

组织机构，也是意识形态所创造出来的精神财富，其中包括信仰、宗教、道德情操、风俗习惯和文学艺术、学术思想、科学技术及各种制度等①。

在学术界，社会化的定义同样有很多。社会中每一个人的一生是以他的出生到死亡为标志的，在这一时间段内，任何社会都不会不加以引导的任由其自然发展、自生自灭。在这个引导的过程中就是使其能够融入社会、被社会所接受的社会化过程。文化在社会化的过程中是一种既有着文化传承又有着文化创造的过程。因此，我们要结合社会化的内容和文化的特殊性问题，来看待和理解文化社会化。

文化社会化的概念源于社会化的概念，它是社会化概念在文化领域的缩影，表现为人在社会化过程中，对社会文化的认同的过程和创造改善社会文化的动因与行为。

文化社会化研究在人的社会化过程中有着积极的理论和实践意义。

第一，对文化社会化的研究不仅仅局限于社会学理论的视角，还从自然科学理论的角度去阐释这一现象，更利于探究各种社会文化现象产生的缘由和发展的规律，从而便于为人的社会化提供各种参考。

第二，文化社会化是人的社会化的一部分，对于各种社会化问题的解决，我们可以提供新的认识论和方法论，使人对社会化现象及相关社会化问题的思考增加新的观察角度和研究方向。

第三，人的种种心理、性格、习惯、行为的养成，无一不是和一定的社会环境、文化环境紧密相连，加强对文化社会化的研究，更有利于促进文明的发展。

在文化社会学的视角下，根据对文化的本质及社会作用的看法不同，文化社会化有着以下观点：

第一，文化社会化所体现的进化论观点。文化社会化进化论的观点不仅包括19世纪以实证主义社会学为代表的E. B. 泰勒、斯宾塞等，对文化人类学的社会文化研究，还包括20世纪40～50年代，以新实证主义的文化社会学为代表的研究。

德国的J.利佩特认为，“每一部文化史就是一部人类由低级的野蛮状态向更高级的文明状态发展的历史”。英国的A.C.哈登认为，“人类的文化是在平行发展的”。斯宾塞认为，“文化是由单质文化到异质文化、由简单文化到复杂文化逐渐进化的”。E.B.泰勒则认为，“文化的分布就像动物、植物的清单，是由自然地理环境原因决定的”。

① 卢元镇. 中国体育社会学［M］. 高等教育出版社，2001：76.

美国L. A. 怀特的“工艺决定论”是新实证主义的文化社会学理论的代表，“工艺决定论”认为，“工艺的发展就是文化进化的基础，其他因素都是次要的”。

第二，文化社会化所体现的工能论观点。以迪尔凯姆为代表的法国社会学年鉴派，以及以英国的马林诺夫斯基为代表的功能学派，是工能论观点的主要代表。他们认为，是社会功能需要的结果致使文化的产生，文化是一种价值工具，其本质是维护社会规范。

T. 帕森斯认为，“文化是社会结构体系的工具，文化功能的发挥是受着各种社会结构层次的制约的”。文化体系不仅仅构成了人的行为准则，同时也决定人的价值观念。

马林诺夫斯基则认为，不同的文化布局由不同的文化功能所构成，文化的意义以其在“人类活动体系中所处的地位、所关联的思想，以及所具有的价值而定”。实用主义哲学家——美国的J.杜威，在他的《文化与自由》一书中曾说：“每一种文化都有它自己的样式，其组织的力量有它自己独特的安排”；“不管人性的天然构成因素是些什么，一个时代、一个集团的文化在它们的安排中都具有决定性的影响，因此它决定着任何的团体、家庭、氏族、民族、教派、党派、阶级活动的样式”。20世纪60年代出现的发生学结构主义文化社会学理论法国的L.哥尔德曼等，他们一方面研究文化发生的历史过程及其深层结构，另一方面也在研究文化在现实社会结构中的作用和地位。

第三，文化社会化所体现的传播论观点。在19世纪末20世纪初，以英国的传播学派、美国的历史学派和德国的文化圈派为代表的学者，从航海、战争、历史人物等社会因素方面研究文化的传播过程，认为文化的产生具有一次性和单一性，当其他地方出现与某一地方相同的文化时，认为这是文化传播的结果。G.H.米德、C.莫里斯等符号互动论者，是主要的代表人物。他们把文化看作是有意义的象征符号，并把文化传播看作是交互作用或个体互动的过程。

第四，文化社会化所体现的心理论观点。19世纪，以德国的A.巴斯蒂安、英国的E.B.泰勒为代表的早期文化人类学家，以及美国的L.F.沃德和F.H.吉丁斯等社会学家都有这种用人类心理说明文化现象的产生及其作用的理论的倾向。E.B.泰勒的“原始信仰”阐述人类在原始社会低级阶段文化的形成，巴斯蒂安的“原始观念”解释着人类文化的起源。

19世纪末20世纪初，民族心理学派、弗洛伊德主义者，都用心理的观点解释人类文化现象。他们认为，各种文化现象都建立在“性欲”“色情”的基础上，以不同民族个体经验为基础，从而推动民族文化模式。

当人的身体活动一旦纳入社会的关系体系，便开始履行相应的社会职能，并会为各种形式的人类活动所利用，所以说体育必然是文化性的，体育文化也由此产生了[①]。所以我们认为文化中包含体育，体育是文化的重要组成部分。

上文中，我们认识到，文化是构成人类生活不可或缺的一个重要部分，文化和人类二者紧密相连、不可分割，无论离开谁都无法认识对方。体育正是一种研究、认识人类身体本身的一种学科。体育的本质，是指体育所固有的根本特性，是人类社会的一种身体教育活动和社会文化活动。体育运动是广义的体育，是指以身体练习为基本手段，以增强人的体质，促进人的全面发展，丰富社会文化生活和促进精神文明为目的的一种有意识、有组织的社会活动。它是社会总文化的一部分，其发展受一定社会的政治和经济的制约，并为一定社会的政治和经济服务。可见体育的产生和发展，都是一种文化现象，因此文化包含体育，我们可以称其为体育文化。

文化就是指人在改造客观世界、在协调群体关系、在调节自身情感的一系列过程中所表现出来的时代特征、地域风格和民族特点。

社会的汉字本意是指特定土地上人的集合。从现代意义上看，社会是类群的集合，类群是以利益、价值观及目标等为依据进行划分的。社会也是社会关系的集合，家庭关系、传统的风俗习惯及共同的文化是最主要的社会关系。由此可见，社会的形成离不开文化，并且社会的形成本身是一种文化，社会也具备相关的文化属性。在我们看来社会本身就是一种文化，因此文化的社会化，从社会形成的角度可以理解为人的社会化过程中对社会文化的认同过程。

文化属于历史的范畴，每个社会都有与其社会形态相适应的社会文化，它会随着社会物质生产的不断变化发生相适应的改变。社会文化是一定的社会政治和经济反映的产物，同时它又影响着社会政治和经济的发展。在当今社会里，文化的观念形态有着阶级性。文化随着民族的产生和发展，又具有了民族性，从而形成传统的社会文化中的民族文化。社会物质生产发展的历史延续性也决定着社会文化的历史连续性。社会文化就是随着社会的发展通过社会文化自身的不断扬弃来获得发展的。

体育是人类社会发展中，根据生产和生活的需要，遵循人体身心的发展规律，以身体练习为基本手段，达到增强体质，提高运动技术水平，进行思想品德教育，丰富社会文化生活而进行的一种有目的、有意识、有组织的社会活动，是

① 化洪斌. 试论体育的文化功能及价值［J］. 中国成人教育，2008（10）：35-37.

伴随人类社会的发展而逐步建立和发展起来的一个专门的科学领域。体育教育是狭义的体育，是一个锻炼身体，增强体质，传授锻炼身体的知识、技能，培养道德和意志品质的教育过程；是对人体进行培育和塑造的过程；是教育的重要组成部分；是培养全面发展的人的一个重要方面①。体育是一种国际语言，人们甚至不需要翻译、不需要解释，就可以自由交流的文化。

易剑东认为，“从体育与人类关系的角度看：体育是人类把握世界的内容和方式；是人类推动社会运行的动力和中介；是人类创造精神财富的载体和标志。从体育与文化的角度看：体育符合文化的概念与特征；体育包含文化的概念与要素；体育具备文化的结构与功能”②。所以，体育作为这一过程中所表现出的符合全部特点的内容，我们认为体育本身就是一种文化。

二、体育促进社会文化的发展

社会文化的重要作用与体育的作用有着很多的共同点。这些共同点决定着体育同社会文化之间的重要关系，由于文化社会化就是人对社会文化的认同和认同过程，所以这些共同点也决定着体育对文化社会化的重要作用。

（一）体育可以提高人民群众的生活质量，满足广大人民群众的文化需求

社会文化要提高人民群众的生活质量，满足广大人民群众的文化需求。这与体育的作用基本相同，体育本身就是一种提高人民群众生活质量的文化，广大人民群众对文化的需求包含对体育文化和对体育的需求。

（二）体育促进人的全面发展

社会文化要保障基层群众的基本文化权益，促进人的全面发展。人的全面发展包括身体素质的发展，我们一直强调“德、智、体”的全面发展，可见人类身体本身的发展也是非常重要的，那么体育就是发展人类身体的最有效的方式和方法，人的发展特别是全面发展必然离不开体育。

---

① 曹永林，常乃军. 体育文化在构建和谐社会中的价值［J］. 体育科技文献通报，2011，19（4）：4-5.

② 易剑东. 体育文化学［M］. 北京体育大学出版社，2006：73.

（三）体育文化要促进政治、经济和文化的协调发展

当今社会体育正在发挥越来越重要的作用，特别是体育的经济价值和政治价值正在进一步显现，作为一种文化，特别是一种最容易被各种社会文化认同的体育文化，体育在这些方面都具有自己得天独厚的优势。

三、体育的文化社会化功能

（一）体育的文化社会化功能的内涵

体育的功能主要有政治、经济、教育等多种功能。但是，根据社会条件的不同，体育的功能也呈现出许多不同的表现形态。以我国为例，在计划经济时期，我国的体育功能以体现其政治和教育作用为主。随着我国改革开放的进行，我国的社会经济得到迅速发展，体育也体现出更多的社会功能，在这一时期体育的经济功能的体现尤其明显。但是，从目前文献及资料来看，仅仅从社会学的角度来看，体育对人的社会化功能的研究还是比较少的。体育的社会化及体育同文化社会化之间的关系，这些研究大多是从宏观的角度来讨论体育与社会之间的关系的，没有很好地表现出体育是如何影响自然人向社会人转变的。

体育的文化社会化功能，是通过各种体育手段与体育内容，培养人的个性、观念、社会价值观并传递社会文化、学习社会生活技能，以及培养社会角色一系列的功能。社会学认为，人社会化的外在环境条件主要以人的家庭、学校、工作单位和大众传媒为主。其中的每一个环境，都存在着多种多样的社会化手段。在家庭环境中，主要是通过以父母、兄弟姐妹为主的亲人之间的交往熟悉、了解家庭规则和社会规则的；在学校环境中更多的是同老师、同学的交往，通过遵守学校的制度对人产生社会化影响的；在工作环境中主要是通过和领导、同事的交流达到社会化功能的；在当今社会，人们在社会中生活更是处在众多的媒介的包围之中，媒介的传播与发展不可避免地影响着人的思想、价值观念。

人们生活在社会中，可以通过多种的社会化手段和途径，达到社会化的目的，总的来说主要有文化学习、人际交往、体育实践、传媒影响四大类。从人的文化社会化的角度来看，体育手段与其他的社会化手段相比较，更具有其自身独特的特点，别的手段无法替代。所以说，体育的社会化功能是人的社会化过程中的一种重要手段。从社会学的角度分析，体育的功能不仅仅是强身健体，体育更重要的是要追求蕴藏在其实践活动过程中的精神因素。举例来说：在美国棒球运

动具有特殊的意义，它不仅仅是一项体育运动，更深层次的是代表着美国的一种文化，同时它深深影响着美国人的性格；在我国，武术已不仅仅是一项运动，它所包含和追求的“天人合一”的境界，就是中国传统文化的代表。目前来看，我国对体育的这种功能的利用，大多是通过学校体育来实现对学生的教育功能，相比较而言，西方发达国家的体育，其对人的影响的深度和广泛性方面都发挥着更大的作用。如今我们已经逐渐认识到体育对于社会的重要作用，我国的体育体制也在逐步地发生着改变，社会体育、大众体育、体育也已经进入人们的视野，这是一种体育文化的转变。因此，此时在我国探讨体育对人的文化社会化功能，具有重要的现实意义。

（二）体育的文化社会化功能的特点

体育社会化功能与其他社会化手段相比，具有其独特的特点，这也是由体育的特点决定的。首先，体育社会化功能的体现需要人对体育的亲身实践；其次，要深刻了解体育从人的生理到心理、从肉体到精神的深刻变化；再次，要了解体育的自然性，认识到人天生从事运动进行身体活动的自然特性；最后，竞争是体育运动的核心理念，竞争同样是社会化过程中的重要内容，离开竞争，体育也就会失去其存在的意义。体育的上述特点决定了体育对人的文化社会化功能是不可取代的，相对于体育的特点：首先，体育运动对亲身实践的要求，这就决定了体育对人的社会化功能是客观存在的，是不以人的主观意志为转移的，文化本身就是通过人的实践而来的，体育实践必然对人的发展产生影响；其次，体育实践过程中深刻意义的感悟，这种感悟促进了人的体育精神的形成，这种精神是团结协作的精神是顽强拼搏的精神，是勇敢自信的心理品质，这些精神铸就了人的性格，同时体现着精神文化的内容；再次，是人类天生从事体育的自然性，以此为基础可以激发人的张扬的本性、强化人的竞争性。最后，体育的竞争特性，这种特性可以促使人努力拼搏，并在竞争中实现自己的追求，竞争同样是一种文化，一种竞争的文化。

（三）体育的文化社会化功能的内容

人类通过自己的社会实践创造了人类文化，体育作为一种文化同样源于人类的社会实践，随着社会的不断发展，体育对人具有的重要的社会化功能会越来越明显。人的社会化内容主要由以下三点体现：①促进人的个性形成和发展，培养社会文化认同的观念；②内化价值观念，传递社会文化；③掌握人的社会生活技能，培养社会角色。因此，探讨体育的文化社会化功能也需要基于这三方面考虑。首先，体育对促进人的个性形成和发展，培养社会文化认同的观念具有怎样的影响；体育是如何把其理念内化到人身上去，通过怎样的途径传递社会文化的；体育是如何使人掌握社会文化环境中的社会生活技能，以及怎样培养当前社会文化环境中的社会角色的①。

四、体育与文化社会化面临的问题表征

有一部分人在社会化之后并不能理性地、辩证地面对社会，而是感性地、片面地看待社会，这些人在社会化进程中会存在社会文化认知偏差、人际交往难、情感淡漠等方面的问题②。大学生社会化问题及教育探析从体育社会学的角度分析，我们可以看到通过体育的培养和影响，可以使这样的问题减少或者避免出现。但是这些问题我们还是需要着重提出和予以重视的。

（一）社会文化认知偏差大的问题

对社会文化认知偏差大的这种问题的表现，就是人本身对社会文化的异常现象缺乏辩证的认知，"以偏概全""一叶障目"等词语都可以比较形象的表现这个问题。当人接触到社会的阴暗面或看到社会不良现象时，时常将其问题扩大化，使自己对社会的情绪和情感骤然降低，并因此而感到沮丧、失望，更有甚者以反社会的情绪和行为，诅咒社会、攻击社会，以此来发泄心中的不满。

（二）人际交往困难不利于个体的文化社会化

这种人际交往困难的问题主要表现为，对相对陌生的环境下的人际关系及群体文化缺乏应对能力，当处在顺境时不屑与人交流、目空一切、趾高气扬，缺乏对他人的关心、爱护；当处在逆境时又羞于求助于他人而闭锁自己、惊慌失措、沮丧绝望；与他人产生误会时无法正确处理，意气用事，用情绪代替理智，在人际交往过程中缺乏对他人的理解与宽容、谦让与信任，缺乏沟通的意识和技巧，其行为有悖于社会传统文化认同，造成人际交往困难，直至产生社交恐惧症。此种问题的产生，是问题个体对社会化过程不彻底的表现，虽然它已融入社会，但

---

① 马乃欣. 体育社会化功能研究［J］西安体育学院学报，2005（4）：56-58.

② 刘志坚. 大学生社会化问题及教育探析［J］. 湘潭大学学报（哲学社会科学版），2006（3）：46-49.

作为社会中的问题个体，由于个体原因，表现出的对社会文化和社会文化中群体文化的形成，存在一定的影响。

情感淡漠阻碍社会文化的发展。情感淡漠的问题表现为对亲人缺乏亲情、对身边的人缺乏友情，为人冷漠，把自己的情感与他人割裂开来，认为他人的情感与自己无关。对人冷酷，如与他人有了矛盾冲突，便毫不顾及情面，给人以难堪或无情的打击而后快。这种行为同样是有悖于社会文化的。淡漠的情感不利于社会文化的传播，那种情感淡漠的人有可能游离于社会文化之外，同时缺乏情感的社会交往也不利于社会文化的形成和发展。难以想象社会中的个体人如果都缺乏情感，人与人之间冷漠、缺乏关爱，社会将会形成何种文化，社会文化将向何处发展。

从体育的角度看待这些文化社会化问题。体育在文化社会化功能方面的价值在于：由于在阶级社会中存在生产结构的等级和分工，但是这种阶级现象的存在也是社会文化的表现，虽然不同的工作需要形式不同的社会分工，但文化的发展并不因为个体的个性差异而发生大的转变，社会文化需要被社会化个体的认同，体育的价值便是通过种种途径及手段使人们社会化，使不同的被社会人经由体育培养形成社会文化所需要的非认知性的个性特征，从而满足不同阶层的社会化角色需要。

从文化社会化的角度看待这些社会化问题，他们的主要表现就是，这些问题很大一部分表现为问题人对社会文化的不认同、抵制甚至于叛逆。这种表现上升到一定程度就会出现对社会、对社会文化的攻击，对社会生活、社会交往的恐惧，对情感的冷漠与无情等与社会主流文化相悖的表现。

在这些问题产生的情况下，体育的出现起到了一种联系问题个体与主体社会文化的纽带作用。通过易于掌握和接受的体育文化，带动问题个体同社会文化相适应，特别是通过体育过程和文化的感悟，利用对体育兴趣和目标的达成，首先接受体育文化、体育群体、合作伙伴进而逐步适应社会文化，接受和理解部分社会问题的存在和产生，使得个人具备认识问题、分析问题、解决问题的能力。

我们认为，当从教育的角度审视体育对社会的作用时，体育提高人的运动技能的作用远不及体育的社会化功能所发挥的作用。

我们可以看到人们的社会化过程中的问题有很多都是可以在体育过程中找到缓和和解决的办法的。

五、体育中个体的文化社会化

（一）体育中个体行为与文化社会化

作为社会群体中的社会成员，社会规范是必须遵守的，社会规范是维持社会秩序稳定的有力工具，也是社会文化中的重要内容。通过对这些社会行为规范的学习和认同，增加了人们的主观能动性和社会性，能调节和控制人们的生物性所驱使的破坏行为。体育运动通常是以身体活动为媒介的群体活动，体育运动规范和规则是体育活动顺利进行的必要条件。规则具有强制性，体育规则也不例外，但体育规则易被接受，因为体育规则是由体育游戏中的规则演变而来的。在运动过程中，个体会认识到体育规则的强制性和必要性，所以对遵守体育规则有共同的意识。通常相类似的事情具有同质性的特征，所以，个体的体育行为规范与个体的社会行为规范有同质性的特征。

（二）体育中个体的思维、情感与文化社会化

体育从它的产生开始就有明确的目的性，也是人类特有的一种社会活动。在这个科技产品不断丰富化、多样化，物质生活水平不断提高的社会环境下，人们的体力劳动越来越少，闲暇时间越来越多，对生活的追求也逐渐从物质转变为健康。个体从中逐渐认识到体育对追求健康快乐生活的价值和意义，人们更多的自觉自愿的选择和接受了体育。在经济发达的国家特别是西方国家，体育是人们打发闲暇时光的首选活动。它是一种娱乐身心、修身养性的生活方式，也是一种正向的社会文化现象。人的社会化是一种在社会中培养个体形成群体观和人生观的过程。体育在人的社会化过程中发挥着重要的作用，它能促进个体树立与时代相适应的正确价值观，选择正确的生活方式，建立良好情感交流的关系和灵活的思维方式。体育与人的文化社会化存在一些共性特征，如都能帮助个体树立正确的价值观、制定与现实相符的人生目标、促进文化的认同等。

（三）体育活动中个体的社会角色确立与文化社会化

社会角色标志着人在社会生活中特定的权利、义务和行为规范。能够扮演不同社会角色，在享受权利的同时履行自己的义务，并能根据个体的实际情况对其言行加以规范，这些都是人的文化社会化的内容。个体角色汇集形成了社会人群中的不同角色群体，而不同角色群体共同创造着社会文化，正是由于有了这种社

会角色的存在，才能使社会文化逐步发展。在体育运动中所扮演的角色称为体育角色，它能确定个体在体育结构中的地位，而不同的地位有不同的权利、义务和行为规范，通过对不同角色的扮演能满足个体人的文化社会化的要求。合理的社会角色定位是适应社会文化、实现文化社会化过程的重要环节①。

第二节　体育对人的文化社会化的影响

一、校园体育对学生的文化社会化的影响

校园体育主要通过体育的教学，让学生和准备被社会化的人接触体育教育中独特的规则特质，通过对体育教育中独具特色特质的学习，达到适应社会、完成社会化的目的，这是其他学科不能实现的。校园体育有着自己特殊的目的，以体育教学为主的体育校园文化，与竞技体育运动或体育游戏项目之间有着很大的差别，体育教学不单纯是让学生实现对规则的适应，其更有着明确的目的，它有教学大纲的要求，还有具体的教学目标，按照事先制定好的教学目标、计划，并根据社会文化的要求和被社会化个体的年龄特点来选择教育教学的内容，由具有体育专业教学水平的教师进行授课。体育教学的连续性、科学性、系统性、选择性和丰富性，以及实施教学效果评价的教学规范的严肃性、严谨性等特点，都是体育教学培养人的社会行为规范所必需的。它把这种规范意识转化为被社会化个体需要遵守社会化规范的行为，真正从内心深处相信并接受社会文化的观点从而彻底地转变自己对待社会规范的态度，并使之完成内化。比如，在校园体育的教学过程中，严格的队列、整齐的划一的广播操和相关的体育礼仪的学习，都是文化传播和吸收的形式，也是文化社会化的过程。因此，体育教学在形成个体系统的文化认知，开发个体的一般智能，形成被社会化个体系统化的价值观念、政治概念、道德观念体系，形成被社会化的个体价值观念等方面与主流的社会文化方向相一致。

二、大众体育对人的文化社会化的影响

人的社会化具有终身性。大众体育就是伴随人终身的体育形式，它深入到人的日常生活中，是一种全民形式的体育。大众体育包括社区体育、农村体育、城市体育等，并且包含在各个方面，从简单的健身到追求更高水平的竞技能力。大

① 韩鹏伟. 论体育的个体化社会功能［J］. 科技信息，2010（3）：37-40.

众体育的开展也是我们国家和社会所大力倡导的，随着人的社会化过程，终身体育也伴随其中，大众体育就是这种伴随着终身体育对人不断社会化过程产生着积极影响的体育形式。人们能够在大众体育这一体育形式下结交朋友，在一定的体育规则下共同锻炼共同进步，在共同的社会人群和群体的参与中吸收社会文化，同时在相同体育文化的环境中完成或被帮助完成人的文化社会化。

三、竞技体育对人的文化社会化的影响

竞技体育又称竞技运动，是体育的重要组成部分，它是以体育竞赛为主要特征，以创造优异运动成绩、夺取比赛优胜为主要目标的社会体育活动。在整个近代体育领域中，比赛活动获得了越来越大的独立性，并被定名为“竞技运动”。在当代，竞技运动经不断发展、演进，不仅在理论原则和实践方法上日臻成熟，而且影响也不断扩大，成为一个遍及社会各阶层、波及世界五大洲的特殊社会文化。

（一）竞技体育是一种艺术

人们常说竞技体育是一种艺术，我们也说竞技体育是一种文化，竞技体育是一种能够超越语言和其他社会文化因素的障碍，仅仅依靠大众的传播媒介，而不需要借助其他的文化形式和翻译之类的附加条件，就可直接为人们所接受的文化。艺术是审美意识物化了的集中表现，它能强烈地引起人们的美感。竞技体育有着各种有效的规则来阻止不公平，同时竞技体育本身是文化艺术的创造，既让人感受激烈、精彩，又使人觉得和谐、优美。同时艺术本身就是文化的重要组成部分，竞技体育的这种艺术性就是文化的代表形式之一。由于竞技体育这一文化特有的、易于被社会大众认同的文化现象，所以它就成为体育的代表形式，为人们所关注，被社会文化所认同，被竞技体育参与者、观赏者、接触者所接受，从而起到竞技体育在人的文化社会化过程中所起到的重要作用。

（二）竞技体育传播与文化社会化

文化的传播是文化社会化的重要因素之一，因为文化的传播代表着文化的被认同和文化之间的交流与融合。正是这种文化的融合与交流促进着社会文化的进一步发展，促进社会文化被更多的人认可与接受，促进着人的文化社会化进程。以竞技体育为代表的体育文化，进而促进着人的文化社会化，这种体育文化形式，既有着人在社会化过程中必须遵守和接受的规则意识，又有着体育中所特有

的各种美（形体美、动作美、精神美等）的文化表现，还有着体育理念、运动精神等被人们所易于掌握的文化内涵。所以竞技体育的传播积极参与着人的文化社会化过程。

1. 传播与竞技体育传播

传播是人的基本活动之一，是自从有人类以来就一直存在在人群中的一种人类行为和人类社会现象。在现实中，我们要和各种各样的人，借助于各式媒介、符号来求得意见的交流、信息的沟通，进而促进沟通效果的实现。因此，完成沟通是我们文化传播的目的所在。体育特别是竞技体育就是一种最容易被我们完成沟通的文化传播，人的文化社会化就是社会文化的传播带来的人与社会之间的文化沟通。

竞技体育传播是指一种在人际间、群体间、组织间和传播媒介对大众进行的竞技体育信息交流、沟通和传递的过程。竞技体育传播的目的是通过竞技体育信息的传递与他人建立共同的竞技体育意识，使其能够相互沟通、理解和交流，从而推动竞技体育的发展和社会文化的进步。

2. 竞技体育文化传承与演变促进人的文化社会化

人类的文化传播经历了口语传播时代、文字传播时代、印刷传播时代、电子传播时代和网路传播时代五个阶段。竞技体育也随着人类的发展从早期的基本生存技能的培养，发展到了力与美的结合，直至今日对人类的意志品质、身体素质、人的精神和对美的极致的追求。这些追求的目标不断变化，是因为竞技体育文化在不断地传承与发展。体育赛事同样随着竞技体育的追求的改变而发生着变化，赛制逐渐完善、规则越发清晰、水平越来越高。但是人类对竞技体育的追求和认同是长期以来没有改变的，人们在竞技体育的参与和接触过程中享受着快乐，获得着交流与沟通的快乐。由此可见，竞技体育的文化传承在不同时期的社会化过程中起着重要的作用，特别是作为文化形式体育，更是在人的文化社会化过程中功不可没。竞技体育文化随着社会文化发展的文明程度而逐渐变化，并逐步深入人心，而竞技规则和公平竞争的文化对人的文化社会化过程同样起着重要的作用。当然，作为一种深入人心的多种社会文化认同的竞技体育文化也将继续传承与发展。

（三）文化社会化与体育精神

体育精神是指体育运动中所蕴含着的对人的发展具有启迪和影响作用的有价值的思想作风和意识。它是由体育运动所孕育出来的意识形态。它超出了体育运动本身，已经作为人们心中的一种信念与追求。该精神的体现主要表现是在竞技体育过程中。

体育精神作为一种被社会认同、接受、提倡的精神文化，作为一种伴随人一生的文化形式，影响和帮助着人的社会化的过程。特别是作为一种精神文化，体育精神更易被社会和个人接受，这种精神文化的追求过程伴随着个体的体育过程，体育的过程是能够给人以愉悦心情的，所以体育精神这种精神文化容易被社会化人所认同，有利于共享同种精神文化的人们融合与合作。这是一个过程，这种过程就是人的文化社会化的过程。

四、体育与人的文化社会化能力的培养

体育能使被社会化人的体质增强，发展其智力与非智力因素；同时体育能够增强被社会化人的规则意识，确立正确的社会角色；体育同被社会人的社会化过程一样都将伴随人的一生；发展体育的正向影响，避免或减少对社会化的负面效应。由此可见，体育是保障人的文化社会化或者说是保障人的社会化基本条件的重要因素。我们需要重点分析这些因素，明确体育在人的文化社会化过程中对被社会化人的文化社会化能力的培养，以及可能发生的问题的解决与规避。

（一）体育能增强被社会化人的体质、发展智力因素

人们熟知的体育概念是个体通过体育活动，增强个体体质，最大限度地促进人体的健康发展和改善人体机能，使其全面发展，并有意识的提高了人体对自然环境的适应能力。另外，通过体育运动，增加被社会化人的大脑与四肢协调与配合的机会，经过时间与环境的不断变化，给机体创造了许多与外部接触的机会，促进被社会化人的思维定势，进而促进了社会化人的智力因素。

（二）体育能发展被社会化人的非智力因素

体育能发展被社会化人的非智力因素，使其具备完成文化社会化改造的基本条件。相对于其他活动而言，体育活动既有艰苦训练、激烈竞争的特点，又有对机体康复保健的功效，这些特点对促进人的个性和性格等非智力因素都具有很

大的改善作用。体育运动在社会文化认同的条件下，对人的意志品质、与人合作的能力、建立和谐人际关系的能力、社会交往的能力都可以得到有效的改善，而体育活动正是具备这种先天的条件，给人提供良好的人与人交往的机会，也给予了人们广泛认同的体育环境。在体育活动中，个体逐渐学会与他人合作的优秀品质，并培养人的协作精神、团队精神等。

（三）体育增强被社会化人的规则意识，确立正确的社会角色

参与体育活动大部分是在群体间进行的，体育本身的规则性也造就在体育中可以培养人遵守社会规范的意识，进而确立正确的社会角色。不管是哪种性质的社会，都有各自社会一套固有维持社会规范的法制或条例，在社会中学习和适应相应的社会规范并确立社会角色，是作为社会人的重要标志。在群体间参与相应的体育活动，由于体育活动形式与内容的要求，参与者一般会以小群体的形式组织参加各种体育活动，这就造就了他们在活动中为完成比赛努力扮演好自己的角色。比如，篮球项目的比赛，就有各种各样的角色分工，有中锋、后卫、前锋等，并根据不同位置有左、中、右路更为明确的角色分工，不同的角色，在团体中具有不同的职责、权利和义务。所以说，参与体育活动可以培养社会角色的形成。

社会中规则的制定和不同社会成员的角色分配都是社会文化的组成部分，文化的社会化内容中有很大部分因素，是由自然个体的社会角色和社会规则中所承担的责任与分工决定的。在非正式的体育比赛中，小群体的互动促进了人与人之间相互交往，熏陶了参与者的各种意识，在不自觉的过程中会把体育比赛中角色带到非体育活动的社会生活中，并且这种交往与互动使得群体很容易形成那种群体成员相互熟悉、彼此了解的活动氛围，进而以感情为基础结成亲密关系的社会群体，即初级群体。在正式的体育比赛中，相比非正式体育比赛，每个组织都有固定的组织机构、共同的比赛目标，所以此类组织情况就相对复杂。有相对成熟的体育组织规章制度作支撑结成正规关系的社会群体，即次级群体。在这种体育活动的各类群体中，就必然需要遵守体育组织的相应规则，进而也就有助于培养人遵守规则的意识，也就使得人的文化社会化过程具备了遵守社会规则这一重要条件。

（四）体育伴随人的一生

从体育对人的社会化时间进程和终身体育思想来看，对大多数人来说，体育

活动是伴随人的一生的活动，幼儿、青少年的人群会参与体育活动，中年和老年人同样也会参加体育活动，所以体育对人的社会化是伴随人一生的过程，人的文化社会化过程也是伴随人的一生的过程，社会文化不断发展，人在有生之年要不断地调整个体对社会文化的吸收和融合，通过体育活动，并利用体育活动所带给人的深刻影响，使体育对人的文化社会化功能得以顺利实现。

五、体育是促进人的文化社会化的途径

了解体育是促进文化社会化的途径，我们需要从了解文化的性质入手。理解体育本身作为一种文化，作为文化的重要组成部分，作为社会化过程的一部分，同时在文化社会化过程中作为一种途径，所起到的重要作用。理解文化的不同性质，确定文化的不同性质决定体育是促进文化社会化的途径。我们在了解以体育为代表的文化的性质后，可以发现文化的不同性质决定着体育在社会化过程中的作用。

（一）文化差异性表现下体育促进文化社会化

文化的差异性不单纯的表现在一个地区、一个民族的行为习惯上，同时也表现在对价值标准和价值观念的认同上。东方体育文化注重礼节、寻求持中同时注重自身完善。以中国武术为代表的东方体育文化，在追求个人身心平衡的同时注重运动个体内在修为的培养，力图表现人的内在品质和身体言行相一致，具有浓厚的东方色彩。西方体育文化则以奥林匹克运动为代表，表现出竞争、激进的风格，既充分表现西方的个人英雄主义，又特别强调团队配合。西方体育把体育本身同多种文化元素相融合，如人们常把身体健美的人视为崇拜偶像，这既是体育与美学的结合，同时又表现了西方人的开诚布公的西方文化特色。

体育是一种能够跨越多文化领域的文化形式，既是特有的一种体育文化，同时又是结合力学、美学、生物学、解剖学等学科的特殊文化。即使文化因地域等原因存在差异，但是当今社会的发展是文化大融合的时代，信息传递越来越便捷，文化交流越来越频繁，以奥林匹克运动、足球世界杯为代表的体育运动已经成为遍布世界任何角落的、被大众所认同的文化形式。通过体育这一途径人们能够更容易的接受社会文化的变化，跟随社会文化的发展，在文化大同的当今社会既能保持自身独有的地域文化特点，同时又能使人接受和吸收其他文化的先进之处，以促进人的文化社会化发展。

（二）文化民族性表现下体育促进文化社会化

人类的文化，不仅存在着共性的一面，也有各具特色的丰富性一面，甚至是不同群体文化也存在着很大的个性。人类文化的这种各具特色的丰富性一面，可以以文化的民族性为代表，并予以表现。人在不同的地域形成不同的民族后，又经过长时间的发展、迁徙，民族之间有了更多的地域融合，即使如此，民族的存在也意味着民族特有文化的存在。以民族体育文化为代表，任何民族的体育文化，与本民族的形成和发展都密切相关。

我们还是以奥林匹克体育运动为代表的竞技体育运动为例，当我们感受4年一次的奥运盛世时，不同肤色、不同性格的人们都在同一标准的体育规则下，感受着同样的一种体育文化，并把这种文化吸收发展，使之成为自身民族文化、社会文化的重要组成部分。再以中国武术为例，任何参与者不论国籍、不论种族、不论肤色，进入赛场都以中国传统抱拳礼行礼，这就是特定体育文化的代表，这是一种体育规则的形成，也是一种文化被社会接受和被社会化人的接受，并被传承、传播。因此体育运动的参与，有利于被社会人跨越民族局限吸收社会文化，完成人的文化社会化。

（三）文化社会性表现下体育促进文化社会化

文化的社会性，又可以称作文化的群众性。群众体育、社会体育的推广和提出都是文化社会性的表现，我们既可以看作是以体育文化为代表的文化社会性的表现，又是体育、人、文化、社会结合的表现。

正是如此体育通过文化的社会性能够更有效地促进人的文化社会化。正是文化包含着体育，体育本身就是文化的一种表现形式，因此体育在文化社会性的表现下，对促进人的文化社会化表现得如鱼得水，体育参与者本身对体育的参与与接触都能视作人的文化社会化的过程，表现为个体人的文化社会化现象。

（四）文化时代性表现下体育促进文化社会化

时代在不断地前进，随着文化的演化和发展，以各个不同的历史时期的生产方式为基础，也形成了不同时期的文化，体育本身也随之发展变化。体育文化会在一个相对特定的时空环境下，表现出与其时代相适应的特定性质、特定内容和特定形态，具有鲜明的社会文化时代性特征。

以中国武术为代表的体育，在不同的时期对参与人有着不同的影响。人类文化早期，武术主要帮助人狩猎或在战场上保证生存；随着时代的发展武术又融入人们的日常生活，给人以强身健体、愉悦心情，并逐步发展为一种社会文化活动，成为很多人赖以生存的基本技能；现今社会武术更是一种精神与文化的传承，是一种民族精神、民族文化的代表。但是在不同的时期，武术都是一种使人融入社会、融入社会文化，被社会和社会文化所接受的方式和途径。

（五）文化继承性表现下体育促进文化社会化

文化的继承性也可称为文化传统性。中国体育养生学的发展，由主张以静养生，到以动养生，再到动静结合养生的不断转变，就很好地体现了中国体育文化的继承性。以奥林匹克运动为代表的西方体育，虽然历经百年，但是也是继承了古代奥林匹克而来，虽然两者之间还是有明显区别的，但是这种文化继承性不难发现。体育这种文化继承性的表现正是文化继承性表现的缩影，社会文化同样具有这样的继承性，虽然每一时期的社会文化存在差别，但是社会文化的主流思想是继承的。

很多体育文化的继承是伴随着社会文化的继承的，这种共同的文化继承性，有利于社会文化的继承发展，并使体育参与者更好地完成对社会文化的吸收、认同，有利于实现和促进人的文化社会化。

（六）文化阶级性表现下的体育促进文化社会化

文化的主体是人，人因阶级的存在而有所分化。在体育中，通过适用人群、参与人群根据项目的消费群体和参与项目的群体的消费能力，表现出体育文化的阶级性。所以，在社会中阶级对物质生产及其经济的影响，会表现出社会文化的阶级性。

正是社会文化阶级性的存在，体育也同样具有阶级性，阶级的存在是社会矛盾存在的主要原因，但是人的社会化的过程中重要的一点是要认识到社会中阶级的存在，并合理的接受这一现实。体育项目通过参与人群的不同和项目性质的不同，可以比较有效地依据社会阶级的存在划分出参与者的阶级范围，或者项目发展的主要社会阶层。也能通过同一项目中，不同阶级参与者之间的互动与合作，带动社会文化的发展，促进不同阶级的人的文化社会化。

第三节 竞技体育异化与文化社会化

在人类创造的诸多文化样式中，竞技运动是完成全球化进程最早的文化样式之一。竞技运动能够得到全球化的价值认同，与竞技运动所包含的文化特质有关。

竞技运动在一定的历史时期，发展势头将会越来越猛。但竞技运动发展过程中仍存在种种问题。这些问题从哲学的角度来讲是一个异化的概念。对这一概念进行理性的思考，对竞技体育的发展是有益。

一、竞技体育异化的本质

要想了解竞技体育的异化问题，那么对其进行概念界定是必要的。当主体产生客体时，哲学上称为对象化，人类的所有行为活动（当然包括竞技体育）都是对象化活动。异化现象，是由象化活动的结果在一定前提下演变而来的。

最早把异化作为哲学概念使用的是黑格尔。其后，费尔巴哈和马克思也分别使用了异化这一概念。黑格尔认为，异化是主客体间的互换，是绝对理念的外化。费尔巴哈则认为，异化是人的本质的神化和外化。马克思认为，人类的劳动产物外化成了多种形式，从而形成了束缚人类的力量。

可见，无论是费尔巴、哈黑格尔还是马克思，他们都认为异化是一种使人受制于自身活动的对象。竞技体育也是一样，是一种对象化的活动。

由此可见这种竞技体育异化的产生也是一种文化社会化的结果，也是体育作为一种文化作用于社会后，社会反过来影响体育的一种结果。

首先，异化的因素，由竞技体育自身的内部结构中包含着非理性、非逻辑因素导致。从文化哲学的观点来讲，任何的文化特质在它的创造、诞生期就已经不可避免的包含了某种非理性的因素，所以，我们通常把“由竞技体育自身包含的非理性因素所导致的异化”称为内源性异化。

其次，我们把社会文化环境与竞技体育的相互作用过程中所产生的异化，称为外生性异化。竞技体育本身是一种文化活动，在实现自身的社会化过程中，不可能避免的和一定的社会政治、经济发生联系，这也是关于竞技体育异化问题研究的一个重要方面。

最后，竞技体育的功能和作用被夸大了，我们称之为观念性异化。现代竞技体育发展至今，人们已习惯了用竞技体育水平或成绩来衡量体育运动发展的总体水平。竞技体育已经成了评价某些意识形态的价值尺度。这是一种非理性的认识。

由此看来，竞技体育产生于体育，竞技体育发展到一定阶段必然作为体育运动的异化结果而存在，并由此开始了竞技体育自身的异化过程。

我们在观念上存在着一个误区：在我们所设定的领域内，竞技体育的某些异化现象被错误地看作是一种进步、一种发展。

随着社会的发展，某种文化的原始价值形态被社会所淘汰的情形是屡见不鲜的，竞技体育同样如此。行为方式是价值思维的客观反映，价值思维取向决定着行为方式。竞技体育的异化与竞技体育存在方式的更迭有关。

综上所述，我们为竞技体育的异化下了这样一个定义：竞技体育的异化是其在与社会发生联系的过程中，所表现出的非理性的行为方式和价值思维方式，是由其内部结构决定的。

二、文化社会化对竞技体育异化的影响

（一）竞技体育的目的异化

早期的竞技体育，并没有非常明显的功利性目的，只是对生命本体意义的了解与追求。竞技体育仅仅是为诠释生命而作为一种符号存在，有抽象价值。我们可以把竞技体育的早期形态称为竞技体育发展的前社会化时期。社会进一步发展，竞技体育的社会化历程就开始了。在这一社会化过程中，竞技体育完成了文化转型，竞技体育的目的，已经由非功利的理性层面跃到了功利性的实用层面。由此可见，竞技体育的发展，经历了由非功利体育到功利体育的转变过程。从此，竞技体育的目的在一定的政治、经济、文化等价值取向下，具有了功利性。我们可以把竞技体育的这一发展过程，称为竞技体育的社会化时期。这一时期，竞技体育目的的异化与它的社会化密不可分，具体的异化形式主要是表现在：作为经济手段的竞技体育、作为政治工具的竞技体育、作为建构社会文化心理的竞技体育等方面①。非人道的训练手段，源于狭隘民族主义的体育暴力行为，把竞技体育的发展水平作为评价政治形态的尺度，这都是竞技体育目的异化的具体表现形式。

但是我们对竞技体育目的的异化的态度应是辩证的，我们对竞技体育目的的异化不能都斥之为目的的异化，对有些竞技体育运动过程中的现代化现象我们需

① 常乃军，曹景川，曹永林. 现代体育与和谐社会建设研究［M］. 太原：山西出版集团 · 山西教育出版社，2010.

要有清醒的认识。竞技体育目的的由来很可能会追溯到社会文化对体育的态度，以及社会文化中价值观的确立。因为竞技体育在当今社会很多是代表着社会价值观的，是社会文化在体育领域的缩影。因此正确对待竞技体育目的的异化问题，有助于人在文化社会化的过程中，对社会文化现象异化的清醒认识和正确对待。

（二）竞技体育的方法与手段的异化

竞技体育目的的方法与手段的异化，在操作层面上体现的是竞技体育目的的异化。我们通常把竞技运动划分为体育竞赛和运动训练两个部分。在竞赛过程中，人作为与竞赛有关的主体，受到了两种约束，即软约束和硬约束。软约束指的是主体的道德、文化素养和伦理意识等。硬约束则是指竞赛规则，裁判就是规则的执行者，其目的就是确保主体之间的公平竞争。

竞赛过程中手段和方法的异化，主要体现在裁判的执法公正性及对待判罚的态度上。例如，黑哨、假球、赛场暴力，以及对竞赛结果作不恰当的话语陈述等，这些都属于竞赛过程中的异化行为。

竞技体育的基本特征是竞争，就是通过提高竞技水平和运动成绩来战胜对手。为了获得更大利益，非人道的训练手段也就应运而生了，这就是训练过程中的手段与方法的异化。各种舞弊行为也随之发生。更具有代表性的就是，运动员服用兴奋剂的现象越来越严重。随着现代生物科学的进一步发展，新的旨在提高运动成绩的生物手段与医学手段将会得到运用，这种竞技体育异化现象对竞技体育的打击将是毁灭性的。人是竞技体育的主体，竞技体育的目的是人的发展，在竞技体育的方法与手段被异化的情况下，未来的竞技场上，将只有一些没有主体意义的符号或工具在竞技，因为“人”已经沦为创造成绩获取利益的工具。

通过对人的文化社会化的了解，这种竞技体育目的手段的异化，同样是与社会文化异化现象相互作用的。社会文化中有很大的异化因素，是对功利的盲目追求，只求结果。正确对待这种异化现象，有利于人的文化社会化过程中对社会文化中的目的异化行为有清醒的认识，并避免此过程中的异化行为的产生。

（三）竞技体育的运行机制的异化

竞技体育在社会系统中的功能与价值，以及其所要实现的方式，就是竞技体育的运行机制。这其中包含着两层含义。首先是在体育系统中，竞技体育相对于其他体育形式的存在，在社会定位上有着不合理性，我们称为相对异化。其次是在社会系统中，事物发展的动力受制于其他社会系统的操纵。我们将其称为“绝对异化”。在现代竞技体育中，这种异化的现象表现得更为明显。

“中国有体育吗？”这样的问题出现在20世纪80年代。这是相对异化的问题。现在看来，我国竞技体育的开展，特别是在一定政治背景之下提出的“举国体制”“竞技体育的超前发展”等，在一定程度上剥夺和限制了大众参与体育的权利。

竞技体育的绝对异化与竞技体育的商业化有很大的关系。从事竞技体育被人们当作一种谋生的手段，在市场经济条件下进行竞技体育商业运作时，竞技体育的目的就变成了追求最大化利益。如果用马克思“异化劳动”的观点来看待这一问题，那就是竞技运动的伦理道德或伦理原则问题。公平竞争，是全球认同的竞技体育伦理准则的底线，但现代竞技体育的许多方面仍有诸多不公平现象，现在虽然已基本解决，但仍未从根本上销声匿迹，同时还有更多的新增问题不断出现，并触碰着竞技体育的道德底线，这些作为体育文化中的个别现象将存在于社会、作用于社会。这同样是竞技体育的绝对异化。

三、竞技体育异化对文化社会化的影响

我们依据不同的历史层面下竞技体育价值意识的产生、构建、发展规律，来寻找竞技体育异化的根本原因。就是当竞技体育价值参照系从自然转向人类社会的时候，便产生了非理性的价值意识和虚假的价值观念，并直接导致了竞技体育的异化。正因为如此，在发展过程中，竞技体育的作用对象经历了由自然向人类社会的转变，这种转变就是竞技体育社会化的发端。

我们因此作出推论：前社会化时期的竞技体育体现了以人为主导的在竞技体育文化价值、意义等方面的判断和选择。但后来竞技体育文化这种文化形式试图把竞技体育与一定的社会政治、经济、文化融合时，人就逐渐演化成竞技体育文化的载体，变成了阐释竞技体育文化意义的符号与工具，同时人在竞技体育中的主体性也就随之消失了。所以说，竞技体育的异化是伴随着竞技体育文化社会化而产生的。

面对竞技体育所表现出来的异化问题，摆在研究者面前的问题是如何抛弃竞技体育虚假的价值观念和非理性的价值意识，并结合社会学相关历年重构竞技体育的社会化理论，以此为基础，改变和控制作为一种文化的竞技体育社会化进程的轨迹。

（一）淡化金牌意识

金牌意识对于国家暂时振奋人心的时代应该说已经过去，社会层面应该逐步摆脱“金牌第一”的竞技体育文化的价值体系，尽量使竞技体育的价值观念和价值意识发生结构性变化。而在我国现在大多数的体育理念中，理念性的全民健身理论早就提出来了，但仅仅是奥运争光计划的陪衬。从竞技体育的过度投入与群众体育的开展来看，现在的竞技体育在其发展过程中其实是存在着诸多弊端的。这就需要新的竞技体育体系逐步深入人心，重新构建全方位、多功能的竞技体育价值体系。

（二）重新审视体育社会化的价值理念

对于体育社会化的价值理念，需要研究者从多学科的角度进行考察。相关理论研究表明：社会相对于任何文化样式而言都不是一种预先的存在，体育或是竞技体育都不是社会的直接产物，其社会化过程是逐步出现的一种文化思潮。竞技体育和社会的发展是同步进行的，竞技体育需要面向社会，社会也需要接纳竞技体育，竞技体育因此由政府的意志行为转变成社会的意志行为，这是浅层次的社会化理念。单纯就体育而言，竞技体育这一社会化过程已基本完成。在这一过程中，竞技体育表现出来的异化倾向，按照社会学的相关理论演化进程，竞技体育必将向更高层次的社会化进程跨越，进而克服这种竞技体育异化的倾向，这就需要国家整合机制构建一种人本主义视野之下的文化社会化的价值理念。

（三）以人为本的体育

人是体育存在和发展的依据，这是关于体育的本体论命题。社会是人的社会，因而竞技体育社会化的起点和归宿是人的自身。竞技体育也应体现对人的终极关怀，因此以此为归宿的社会化过程就是前述的竞技体育的后社会化过程。把体育真正作用于人，从强调人的极致突破的竞技体育入手，有助于整个体育领域对文化、对人的社会化过程正向的追求。

第四节　体育对人的文化社会化的作用

体育表现出的社会进步与文化融合是文化社会化的重要内容。文化是传承与发展着的，社会文化与体育同样如此，现今社会的文化是融合的文化，是向人类大同文化的方向发展的，各种社会、种族、国家、群体之间的文化逐步融合，在社会认同、文化认同、社会价值观等问题上进一步统一。以体育为代表的文化正走在文化大融合的最前沿，是社会文化发展的代表，是人们文化社会化过程中接受多元社会文化的纽带和桥梁，为人的文化社会化起到了良好的作用。

一、对文化差异的正确对待

在体育活动中，个体学到的不仅仅是相关比赛的具体技能和规范，还有对人性的正确理解，对体育精神的追求，对人生观、世界观及价值观的定位。在强调对文化差异的公正对待、理解、包容和尊重的同时，通过体育的传播可以形成一种相互了解、友谊和团结的精神氛围。

二、强调竞技体育的公平与公正的竞争

竞争性是竞技体育的一个特征，但只有在公平竞争的前提条件下，竞争才会有意义，才会调动运动员的积极性、增强他们团结协作的集体主义精神。比赛与对抗是竞技体育最本质的特征，在这种直接面对面激烈对抗的运动中，能充分发挥运动员的运动能力，培养运动员良好的心理素质和道德素养，使观众感官欣赏的同时潜移默化的受到教育。通过体育传播可以使公平竞争精神和勇于挑战精神相结合形成一个良好的社会交往和自我不断完善的环境。

三、强调积极乐观的生活态度

积极乐观的生活态度是人的文化社会化的重要保证，是支撑自信和战胜困难的强大动力。通过自我参与、自我锻炼等体育活动方式，可以强健体魄，可以满足个体自我肯定情绪的体验需求，可以培养个体的自信心和乐观的生活态度。所以，积极乐观的生活态度对促进人的文化社会化有重要的作用。

四、强调不断奋斗、拼搏进取的精神

不断奋斗、拼搏进取的精神是常被人们称赞的最伟大的内在力量。体育运动可以培养个体克服困难、勇于挑战和坚忍不拔的进取精神，所以，体育赛场成了人类奋斗的一个缩影。通过体育传播倡导勇于竞争奋斗进取、不断超越自我和他人，有所创新和发展的精神，能推动人类社会不断进步。

第七章　体育与人的社会角色社会化

第一节　体育对人的社会角色社会化的影响

一、角色社会化与人的社会角色社会化

一个新生儿怎么样成为一个合格的社会成员？他们在一生中的不同年龄和不同时期如何扮演不同的社会角色，适应他们生活于其中的社会变化？在成人之前，他们要经历较长时间的社会化过程，学习和扮演角色。甚至到了老年时期，人的社会化和角色扮演也未结束，所以，人的社会化过程必然与角色扮演过程联系起来理解。这有助于搞清楚人是怎么成为社会的人、成为社会角色的，人是怎样学会参与社会活动的，并逐步扮演改造自然环境和适应社会环境的主导者。所以说，人的社会化就是个体在社会中充当一定社会角色的过程。

所谓角色，是日常生活中我们所关注的影视剧中最经常提到的一个专有名词，而社会角色相对角色更具体化和现实化，是生活在社会中的个体自觉不自觉地找到与自身学历、资历相对应的一整套行为规范和模式，也是别人对某一类特定人群的社会期望水平的展现。

（一）角色权利

角色权利与角色权力这是两个不同的概念，旁观者不认真去研读的话可能会有一种纳闷的感觉，明明相同的两个概念为什么会强调是不同的概念呢?这里需要作一辨析，前者是指角色扮演者本身应该所享有的权利和利益，后者是指角色扮演者在指挥他人完成某项具体工作或者需要的物质条件的权力，在完成类似工作的时候也是完成了自己应尽的义务。而角色权益是指角色扮演者在履行角色义务和享受角色权利后应当得到的报酬①。

---

① 常乃军，李荣，陈远军. 公民体育权利法律化是体育持续发展的必然选择［J］. 成都体育学院学报，2010，36（2）：13-16.

（二）角色义务

角色义务是指承担一定扮演角色后应尽的社会责任。角色义务包括角色扮演者“必须做什么”和“不能做什么”两个方面。

（三）角色规范

本书研究的角色规范，是指角色扮演者在社会生活中为完成自己的角色必须按照某种约定俗称的、或者与角色相适应的规范要求自己的行为模式[①]。角色规范包括不同的形式：从范围上可以分为一般规范和特殊规范；从具体要求上可以分为正向规范（即扮演者可以做、应当做和需要做的行为规范）和反向规范（扮演者不能做、不应当做的各项行为规定）。

（四）社会角色的类型

（1）从人们获得角色的方式上区分：先赋角色与自致角色

先赋角色即归属角色，指受血缘、遗传等先天的或生理的因素影响自然生成的社会角色。所谓自致角色，也称自获角色或成就角色，指在社会大环境中，受诸多外界影响，并在与人交往过程中经过个人努力而获得的社会角色。

（2）根据人们承担社会角色时的心理状态区分：自觉的角色与不自觉的角色

自觉的角色，指个体在承担某一角色时，自我感觉到自己正享受某种权利和承担义务，也希望得到周围人群对自己承担角色的广泛认可，尽量用自己的行为去感染周围的群众。所谓不自觉的角色，指人们在承担某一角色时，对周围人群对自己角色的认可度根本不理会或者完全没有意识到，而只是按个人的习惯性行为去处理事情。

（3）依据社会角色规范化的程度区分：开放性角色与规定性角色

开放性角色是指没有被社会明确定义的社会角色，这种角色的承担者可根据自身对角色概念的理解和迎合其他角色人群对个人的期望去从事相关活动。所谓规定性角色指被社会明确定义的角色，即社会机制或者其他角色已经对此种角色有了明确的权利与义务，该做什么、不该做什么都有明确规定。

---

① 李俊明，常乃军. 我国公民体育权利法规建设研究［J］. 体育文化导刊，2010，（1）：138-140.

（4）依社会角色的追求目标区分：表现性角色与功利性角色

表现性角色指不以片面追求经济上的利益为既定目标，而是以如何表现出社会制度与秩序或者约定俗成的价值观念、思想道德等为目标的社会角色。而功利性角色专指那些以追求效益和既定报酬为目标的社会角色。

（五）角色距离

角色距离即角色差距，是指一个人以自身的素质、能力、水平所承担的角色与社会对他的期望值之间的差距。戈夫曼认为，进入角色需要具备三方面条件：

第一，得到了承担这种角色的认可；

第二，具有扮演这种角色的能力和水平；

第三，自觉自愿的积极投身这种角色。

从角色距离理论可以得出以下三点一般的结论：

1）从管理和组织安排上，假设让一个人更能显示出其独特的能力，就不仅要将他安排在与其能力水平相应的位置上，而且尽可能的将其放置在具有一定挑战性的位置上，更能尽其才。

2）如果将一个人放在与其能力和水平不相符的位置上，则其需要有朋友能够倾诉，倾诉的过程可能就形成了新的环境，在新的环境中可能渐渐地找到了自己的位置，也能达到人尽其才的效果。

3）实践中角色距离的方式有两种：一种是个人尽力使自己独立，与情景相分离；另一种是几个人在一起形成新的互动。

（六）角色集

所谓角色集是一个数学意义上的集合，社会学意义上的综合体，社会上所说的角色并不是孤立存在的，而是在社会复合机制下与其他角色联系在一起的，并且具有相互联系、相互依存、相互补充的特点。

社会中的每一个人都可能承担多方面的角色，社会角色并不是孤立的概念，研究中应该按照辩证唯物法的思路去看待它，每个人所担当的角色又总是与其他社会角色联系在一起的，所有这些就构成了角色集。比如，一名女教师在家里，对丈夫来说她是妻子，对儿子来说她是母亲，对母亲来说她是女儿；在学校里她可能还同时承担着语文教师、班主任、工会会员、先进工作者、党员等多种角色；在日常生活中，在理发店里她是顾客，在汽车上她是乘客，对股市期货市场来说她是一个投资者。

角色集在社会中应该包含两种情况：一种是内部关系性质的，另一种是外部关系性质的。如果多种角色集于一身的话，主要强调的是一个人内部的关系，如在一位女教师身上就汇集了十几种乃至几十种角色。如果强调的是扮演角色者与其他人之间的关系，那么就是外部性质的。比如，一位女教师在学校里相对学生来说是一名教师，在学校里与校长、副校长、相关主任等各色人群打交道的话，由此形成了一个角色集。

从被社会大众广泛认可的角度上可以将角色社会划分为五类：道德、性别、文化、社会和政治角色社会化。本节是以体育与人的社会化为出发点，重点探讨体育在个体的社会角色社会化的作用，个体的社会角色社会化就是个体通过自身后天的努力使自己逐步演变成别人眼中较为合格的各种社会角色，群体中的每个成员都应在履行义务和享受权利的同时承担一定的角色，但群体中的成员角色化的程度不尽相同，需要群体组织完成对各自成员的社会角色进行培养，以达到被其他人群认可的程度。

二、体育与社会角色社会化的相互促进

对于社会化的基本内容可以简要概括为以下四点：第一，满足自身学习和生活的基本本领和手段；第二，按照个体所需学习必要的社会规范；第三，与其他人的价值观保持一致，形成主流的社会氛围；第四，培养社会角色。这四种基本内容最重要的内容是个体社会化过程中培养合格的社会角色，始终贯穿个体由生物人变为社会人的整个过程。通过查阅大量的文献资料显示：个体的社会角色社会化问题的研究，主要借助于诸如社会学科宏观层面的研究上，我们所搜集的资料能够从微观层面去探讨社会角色社会化问题的，所占的比重较少，还没有形成系统完备的理论体系。而相对体育，能把悠久的体育历史和人的社会化问题结合起来研究的就更少了，从个体角度看这个问题，个体能够继承前辈先进文化，学习人类的新经验、新知识来逐步塑造自己成为合格社会角色的过程，按照马斯洛需要层次理论来衡量，可以说是个体适应社会生活基本需求的过程；而从社会角度看这个问题的话，国家和民族能够得到整体的发展或综合国力的提升，主要依赖于社会中每个个体素质的提高和全民的创造性和创新能力[①]。综上所述，根据社会学相关理论对人的社会化内容的横向梳理，不仅是对体育功能的深层次厘

---

① 李俊明，常乃军. 山西省城市社区体育社会化研究［J］. 体育研究与教育，2012，27（3）：31-33.

清，同时也扩展了社会学的理论基础。

体育作为一种特殊的文化现象，在人类几千年文明史的形成中发挥了其独特的作用，其发展水平已成为现代社会文明的重要标志之一；另外，体育也是现代教育的基本过程和重要组成部分，而且越来越受到管理层的重视，其在技能的习得、社会角色的培养、道德品质的养成，甚至是在促进社会政局稳定、人类和平诸多方面的功能都有其功能的渗透。因此，现代学术中基本形成了体育是文化现象与教育过程并称的说法。无论是文化现象，还是教育过程都要和行为的主体——人有关系。作为人，首先具有社会性的特点，其社会性的特征是与其他群体和社会文化后天接触过程中逐步凸显出来的，在日常生活中能够遵照社会规范来严格要求自己，才是一个真正意义上的人。因此，人的社会角色社会化与体育的功能存在较大范围的交叉性。

三、体育促进社会化人格的形成和完善

人的社会化也即是说生物的人怎样能演化成社会的人，都有其形成过程和终极目标，与过去的人相比，经过社会化后的人会表现出更加完善的人格和比以往更高的能力。而健全的人格是形成合格社会角色的基础，所以有必要在此阐述人格的形成与体育功能的关系。人格可以从三个层面的意思理解：第一是指人所表现出来的性格、气质、能力等特征的总和；第二是指个人在社会规范约束下的道德品质；第三是指人在社会化过程中作为权利、义务的集合体。从社会化的视角去分析人格特征，这三个层面上人格的形成过程和完善程度均与体育的社会功能有交叉嫁接的融合的可能性。

首先，个体参与体育活动可以培养出个体的性格、气质、能力等特征。人的性格多种多样，性格究其本质而言，是个体心理特点的外显行为，是人们常说的个性的核心部分，性格影响着良好气质的形成和角色的习得。虽然性格有好坏之分，但还是有可塑性的。这与人们常说的，“江山易改，本性难移”还是有本质区别的。在参与体育活动的过程中，每个个体在群体活动中都尽可能地去表现出自己的心理特征，但由于受到群体中优秀队员的良好性格特征熏陶会逐步转变或向他们靠拢，在良好的环境中自然会改变自己的性格，当然是好的方面。而前文所提到的这些现象，自我认识、自我意识和自我改造的过程恰恰是人的社会化的过程。现代社会经常提到的“德、智、体”全面发展，是素质教育的核心和目标，体育首先是一种教育方式。逐步形成强壮的身体体能、多方面的生活技能、甚至乐观的情感等方面体育锻炼都有不可替代的独特功用，而这些技能、品质是

个体扮演合格社会角色的根基。

其次，体育可促进个体良好道德品质的形成。在一定意义上讲，人的社会化人格与体育具有天然的一致性，体育活动的群体性和广泛参与性要求参与体育活动的个体首先是在一定的竞赛规则中进行，在努力做好自己角色的同时，还必须在“公平、公正和公开”的口号下进行，有学者认为是群体的约束性造就了这样的角色氛围，也是可以理解的，在这样的大环境和原则下，体育参与者既要具备顽强的拼搏精神，又要在实践中，找准自己的角色定位，克服自己的不足，战胜和超越自我，充分表现出合作精神、团队意识，形成遵守社会规范、承担社会义务、积极进取的良好品质，这既是体育精神的表现，又是社会化人格的形成。所以，从人格意义的第二个层面上分析，社会化人格的形成和完善与体育具有功能上的可整合性。

最后，体育活动过程也是社会化人格中权利与义务并举的主体资格的确立。社会的基本准则告诉人们：权利和义务在哲学意义上是相互统一的，在履行权利的同时必然承担着义务。有了这个标准，人的社会化就要求作为社会主体的人，通过这一检验而达到合格。体育最突出的特点是其运动性，运动性的特点必然不是个人行为，往往会与更多的参与者接触，体育参与者形象的好坏能直接反映个体和群体的此类素养，同时也是接受社会检验的过程。总之，体育社会功能的扩展促成了社会化人格的确立，二者的可整合性为人的社会角色社会化终极目标的实现提供了契机。

第二节　体育与人的社会角色社会化的互动

一、不同人群与人的社会角色社会化的互动

我们可以根据参加体育的不同人群将体育划分为幼儿体育、儿童体育、青少年体育、成年人体育、老年人体育等。它们与人的社会化的互动既有共同点也有不同点。

（一）幼儿体育与人的社会角色社会化

幼儿时期是人的最初发展时期，也是人生重要的发展时期之一，其中体育在这一时期起着至关重要的作用。体育的最本质的特点是运动，婴幼儿离开了运动便不可能获得发展体育对婴幼儿的作用，主要体现在初始角色社会化上，它是人

在其他方面社会化的基础。人类越社会化就越认识到体育对婴幼儿的社会角色社会化的作用，可以利用体育加快幼儿的社会化进程。

体育对促进幼儿社会角色社会化的作用主要表现在幼儿社会性游戏上。幼儿有时间的基本上都在玩游戏，游戏是学前儿童的基本活动，游戏是幼儿有目的、有意识地应用想象和模仿现实社会角色的活动。在游戏中，幼儿可以相对随意地表现自我，发挥主动性和积极性。

幼儿期是个体社会角色社会化发展的关键时期，幼儿通过游戏模仿社会角色，反映现实生活，获得了个人社会角色社会化的发展。幼儿游戏本身就是一种社会角色扮演过程，具有一定的社会化特性，为幼儿社会性的发展提供了重要途径，成为儿童社会角色社会化的重要方式。

体育游戏对发展和促进幼儿社会角色社会化有着积极的影响，具体体现在以下几个方面：

（1）体育游戏促进幼儿交往能力的发展，帮助其顺利完成社会角度的扮演

幼儿的社会交往关系往往是以游戏的活动内容组织起来的，在游戏中，幼儿们之间一般都是平等互惠而又彼此互补的同伴关系，各自需扮演不同的游戏角色，进而产生角色关系。幼儿不仅需要根据自己的角色来表达自己的意愿、主张和态度，还需要理解他人角色的意愿、态度和想法，认识到他人的需要，与同伴合作，并学会处理与不同同伴角色间的冲突。这都有利于幼儿学会游戏中的交往规则，锻炼并提升幼儿的社会交往能力。

（2）体育游戏有利于幼儿健全人格的塑造，为合格社会角色的担任奠定基础

游戏要求幼儿了解自己个人角色的职责并遵守规则，要求其具有责任感，能够与他人团结协作来共同克服困难。这样的环境有利于锻炼幼儿的自我控制能力和团队协作精神，有利于培养意志力，提升自信心，促进个体健全人格的发展，进而更好地完成社会角色的担当和扮演。

（3）体育游戏为幼儿提供了向“社会人”转变的重要机会

幼儿是个人由“自然人”向“社会人”转变的重要阶段，他们要不断地学习理解人与人各种角色间的关系，遵守社会规范准则和行为方式，学习如何更好地适应现实社会。在游戏中，幼儿通过角色扮演，学习并遵守着游戏中所要求的规则，多次反复地进行类似的游戏并适时调整自己的角色偏差，幼儿就逐渐把与社会要求一致的行为规范内化到自己自觉的行动中，并迁移到现实的生活中，从而实现个体社会角色的社会化。

综上所述，体育游戏是幼儿参与社会生活的特殊形式，既是幼儿的基本活

动，又是幼儿独有的社会角色社会化方式。幼儿通过角色游戏等模仿、学习各种社会角色，在幼儿的社会角色社会化及整个社会化过程中发挥着不可替代的作用。

（二）儿童体育与人的社会角色社会化

“三岁看老。”儿童时期是人发展的黄金时期，无论是智力还是体力，这一时期的发展对人的整个一生影响深远。体育给儿童的生长发育提供了很好的动力，对他们的社会角色社会化提供了强有力的指导。在体育过程中，儿童的独立性、合作性和协调人际关系的能力都能得到很好的培养。在发达国家，体育作为一种文化对儿童的成长产生了重大的影响，是他们社会角色社会化不可或缺的重要途径之一。人类社会化程度越高就越理解和认识体育的价值，从而引导儿童主动利用体育去实现个体的社会角色社会化。

体育对促进儿童社会角色社会化的积极影响体现在：

（1）体育活动形成的友谊能促进儿童自我角色定位

在各种体育活动中，我们常常可以听到这样的评价，“你真厉害”“他打球没有全局意识”“你意识不错啊”“大家都不愿意和他一起玩”等。这些来自同伴的评价，在儿童自我角色定位、自我意识的发展中起到重要作用。同伴的肯定或赞同可能使儿童变得更加自信、友好、情绪稳定性强；而来自于同伴的否定或者排斥可能会使儿童变得自卑、孤独，发生角色错位。当他人对自己的评价和自己所认为的不一致时，他们经常运用社会比较来形成自我角色的定位。随着社会比较能力的发展，儿童的角色定位会越来越准确，越来越接近真实的自我。

（2）体育运动可满足儿童安全、归属等需要，纠正角色错位

儿童普遍喜欢参与活动，因为在活动中的儿童能得到同伴的情感支持和帮助，这样有助于减少他们的孤独感和恐惧感，满足儿童安全和归属的需要。特别是当儿童面临挫折时，他们可能会对自己之前的角色习得进行质疑和否定，容易产生自卑感，而在体育运动中他们可以得到宣泄，运动中关系好的伙伴也可以对其进行宽慰、理解和关怀，满足自己此刻受伤角色的诉求表达和情感支持，进而减少无助感，防止恶性循环和自我否定。此外，儿童在与集体体育活动同伴的交往过程中，可以逐渐发展出复杂的人际关系和友谊。他们必须学会如何有效地与其他队友进行协作、配合；学会在与对手发生冲突时如何表达自己的立场，为自己辩护并有效地与对方进行沟通；自己在队中角色定位越位或者出错时，也可以

及时得到队友的提醒和监督，进一步做好自己在队中角色的职责。

但与此同时，我们也不要忽视学校体育小团体可能给儿童带来的不利影响。由于同伴群体鼓励的一致性和统一性，很多儿童会服从于群体的压力而有可能压抑个体的独特性。尤其是对于那些开始有很大热情从事体育运动，只因技术还刚起步就被同伴群体拒绝的儿童，他们的归属感难以得到满足，自我意识会受到损害。有些儿童甚至会在体育活动中受到同伴欺负，这会使儿童变得自卑、压抑。此外，还有儿童加入一些规范和价值观不完全正确的体育群体，可能会受到不良影响而产生过错行为，并发展为不良品行。

（三）青少年体育与个体社会角色社会化

青少年随着自我意识的增强，整体心理发展水平的提高，他们开始希望摆脱对父母的依赖和服从。同伴关系在青少年的心理发展中扮演了重要的角色，青少年开始努力追求同伴间那种相互理解、相互欣赏的共鸣关系，开始去结交更多、更要好的朋友。结交好朋友的方式有很多种，一般来说是有共同的兴趣爱好，而拥有共同的体育兴趣爱好就是其中非常重要的一个方式。通过共同参与班级或者课余的体育活动，同学互相渐渐了解、进一步交流了感情，同时慢慢形成了一对对的好朋友、好伙伴关系。

（1）体育活动可以成为叛逆青少年宣泄的安全阀，有利于青少年学生角色的发挥

体育活动中的伙伴关系可以满足青少年的许多心理需求，青少年期是个体心理剧烈冲突的时期。他们内心存在着许多的躁动、烦恼和焦虑，难免会影响到平常的学习和生活，这些来自个体感受最隐秘处的冲突需要一个安全的宣泄口，而运动就是青少年平稳情绪、调节心境最好的方式之一，能帮助青少年更安分的扮演好自己的学生角色，帮助青少年安全地度过青春期。

（2）体育活动中能培养异性友谊，形成异性不同角色性格特点的互补

体育活动是青少年异性间最主要的交流媒介之一。青少年在于异性互动的体育活动中发展了友谊、爱慕等亲密关系。这一阶段对适度与异性交往具有积极的意义。第一，青少年在智力上虽然没有高低之分，但在认知方式、记忆方式、思维方式等方面却有差异。男女在一起参与体育活动，可以达到互相影响、互相学习的效果，可以从对方那里取长补短，逐步提高自身的生活水平和学习效果。第二，能够使青少年得到情感上的慰藉。青少年通过业余体育活动与异性接触所获得的技术帮助和情感交流，在同性朋友中是可能得到的。一般而言，女生的情

感要比男生的细腻温和，并天生带有母性的同情心，情感中往往蕴含有安静的元素，而男生的困惑、挫折感可以在女生安静的心绪和富有同情心的目光中找到些许安慰；男生外显的情感、奔放豪迈的性格可以消除女生的多愁善感。第三，能够使青少年在性别角色上得到互补，完善自身个性。一般来说，男生往往性格开朗、勇敢刚强，而女孩往往文静怯弱、优柔寡断、感情细腻丰富。男女生在体育活动中相互交流锻炼心得的同时，彼此在完善自身人格的过程中逐步实现了人格的社会化。第四，体育活动能够使青少年在与异性的交往中受到鼓舞和鞭策。相比只有同性参加的活动，个体在有异性参加的体育活动中一般会感到更加愉快，活动积极性会更好，往往玩得更起劲，干得更出色，能很好地满足青少年的表现欲望，这就是心理学上的"异性效应"。当有异性参加活动时，异性间心理接近的需要就得到了满足，于是，彼此间就获得了不同程度的愉悦感，激发起内在的积极性和创造力。

另外，我们也应该看到，如果青少年在体育活动中结识并与异性交往过密，则可能产生消极影响。处于青春期的学生具有热烈、冲动而奔放的感情特征。相比于枯燥而紧张的学习，与异性交往能使青少年感到新鲜、好奇、兴奋与慰藉，从而产生喜悦之情。但他们在兴奋和喜悦中却又常常会感到茫然、惆怅。这种不稳定的情绪往往会影响学习状态，导致学习成绩下降。同时，由于家庭、学校和舆论的压力，他们在异性交往过程中常常倍感煎熬，处于焦虑和惶恐不安中。如果个体与异性发生感情矛盾和冲突，还会带来痛苦，甚至会使个体产生心理问题。

（四）成年人体育与人的社会角色社会化

随着经济和科技的发展，社会节奏的加快，成年人面临的社会压力也逐渐加大，体育的价值得到了重新认识，成年人体育已经越来越受到各国人民的重视。体育成了缓解社会压力的健康的重要手段之一，体育、娱乐体育、体育旅游等应运而生、发展壮大。个人在成年期需要扮演的角色比人生任何时期都要复杂，并且，扮演得成功与否将直接影响到个体在社会中的地位。成年人是社会发展的中流砥柱，成年人体育也在成年人的社会化和再社会化过程中起着越来越重要的作用。成年人体育对个体社会角色社会化的促进作用表现在：

1. 夫妻双方共同参与体育活动可使夫妻角色扮演更融洽，促进婚姻、家庭美满

夫妻双方共同参与的家庭体育，可以为夫妻双方在繁忙工作之余提供一个

很好的放松机会，同时在体育活动中的合作配合可增进夫妻间默契，起到增进感情的目的。有孩子的家庭，如果父母双方在业余时间都能带孩子一起参与体育活动，亲子关系会更加亲密，家庭氛围会更加融洽，在体育活动中对孩子的关心与指导更能体现一个父亲或父母对孩子的责任，更有利于尽职尽责的父母角色习得，使婚姻、家庭更加美满幸福。

2. 成年人体育可以构成各种职业角色的交流平台

职业是成年人获得生活保障的来源和事业发展的平台，是成年人的一个特殊的生活环境。这种生活环境赋予了成年人特有的社会角色，如职业身份、社会地位等，在成年人继续社会角色社会化进程中占据主导地位。

职业生活占据了成年人生活的主要部分，现在随着人们健康意识的觉醒和低碳生活的倡导，“请人吃饭不如请人流汗”，越来越多地成为了商务人士的交际方式，如打保龄球、打高尔夫球、打乒乓球等已超越了简单锻炼身体这一层面上的体育功能，更多地承担了商务洽谈、好友聚会、陶冶情操的系统质功能。现在的深圳观澜湖高尔夫球场已融观光旅游、商务洽谈、餐饮住宿、休闲娱乐为一体，被国家评为AAAAA级旅游景区，大大扩展了其经济效益功能。

3. 成年人体育可以帮助其度过中年危机，帮助其自致角色的形成

在人们的通常观念中，中年人指的是四五十岁的人。现代医学则认为，人在40岁时进入中年期。按照世界卫生组织1991年划分的标准，45 ~ 59岁为中年人。中年人处于人生睿智时期，在社会中是承上启下的中坚力量。在生理上，中年是个转折时期，某些生理功能开始下降，一些老化特征开始显露。在心理上，中年人的观察和看问题的能力、承受能力日趋理性与成熟，但因为生理功能的衰退和压力的增大，也可能出现情绪波动或者所谓的更年期问题。

中年既是一个成熟的时期，也是在身体上向老年过渡的时期，尤其要特别注意身体保健。中年人的患病原因已经不单纯是生物性的，而与家庭、工作、心理和社会有着密切的联系。中年人常常感到乏力、失眠、头晕、食欲缺乏，但却查不出病因，这其实是因为身兼家庭和工作的双重负担，长期处于精神和体力的高度紧张状态，而导致的一种“疲劳综合征”。

在体育活动中，体育对中年人心境的调试作用已经越来越明显。

（1）体育对中老年人的紧张情绪具有调节作用

如今的社会节奏快、效率高，使人们产生许多压力和紧张的情绪。尤其是40

岁左右的中年人，处于人生事业的上升期，但是上有老，下有小，他们所承受的社会压力不仅来自工作，而且有很多生活中的压力。紧张的工作和生活压力容易诱发诸如高血压、高血脂、高血糖、便秘、偏头痛等各种疾病。良好的情绪和健康的心境，有利于促进人体机能的稳定，紧张的情绪会降低人体免疫功能，会诱发各种常见病。而参与体育活动可以使人全身心投入体育活动中，在全身心的体育活动中可以改善人的心理和生理状态，更有助于恢复精力和体力。

（2）体育可以使老年人的自信心增强

社会的文明程度越来越深，“适度休闲”已经成为人们文明生活的重要标志。随处可见的健身、健美的体育活动，正充实于人们的业余休闲时间之中。中年人可以从休闲活动所获得的快感中找到自信；老年人也可以找回“老骥伏枥，志在千里”的壮志。

一般的社区体育参与者以中老年人群为主，其并不具有竞技体育那么激烈的对抗性，也不会因为比赛失败而产生消极应对的态度，可见，体育是一项完全适合中老年人的体育活动。参与这一运动的群众，不必担心胜负成败，不存在任何精神与体能的压力。体育形式灵活多样，如钓鱼、气功、下棋等，内容丰富，能够使参与者乐在其中。

（3）体育为人体健康所作出的重要贡献已成为群众的共识

在中国古代，就有导引术（引伸肢体）、行气术（呼吸锻炼）、按摩术（舒筋活络）、八段锦（强身健体），发展到如今，有健身操、广播体操、韵律操、呼啦圈等运动，这些运动的流行，都已经很好地证明了体育对促进人类身心健康发展具有非常重要的作用。

（4）体育有利于增强中老年人适应社会的能力

经常参加体育活动的人，性格会变得热情奔放、乐观向上，与人沟通更加容易。中老年人参与体育活动，能很方便的接触到不同性别、年龄的朋友，在娱乐中扩大了自己的生活圈，更有意义的是丰富了自己的精神生活。在人际交往过程中，体育扮演着非常重要的角色，成为了中老年人情感交流的主要途径。从某种程度上说，体育使中老年人的生活环境及内容扩大了，使之增强了对社会的适应能力。从某种意义上来说，体育架起了人与人之间的情感桥梁。

（5）关于老年人社会角色的社会化

从社会化类型的角度来说，老年人社会角色的社会化即继续社会化。在老年期，个体所面对的主要是身体机能、社会地位的下降，以及需要勇气去直面疾病和死亡。作为一个社会人，老年人同样也需要独立和自尊。“独立、照顾、自我实现和自尊”这一口号，是第46届联合国大会《联合国老年人原则》中提出的。它是处理老年问题的最高准则。

虽然，老年人最希望的肯定是身体健康，但事实上，大部分老年人会有较长的带病期。老年人最害怕孤独，随着“空巢老人”等家庭模式的增多，老年人群体缺乏与其他群体的交流与互动。老年人社会化中最难跨越的问题，就是角色的转变，刚刚从岗位上退休的老人们，要经历对新角色的认知和重新定位。由“举足轻重”一下子转变为“无足轻重”的过程，这是老年人的第一个危险期。这一阶段，往往出现在退休后的5年（女性：55～60岁、男性：60～65岁）。退休后，老年人无所适从。最常见的三类活动就是看电视、读书看报和体育活动。前两类活动虽然可以扩大视野、排除孤独感，但没有健身与沟通的功能。相比之下，体育活动就更能促进老年人身心的全面发展了。

二、体育功能视角下体育与人的社会角色社会化互动关系

体育最主要的功能有教育功能、培养竞争意识功能、健身娱乐功能。体育多方面的功能极大地加快了人的社会化过程。现代社会化程度越高越能促使体育的发展。

（一）人的社会角色社会化与体育的教育功能

体育的教育功能主要体现在改造经验、发展适应能力、改变行为等几个方面。体育给人们提供了更多的活动和社交的机会，使人的活动能力得到更快的发展。体育活动可以培养人们机智勇敢的行为，并且达到崇高的境界。人类社会角色越社会化，体育的教育功能就越能得到社会的认可。

（二）人的社会角色社会化与体育的健身娱乐功能

体育的本质包括健身和游戏，而人的本性也要求健身和娱乐。因此，体育运动的社会化功能日益显现。科学合理的身体锻炼是现代人身体健康、身心愉悦的保证。当今时代，人们工作压力大，人越来越“机械化”，为避免成为“现代化的残疾人”，就应该娱乐健身。体育为这一需求提供了最佳的社会化途径。人们的认识越深刻，就越会主动地从事体育活动。

（三）人的社会角色社会化与培养体育竞争意识功能

平等、竞争与合作是现代人应该具备的基本品质。而体育活动则刚好体现

出了这些原则。人类越发展，社会化进程越快，平等、竞争与合作的观念就会越强。体育规则的平等、竞争与合作，能使人得到锻炼，促使个体符合自身的社会角色规范，使人更好地适应社会。体育角色的扮演能强化人的社会角色，从而更有利于促使人们主动利用体育完善自我、更好地适应社会角色的发展。

三、体育属性视角下体育与人的社会角色社会化的互动关系

增进健康、增强体质，以及促进人的社会化过程是体育的本质功能的两个方面。体育的属性同样也包含两个方面，那就是自然属性和社会属性。人的属性则包含自然和社会两重属性。

（一）人的社会角色社会化与体育的自然属性

体育的自然属性指与人自身发展紧密联系的属性。人首先是自然人，然后才是社会人，其中，体育对人的身心发展起主导作用。体育活动能促使人脑清醒、思维敏捷；促进血液循环，提高心脏功能；调节心理，提高人适应能力和免疫能力；等等。这些都是体育自然属性的表现。通过体育，人的身心可以得到更高水平的发展，从而为个体各种社会角色的发挥提供物质基础。人的社会化程度越高就越需要利用体育来提高自身的身心发展，使体育的自然属性得到更充分的体现，这是人类自身潜能发展的必然结果。

（二）体育的社会属性与人的社会角色社会化

体育的社会属性指与社会发展紧密联系的属性。相关的社会学理论研究表明，体育对社会生产力的促进有巨大的作用，经济全球化的迅猛发展和体育运动的全世界普及，必将使体育产业成为21世纪最有前景的发展产业。目前，体育休闲已经成为欧美家庭和个人提高生活质量的重要方式。欧美经济发达国家，体育产业已经成为不可或缺的支柱性产业之一。体育在很大程度上能影响和服务于一定的政治和经济。比如，美洲一些小的国家，足球队员在世界杯足球比赛中拿到了较好的体育成绩，队员回国的时候，总统都会亲自接机，可见体育是影响和服务于政治和经济的。在欧美发达国家体育企业和借助于体育来发展的非体育企业都获得了很好的发展。体育的社会属性集中表现为促进社会的全面发展，最终促进整个人类的发展及个体人的社会化。个体人的发展形成合力从而更大幅度的推进人类社会的跨越式发展，从而使体育的社会属性得到充分的认识和体现。

第八章　体育与人的心理素质社会化

第一节　不同年龄阶段体育与人的心理素质社会化

一、婴幼儿阶段体育与人的心理素质社会化

人的心理现象不是先天形成的，是个体在与客观环境相互作用下产生的，是人脑对客观现实的反映。胎儿出生后，开始与外界直接发生关系，他必须独立地进行生理活动。这是一种矛盾，由于这种矛盾，促使婴幼儿产生主体适应客观环境、独立调节自身行为的需要，就为婴幼儿心理的发生提供了直接的基础。胎儿在出生之后就开始了与客观环境之间的相互作用，从而促使心理现象开始的发生，是个体心理活动的起点①。体育锻炼育儿，就是让孩子在生理机能超出其以往的经验及能力的限度进行活动。婴幼儿体育与婴幼儿心理素质的全面发展有着密切关系，它在婴幼儿的成长中的作用分三个阶段。

1. 第一阶段，体育对感觉和知觉发展的促进

感知外界环境，是婴幼儿心理素质发展的第一步，从刚出生到能够轻便自如的翻身这一阶段，婴幼儿是以自身的感知为主，需要的时间是6～8个月。婴幼儿出生后前几个月对孩子的抱，必须注意方式方法，特别是年轻的妈妈可能注意不到这些常识，正确的做法是应该让婴幼儿的头和上体尽量垂直于地面，因为这样的抱法，婴幼儿在这个体位出现不适可以自我调整姿势，在改善视觉效果的同时颈部肌肉可以获得锻炼，假如婴幼儿的长辈经常用手托着婴幼儿的头部，这样孩子的颈部就得不到很好的锻炼。如果不能按正确的姿势对待孩子的话，早期对婴幼儿保护不到位的话，特别是新生儿容易出现颈部肌肉的损伤。

在动作发展中，人们最容易遗忘的是前庭。前庭是感觉人体运动、空间位置的最重要器官，它有三个半规管，可以感觉人体任何方向的运动和方位，即通常

---

① 常乃军. 现代体育与运动心理学的发展［J］. 体育学刊，2000，（6）：56-57.

讲的三维空间[①]。人体的三维空间在先天的培养关系到后天的平衡能力、空间智力、协调肢体能力。这其中的空间智力、协调肢体能力是婴幼儿综合智力的重要组成部分，其对婴幼儿的后期的创造力、胆量的形成起到决定性的作用。发展前庭器官的最有效的方法是旋转力度。子宫里的胎儿随着母亲的运动而运动，如果再加上胎动，胎儿的整体移动时间比母亲还要多，所以说，外界母亲的运动加上自身的胎动，胎儿在大约5个月时就把前庭感官基本发育完全了，因此新生儿具有前庭反射能力。但在胎儿出生后，由于这些理论知识的缺失，出生后前几个月的婴幼儿一般在前几个月一直处于静卧不动的状态，所以先天拥有的前庭感官会损失大半。假如孩子出生后，父母亲能够帮助孩子做旋转的游戏，那么孩子的前庭感官就能维持很高的水平。1980年笔者在北京对参加训练实验的婴幼儿进行了前庭功能测试，2名1岁3个月的婴幼儿获得了1圈/秒、连续30圈的前庭功能测量马上能走5米直线（左右在20厘米内）的纪录（宇航员要求1圈/2秒），而这个纪录只是在游戏中获得的。不进行旋转练习的同龄婴幼儿没有人能旋转15圈不出现眼震颤的。

2. 第二阶段，体育对婴幼儿的心理素质的影响

高级心理活动对于人脑的发育有着极其重要的作用。在婴幼儿还没有学会自主爬行前，该方面的训练是很少的，一般是家人和他玩耍时才无意识的做些什么动作，活动的机会是很少的，特别是受到传统抚养孩子理论的干扰，一般认为孩子初生前几个月应该少动的，可能家人陪着他们干点什么，他们就无意识地做点什么。而自发的、自觉的思维、意志等高级心理活动较少，完整的神经传导过程很少形成过，因为想做到些什么，也完成不了自己的意愿，所以到后来也就没有这个意识了。到了8个月左右的婴幼儿，学会爬行后，自身的活动范围得到扩展之后，接触的人和物多了，见多识广自然就聪明了，久而久之，经过几个月的爬行到最后的独立行走，在各种复杂的条件反射相继建立起来的同时，思维、意志、情感、兴趣等高级心理活动就会大大丰富，心理发育就加快了。

爬行取物这个动作包含了：看见玩具后想要——思维，爬过去的过程中要付出努力——意志力，拿到后很开心——情感体验，第一次拿到后还会很有兴趣的接着拿——兴趣，获得爸妈的表扬后会有——成就感，这些高级心理活动在不能

---

① 申桂芳，常乃军. 体育在人心理社会化发展中的作用［J］. 体育研究与教育，2013，28（2）：26-28.

爬行以前（翻身也有相同的效果，但是由于视觉和移动距离的关系受到一定的限制）发展比较缓慢。

婴幼儿体育是发展婴幼儿智力的有效手段之一。例如，发展良好的感官和神经系统使婴幼儿可以正确地感知周围事物，获得知识。身体健康的婴幼儿，精力充沛，求知欲强，愉快活泼，能主动积极地参加各种活动，这就使他们能广泛接触周围环境，认识事物，从而促进智力的发展。在体育活动中还可以培养婴幼儿注意力集中，观察敏锐，思维灵活，提高反映的敏捷性，使其获得良好的情绪。体育活动要求婴幼儿认真遵守纪律，勇敢诚实，团结互助，这就为培养良好的品质，特别是活泼开朗的性格奠定了基础。对此，也有学者进行了研究，明君等认为，体育锻炼能促进幼儿的心理发展，提高适应能力；体育锻炼能够激发幼儿愉快的情绪，促进智力的发展；另外，体育锻炼还可以转移幼儿注意力，减少幼儿不良情绪的产生，或者使幼儿不良情绪得到适当的发泄或释放。

婴幼儿期是自我意识的萌芽时期，是人的个性最初形成阶段，在人的心理素质社会化的形成上，可以说是一个质的变化，即从把自己当作客体转变为把自己当作一个主体的人来认识，从而逐步学会了对自己的最初的评价。这个阶段的体育，起初是在家长的辅助下完成的，随着婴儿运动能力的发展，直到具备基础运动能力，进而参与一些有目的的体育活动。这个阶段的体育更重要的是为婴幼儿创造更多身体练习的机会，由于每个婴幼儿这种机会的不同，使他们之间存在个别差异，而这些差异必将会影响其心理素质社会化的进程。换句话说，得到充分的身体练习的婴幼儿，同样得到更多培养其良好的社会适应能力，以及良好的个性品质的条件和机会。体育游戏是幼儿体育的主要形式，运动与游戏相结合是这个时期人参与体育的主要方式。借助体育游戏可以提高婴幼儿的心理素质，使其形成积极的个性，促进其社会化发展。有研究指出，在户外体育活动中，如果幼儿积极投入游戏，较短时间内掌握了游戏或者活动的要领，教师与幼儿关系和顺、同伴关系和谐，那么他在活动中就能够游刃有余，并很容易从中获得快乐。而如果情况恰恰相反，那么他的情绪就会变得非常消极，不愿意参与游戏，甚至与其他幼儿发生冲突，消极情绪发展到极点就导致挫败感的产生。但在户外体育活动中无论是积极情绪还是消极情绪，都能够丰富学前儿童的情绪情感经验，对幼儿情绪社会化的发展有重要意义。除引导幼儿潜在能力的发挥，促进幼儿体力的提升之外，体育游戏还是幼儿学习自我保护的能力、养成独立自主的个性的主要途径，同时为幼儿创造了体验团队生活的机会，促进了自我认知的发展，同时认知社会是一个整体，可以增进心理素质社会化的发展。例如，在体育游戏中，小朋友们在一起参加身体练习，以前本来有的心理距离逐步缩小，越玩得高兴越感到亲切、越互相信赖，并由此引起彼此之间的情绪共鸣，在游戏中受到鼓励、肯定、赞赏、支持，或得到提醒、警告、停止活动的信号，使游戏中情感频繁地进行交流，使幼儿把自己融为这个集体中的一个不可缺少的成员，对促进自我认知和培养自信心有重要作用。

3. 第三阶段，初级的人际交往

语言和身体移动是婴幼儿人际交往的两个基本条件，而初级的人际交往是婴幼儿心理发展的最高阶段。与人交往时，最先决的条件是能够直立行走，而且直立行走才能更好地使用肢体语言，婴幼儿的语言发展则离不开动作。婴幼儿时期的人际交流的成败可能会影响孩子一生的社会交往能力。作为有基本社会常识的家长，更应该让婴幼儿在科学的范围内尽早的直立行走和学会语言。多参加集体活动也是提高婴幼儿人际交往能力的有效方法。而体育活动正是对婴幼儿的发展起到了关键的作用，所以这一时期的婴幼儿更应该做到“四肢发达”，只有做到“四肢发达”，才可能“头脑发达”。

下面以一个具体的体育游戏为例，来分析体育与幼儿心理素质社会化的关系。

体育游戏“看谁耳朵灵”。其心理素质的发展目标是：锻炼了幼儿的观察、思维、注意和记忆能力，培养幼儿勇敢、遵守纪律的优良品质。其具体玩法是：①幼儿成6路纵队听信号向后跑。（老师拍一下手，排头一个幼儿向后跑；老师拍两下手，排头两个幼儿向后跑）很显然在这个过程中，幼儿必须听清老师拍了几下手，将它记忆，并在脑海里将拍得几下手转化成数字儿，这样才能正确游戏，这就锻炼了幼儿的记忆力和思维力。②听多“1”号向后跑，并跑回原处；听少“1”号向后跑，并跑回原处；听信号向相反方向跑。（老师说向前跑，幼儿就向后跑，反之亦然）这些都提高了幼儿记忆和思维的能力，进一步锻炼了幼儿的记忆、思维能力。③分组听信号找阵地。（听老师拍几下手就去找数字儿）。④听信号找比原数字多“1”或少“1”的数字或老师说加减法试题，幼儿边说数边跑到相应数字的“阵地”。在这个过程中，幼儿必须集中注意力听信号，记住信号内容后再在大脑迅速分解、思维，得出结果，还得观察结果所在“阵地”在什么位置。这就不同程度地锻炼了幼儿的观察、思维、注意和记忆能力。游戏的结束部分是玩游戏“雪人融化了”。教师说：“春天到了，天气越来越暖和了。小雪人开始融化了，雪人的头慢慢地化了，雪人的右手慢慢地化了，雪人的左手也渐渐地化了，雪人的身体不见了，最后变成了一片水。”幼儿随老师念的句子作相应的动作，“最后变成了一片水”，幼儿作松软坐下的动作。在这个过程中不仅使幼儿的身体得到放松，还培养了幼儿的想象能力。从这则体育游戏中不难看出，幼儿园教育不仅锻炼幼儿体质，促进肌体的正常发育，还在很大程度上促进了幼儿智力的发展。

二、儿童阶段体育与人的心理素质社会化

童年期是心理素质发展的一个重要阶段。从习得直接经验为主向掌握间接经验为主是一个发展过程，儿童心理发展是在主导活动中进行的，小学儿童的心理发展主要是通过学习活动进行的。学生的学习过程本身就是认识或认知的过程。小学生在学习过程中掌握知识、技能和社会行为规范，在丰富自己、认知世界的过程中，将所学不断内化于己，不断地引起其智力、个性、社会性诸方面结构的变革，以促进心理积极发展。

幼儿认知具有自我中心特点，童年期处于脱离自我中心阶段，表现出脱离自我中心的变化过程。皮亚杰著名的“三山实验”揭示了幼儿的认知存在着自我中心现象，即指幼儿仅从自己的角度表征世界，认识不到他人的表象与观点不同于己，并认为自己的体验和想法就是他人的体验和想法。

自我意识是在儿童与环境相互交往过程中形成的。因此，在日常生活中，能否进行教育、调节儿童与环境的关系，对儿童自我意识的发展起着重要作用。体育锻炼不仅是身体的锻炼、大脑的锻炼，也是意志和性格的锻炼。体育运动能克服某些不良行为，使儿童的性格开朗、活泼、乐观。这种良好的情绪有助于身体的健康。运动还能培养儿童的毅力。儿童作一些动作要付出较大的努力，有时要克服各种困难，这就是很好的意志锻炼。运动后，儿童更有自信心和成功感。儿童会变得更加优秀、懂礼貌，与人相处较为主动平和。适当的运动对儿童人际关系发展有很大的作用，使儿童养成与人合作的习惯和遵守规则的行为，适应日后的社会需要。对于性格孤僻、不合群的儿童，要多让他们参加集体活动和各种游戏，与众多儿童接触，可改变其孤僻、忧郁的性格，有利于儿童心理素质的社会化。

三、青少年阶段体育与人的心理素质社会化

有很多学者认为，青少年时期在社会化过程中是最重要的。社会化贯穿人的一生，那么青少年社会化则是这终生社会化过程中的一个特殊阶段，它一方面标志着初级社会化的完成，另一方面，它还要为成年的继续社会化奠定基础。

少年期是独立性、自觉性和幼稚性错综矛盾的时期，被称为人生的关键期、危机期、急风暴雨期、过渡期、困难期，少年期是性格形成的重要时期，可塑性大，稳定性低，这一时期的少年更易受到挫折，更易接受有害的影响。进入青年期，青年的性格虽然还有受内外因素的影响而发展变化的可能，但已相对稳定。性格在青年初期基本定型，此后的改变十分微小。青年期是人从不成熟走向成熟的过渡时期，是生理迅速发育的时期，是人由“自然人”向“社会人”转变的重要时期，青年期生理的发育必然导致心理上的一系列变化，其心理发展的特点尤其是在自我意识、情绪和意志及性格发展上，都有其独特特征，因此青年期被称为“心理断乳期”、困惑期、抗拒期。

青少年的社会化主要靠社会生活环境的潜移默化和外部的教育灌输，个人自觉进行社会化的主体意识相对较弱，这种情况下体育对其社会化的意义更加重要。下面将结合青少年期人的心理特点对体育在促进本时期人的心理素质社会化的作用进行阐述。

（一）自我意识发展

在积极的体育锻炼中逐步培养了青少年的自我意识的健康发展，参加体育运动能够使人在运动中清醒的认识自我，并增强对自己身体的满意感，提高自尊。而体育运动中的竞争性又会使自己的社会价值被认可。另外，体育锻炼中无意识的暴露了自身的优点与缺点，在完善自己体育参与行为的过程中，自然也就修正了其他方面的不足，有利于发挥潜能与长处，能够正确地对待成功与失败，培养积极健康的价值观。

（二）情绪发展

青少年的情绪发展虽趋向成熟和稳定，但其过程会出现波动。其主要特征有：

1）热情、容易激动。处于青少年时期的人，一方面普遍工作积极、富于激情，行动迅速，大部分表现为奔放、果断。另一方面，则因为年轻的原因，自我心理意识上变化幅度较大，所以有时情绪容易过于激动。

2）情绪的内容越发丰富、深刻。在青少年群体中经常表现出来的，如愤怒、恐惧、欢乐、悲伤和爱的情绪起因及表现特点与儿童期不同，这说明其情绪情感已经从不成熟的阶段向成熟演化。智力的增长和社会的需要，逐渐培养了青少年道德意识的社会性情感，如集体荣誉感、社会责任感、义务感、正义感和民族自豪感等，其深刻性和持久性明显提高。

体育运动能改善情绪，使他们反应适度。情绪不高时，有目的的参与体育活动，无形中为郁结的消极情绪提供一个发泄口，心情郁闷时去户外运动一下能有效缓解坏的心情，特别是在人生低谷时可以培养出良好的心情为下一阶段的成功作出良好的铺垫。焦虑、抑郁、紧张和心理紊乱等消极的心理能得到明显的缓减，甚至改观，变得心情舒畅、精神振奋。可能有人会问到为什么体育锻炼能够调节情绪，主要是因为全身心的投入体育锻炼的话，参与者就能在活动中找到身心愉悦的感觉。反应适度指既不异常敏感，也不异常迟钝，刺激的强度与反应的强度之间有着相对稳定的关系。这是因为体育运动可能对大脑的氧供应、氧利用、神经递质的功能和大脑本身的结构产生积极的影响。

（三）意志品质发展

青少年的意志品质发展迅速，其特征是：①完成意志过程的自觉性和主动性增强；②行动的果断性增强；③自制力增强；④富于坚持精神。

体育锻炼在培养青少年吃苦耐劳、磨炼意志方面有独特的功效，尤其是改革开放后出生的青少年一代，大部分的家庭生活水平还算可以，所以从小就缺少必要的社会劳动，即使偶尔劳动，也达不到磨炼意志的效果，能够大汗淋漓的活动也只能是参与体育锻炼。体育锻炼一般都具有艰苦、疲劳、激烈、紧张、对抗及竞争性强的特点。在缺少必要社会劳动的基础上参加体育锻炼时，总是伴随着强烈的情绪体验和明显的意志努力。因此，通过体育运动，不仅有助于培养青少年勇敢顽强、吃苦耐劳、坚持不懈、克服困难的品质，而且有助于培养机智灵活、沉着果断、谦虚谨慎等意志品质，使青少年保持积极、健康向上的心理状态。同时，体育运动可以有效地培养青少年的合作与竞争意识。体育锻炼多是群体性活动，在锻炼过程中让青少年产生情感上的相互感染、沟通，从而增进了解，从而进行平等、友好、和谐的交往，使相互之间产生信任感，有效进行情感和信息的交流，互相之间产生一种默契和交融。因此，体育运动可以有效地培养青少年的合作与竞争意识。

（四）性格的发展

少年的性格处于形成阶段，对社会正逐步形成较稳定的态度，但还存在动摇性；性格意志特征不稳定，意志力尽管在发展，但克服困难的毅力还不够，往往把坚定与机械、勇敢与蛮干、探索与冒险混同起来，性格的理智特征及思维品质的差异性在逐步明显化，但仍然有一定的可塑性。

由于现代社会家长和社会对青少年的期望水平相当高，谁也希望自己家的孩子能够高别人一筹，将来进入激烈竞争的社会中能有自己的一席之地，在青少年时期就拼命的学习知识和技能，所以，对青少年来说，精神压力是越来越大。

叛逆心理是人们根据社会叛反行为的心理状态的一种概括。经常听到家长提到15～16岁的孩子最不听话的说法，为什么往往出现在这个时期呢，是由于这个时期的孩子心理上的不成熟、不适应社会和学校环境所造成的，根源在于整个心理生活正处于一个动荡不安的时期。

当然，体育锻炼也并非盲目没有限制，只有选择合适的锻炼项目及适宜的运动强度，才能对青少年的心理素质发展起到积极有效的作用。选择合适的锻炼项目及适宜的运动负荷可以有效发挥体育活动的心理效应，同时应考虑体育活动参与者的个体差异，才能取得良好的心理效应。综上所述，经常科学且合理地参加体育运动有助于促进青少年心理素质的社会化。

四、成年期阶段体育与人的心理素质社会化

成年期身心发展变化的特点是比较平稳，不像少年期、青年期或老年期那么显著和剧烈。这一时期相当于生理学上的成熟期。成年期是先前各阶段发展结果集中表现的时期，是人的心理素质社会化的继续发展阶段。成年期的主要生活课题是成家立业，即组织家庭、抚育子女、干一番事业。成年人过着独立自主的生活，承担着复杂的社会责任。他们是社会的中坚力量，是社会物质和精神财富生产的主力军。一方面，人到成年后，随着年龄的增长会经历许多事情，从男孩到男人的演变，从做人子女到为人父母，都会遇到许多新矛盾、新问题，这就需要逐步的去接受新的社会角色，完成新的角色赋予其的义务和权利。另一方面，流动性是现代社会的主流，在一个地方工作的人来自五湖四海，在一生中可能需要应对不同的社会环境、社会地位，融入到新的环境，就需要按当时的生活节奏来安排自己的生活方式，这些都使得人们不得不重新经历一番社会化，以适应新的环境和新的社会地位。同时，成年期的心理素质社会化程度也将直接影响到老年期的心理素质社会化发展。

万文君和郝选明对体育与身心健康的定性分析表明，体育活动对心血管系统、呼吸系统、运动系统和免疫系统功能有良好影响，它在提高认知能力、促进个性发展、缓解心理压力、获得精神自由和解放，以及更好地享受生活和生命等方面都有积极作用。

五、老年期阶段体育与人的心理素质社会化

社会化伴随人的一生，社会化，对老年人“社会再适应能力”的获得来说，具有特殊的重要意义。老年人也仍要经历心理素质社会化。作为老年人，一旦停止了以前从事的社会工作，就要逐步学会放弃以前的地位、权力、尊严和报酬，学会全部或大部分新的角色，如积极参与社会活动，参加社区组织、志愿服务组织或俱乐部，参加这些社区活动能够充分利用自身的业余生活，学会承担青年人的顾问等角色，适时给他们一些生活的忠告、经验与知识。老年人的继续社会化，固然离不开社会生活的影响，但就其主导力量看，这一过程更依赖于主体“内省”式的人格自我调整。一般来说，老年人的个性发展更趋向于自己的内心世界，更热衷于内省和沉思，而不大愿意再涉足复杂、多变的环境。这种在主、客观世界关系中由“主动掌握”向“被动掌握”的变化，虽然潜伏着使老年人因沉湎于过去而脱离现实以至于因循守旧的危机，但也因主体具有了更强的自我解剖、自我控制能力，而为老年人进行有意识的社会化提供了有利条件。而老年人则不同，一旦他们选定了自己的新角色，确立了社会化的方向，就会在主体意识的明确指引下，主动、自觉、有目的、有计划地学习、掌握扮演新角色所需的各种知识和规范。在自觉塑造人格方面，老年人具有特殊的优势。利用好这一优势，坚持目的明确的自我教育，老年继续社会化就能够进入良性轨道。

1. 体育参与有利于老年人的自我认识

体育是一种需要人的积极参与的身体活动。例如，有关老年生理、心理研究表明，智力的全面衰退与年龄的关系，并不像人们通常想象的那样密切；老年人的身心变化也并不都是由于生物老化和智力衰退造成的，经济、生活状况和社会角色、交际范围的改变，以及由此带来的生活方式和个人精神面貌的变化，对老年人的身心，常常会产生更为重要的影响。

因此，每一位老人都应对自己的主、客观条件进行具体分析，在全面了解自身主体能力和客观环境所提供的可能性基础上，扬长避短，选择对自己来说既充实又可行的生活目标。确实能够认识到这一点的话，老年人就可以提高自信心，保持并调整良好的心理状态，来营造符合老年人身心特点又富于个性化的积极的生活方式。

经过大半生的生活磨砺，老年人无论是在认识还是在意志或情感方面，都已形成了相对稳定的“心理定势”（即主体预定活动方向的整个心理状态。其特点

是，主体要求新的活动符合自身固有的思维、价值、情感和行为等方面的惯性模式）。从消极影响上看，心理定势具有很强的滞后性，特别是以前在“得意”的工作岗位退下来之后，没有以前那种前呼后拥的感觉，一下难以接受急剧变化的现实，老年人往往表现出固执、刻板、墨守成规、缺乏应变能力等个性特征，阻碍主体从新的角度、以新的方法，去积极地适应变化着的世界。如果在老年期生活中发生一系列重大的生活变化的情况下，其往往成为老年人完成角色转换的巨大心理障碍。不改变僵化的模式，消除心理定势横亘在主体与现实之间的樊篱，个体就难以积极主动地接受和完成老年社会化。

在老年体育社团中活动，老年人不但可以增强体魄，愉悦情怀，而且还能够相互沟通扮演新角色的体会和感受，交流生活、学习的技能和乐趣；在与青少年等其他年龄组社会成员地位平等的接触中，不但可加强双方的相互了解，有利于消除不同年岁组成员间的社会偏见，而且可以使老年人在传授人生经验、实现自身价值的同时，强化自己的社会、家庭责任感。此外，在积极的群体体育活动中，老年人还会接受一种类似于“角色互换”的教育。与不同年龄组成成员的交往，可以使他们扮演不同的年龄角色（如在青少年面前他们体验着“老年”角色的心理，而在长于自己的老人面前，他们又体验到“青年”角色的心理），并在这一扮演中对新的自我形象、社会对该形象的期待，以及如何处理自我与环境的关系等，加深理解，消除与现实不适应的心理定势，获得对新角色的充分自我肯定。

2. 体育参与可以避免老年人产生负面情绪

不少老年人难以承认“闲暇身份”的合理地位，看不到这一身份具有任何积极的社会功能，从而将退休视为自己积极角色和社会人格的终结。这一错误认识势必导致退休人员的角色意识中断，造成“认同危机”，时时事事处处为自己在社会生活中所处的地位感到窘迫，从而陷入自卑状态。这种负性情绪，因主体对身心衰老的片面关注，又因受到歧视老年人的传统偏见（如认为老年人只能扮演失去社会意义的消极角色，老年人是社会和家庭无可奈何的负担，老年人思维迟钝、观念保守、性情孤僻、不近情理等）的压力，而不断得到强化。显然，不破除这种有负性情绪的老年人，是难以顺利进行老年社会化的。

有研究指出，经常参加锻炼，会降低老年人的负性情绪；娱乐性的健身运动对老年人的心态是有正向影响的；步行、慢跑等静养性锻炼能积极促进老年人的精神健康，适度的锻炼可以转移注意力，减轻或忘却不良的情绪，产生愉快之感，促使幸福心态的产生。

3. 体育参与可以使老年人与现实环境保持丰富多彩的联系

老年人与社会环境隔绝，很容易引起反应迟钝、智力下降和情绪上的焦虑、抑郁，而这一切又会不断瓦解老年人继续社会化的积极性。老年人以多种形式从多方面积极参与各项体育活动，这些体育参与为老年人提供了群体生活的机会和场所，使得与生活环境的互动联系增多，有更多的机会和足够多的外部刺激使其保持自身清晰的现实感和肯定并接纳新生事物的热情，有利于克服与现实生活不相适应的心理定势，提高身心活跃程度。

第二节　体育影响人的心理素质社会化的作用机制

一、心理素质社会化机制阐释

心理素质社会化的机制指对人的心理素质社会化发展施加的影响方式，是与人的心理感应、认同心理相互作用的方式和状态。它说明的是人的心理素质社会化的社会作用形式与个体内在认同动力结合的特殊关系。

心理素质是一个中国本土化的重要学术概念，它在人的全面发展和健康和谐人格养成中是不可或缺的。心理素质具有个体素质的一般特点，但也有自己的特殊性。面对知识经济大爆炸的时代，人的心理素质显得越来越重要。

我国学者对心理素质的定义，概括起来有以下几种：

第一种，与心理学的概念结合起来的心理素质的概念。比较知名的社会学家肖汉仕教授曾作出如下的解释：所谓心理素质的概念，指人在完成每个心理变化的同时所展现出来的状态、品质与能力之总和，其中包括智力因素与非智力因素，在智力方面主要指个人能力范围内获得知识的储备度和理解能力，当然也包含先天遗传的智力潜能，但我们主要强调心理潜能的自我开发与有效利用，在非智力方面，主要指心理健康状况的好坏对社会适应和行为习惯的影响能力，重在后天社会化的作用。

第二种，心理素质是一种品质，即品质论。“心理素质是以生理条件为基础的，将外在获得的东西内化成稳定的、基本的、衍生性的，并与人的社会适应行为和创造行为密切联系的心理品质，它由认知因素、个性因素和适应性因素三个方面构成。”

第三种，是以心理素质的构成为基础进行定义的。“心理素质是由心理能力素质（智力因素）、心理动力素质（人格因素）和身心潜能三个亚系统组成的相互作用的，动态的系统。”心理素质是以生理素质为基础的，在实践活动中通过主体与客体的相互作用，而逐步发展和形成的心理潜能、能量、特点、品质与行为的综合。

第四种，心理素质是心理发展的水平。王希永等指出：“心理素质是指在先天与后天共同作用下形成的人的心理倾向和心理发展水平。心理素质作为一个普遍概念，具有丰富的内涵和外延。就其内涵而言，心理素质所反映的是人在某一时期内的心理倾向和达到的心理发展水平，是人进一步发展和从事活动的心理条件和心理保证。就其外延而言，心理素质包括人们所有的心理活动过程和心理活动结果。人们在对心理素质进行概括、分析和评价时常常使用人格、个性、心理品质等概念，这些概念同心理素质具有相同或相近的含义。”

人生活于一定的社会环境中，人的心理是对社会生活的主观反映、把握和体验。个体心理是个体对自身与社会文化环境，以及它们之间关系的观念的把握和体验；社会心理是人们普遍承认和接受的社会共识和主流思想。心理社会化作为人的社会化过程中的一个重要方面，它包括两层含义：一是社会心理内化为个体心理，为个体所接受，将个体心理整合、同化并改造为具有社会人的普遍心理；二是指个体心理外化为社会心理，从而使社会心理得到发展。它既是个体心理在社会活动、社会交往、社会关系中产生、成熟的过程，也是社会心理、社会意识、社会精神在人的社会活动、社会交往、社会关系中不断被丰富、被超越的过程。

张大均和冯正直认为，社会适应是“个体在社会化过程中，改变自身或环境，使自身和环境相协调的能力。是认知因素和个性因素在个体‘适应—发展—创新’行为中的综合反应，是个体生存和发展必要的心理因素之一”。总而言之，心理素质与社会适应是包含与被包含的关系，社会适应是心理素质的主要成分之一。

心理素质社会化就是使人们用健康的心理指导自己的行为的过程。它是人的社会化不可或缺的重要内容。心理素质的社会化至少包括三个方面的内容：第一是具备发育正常的智力和快乐的情感；第二是具有自信、果敢、有恒、精益求精等优良的意志品质；第三是具有健康的性格和和谐的人际关系。

这里需要特别指出的是，心理素质社会化并不包括培养与职业相适应的心理素质，如一名运动员就应具备与竞技职业相适应的心理素质。总之，心理素质社会化不仅是一个人早期社会化的重要内容，而且在继续社会化过程中，同样处于非常重要的位置。

二、体育影响人的心理素质社会化机制的主要内容

（1）角色引导机制

角色是指社会对群体或社会中具有某一特定身份的人的行为的期待。所处的社会环境不同，就有不同的社会关系，于是对角色会有不同的要求和行为期待。身处社会的每个个体都很看重社会对自己的接纳与承认程度，因此会受到角色的影响和引导。人只有被社会接纳和承认之后，才能形成稳定的自尊感，获得自信和安全感，如果个体行为偏离社会期待，也会因此被社会抛弃，个体往往会由此产生焦虑和恐惧。

体育活动都是在一定的社会环境中进行的，体育活动中的角色很多，如竞赛者、队员、教练、裁判、观众、组织人员等，而这些角色与现实生活中的社会上种种竞争的人、单位成员或群体一分子、专家、领袖、法官、警察、消费者、公民、行政人员等的角色比较相似，因此，通过参加体育活动，个人可以学习和体会现实社会中的各种不同角色，获得相应的经验。体育活动的场合，为人们学会承担社会角色提供优越的环境和较适宜的条件。个体因体育而形成的社会关系中由于所处的地位不同，社会对角色的具体期待也不一样，使得个体对角色的体验不同，同时角色所具有的权利、义务和相应的行为要求也不同。比如，足球比赛中，两队队员都在自己所处的“位置”上，这时的“位置”与“角色”联系在一起，通过与该“位置”相适应的“角色”行为而产生相互的社会关系，前锋进攻，后卫退防，使得比赛井然有序。这一个过程能够培养人的自我意识，提高人的规范意识，促进人的心理素质社会化。

（2）社会比较机制

社会比较是一种常见的社会心理现象，是指把自己的观点和能力与他人进行比较的心理过程。心理学家费斯廷格（Festinger）认为，任何一个具有自我意识的人，都需要在明确评价和确认自己的状况之后，才能明确自己作为主体同别人及周围世界的关系，才能明确自己行为的方向。

体育运动中，存在很强的竞争性和充分的社会评价和比较。竞争是体育的重要特点，公平竞争是体育的基本准则，而这一准则也是体育比赛存在的价值和魅力所在，如果体育比赛违反了这一准则，就会失去其比赛的意义和魅力。竞争的结果，是使成功者获得所求，失败者损失所有。在体育运动中，人们逐渐理解体

育比赛的价值和公平竞争的意义，树立正确的竞争和合作意识，理解制订规则的意义，树立自觉遵守比赛规则意识，识别和抵制运动比赛中的不道德现象。现代社会生活的特征，是互相竞争的产物，对现实社会中存在的种种竞争和体育比赛中的竞争进行比较，有利于人们明白在社会中如何正确认识和处理竞争与合作的关系，如何教育自己，正确处理对手与朋友、与对手竞争和自我竞争的关系。因而体育影响了人的心理素质的社会化。

（3）亚社会认同机制

亚社会也称次级社会，是较低级、较原始的组织（如家庭、学校、同辈群体等），是个体社会化的直接背景。整个大社会环境对个体的要求与期望、奖励与惩罚，都以亚社会人们的普遍认识为基础和出发点。个体要获得大社会环境的认同，首先需要获得亚社会群体的引导和认同，在小范围都不被认可的社会行为，是很难适应大社会环境的，否则就不能够顺利成长和发展。但是，亚社会与大社会是特殊与一般的关系，有些要求、规范、价值倾向和强化手段是没有的，但是亚社会却有这些要求，应该说亚社会要求的更具体，当然也可能具有与大社会不同甚至是相悖的要求、规范等。

参与体育活动的群体构建成一个具体的亚社会，在这个亚社会中，体育活动本身展现的就是包含有等级观念、流行时尚、服装潮流、法律精神、基本道德行为规范、商业关系等社会交往的情景，这个亚社会看起来就像一个“社会器皿”装载着社会上主要的、流行的价值观念。以体育活动为背景的“社会器皿”给人以强大的社会冲击力，影响着参与者的心理，最终促进人的心理素质向着社会化方向发展。

第三节 体育对人的心理素质社会化发展的作用

我国正处于实现社会主义现代化战略的关键时期，社会环境发生了翻天覆地的变化，社会发展高速，竞争十分激烈，现代社会对人适应社会的发展提出了新的要求，因此，人的心理素质社会化就显得尤为重要。体育作为一种以身体练习为基本手段，以增强人的体质、促进人的全面发展、丰富社会文化生活和促进精神文明为目的的有意识、有组织的社会活动，与人的社会化的关系是密不可分的。国内外的学者意识到了这一点，并对体育与社会化的关系进行了研究。西方社会学家从功能主义理论、冲突理论、批判理论、互动理论的视角出发对体育中的社会化进行解释：功能主义理论者将社会结构定位于个人行为之上，把社会结构看成人们必须接受和遵循的行为规范体系，他们关注的是参与体育活动如何使年轻人的态度、价值和技能在他们长大后适应社会，如何使个人对社会具有功能。冲突理论强调社会冲突对社会的巩固和发展的促进作用，他们主要关注个人的社会背景对个体在体育过程中的权利与利益的关系，以及体育过程中权利与利益的不同对个体不同的影响。自20世纪80年代以来，批判理论和互动理论相结合的方法越来越多地被采用，他们需要更多地了解作为一种文化体验的运动参与的意义。

在国内现有的研究成果中，众多学者对体育与人的社会化的关系研究上，提出：体育是促进人的社会化的载体，它使人在体育活动当中完成心理素质的发展，并学会遵守伦理道德原则。虽然体育能够促进人的社会化的功能已得到了人们的共识，但是，其相关的研究却不够细致、深入和全面，尤其是关于体育对人心理素质社会化的关系的研究，只有涉及，未见系统。多数学者认为，体育在促进人身体健康的同时，还能促进人的智力发展，满足人的情感发展的需求，完善人的人格，改善人的人际交往能力，培养人的意志品质，促进人的社会化。周庆谊指出，体育运动对人的良好心理个性的形成起到很大的促进作用。任未多认为，体育锻炼可以提高学习成绩、增强做事和作决定的果断、信心，促进情绪的稳定、独立性、智力水平、心理控制源内控倾向、记忆力、良好心境、知觉能力、交往和接受性、积极身体自我评价、工作效率等。季浏认为体育锻炼在提高唤醒水平、降低应激反应、消除疲劳、增加社会联系、治疗心理疾病等方面影响人的健康。体育活动和娱乐消遣不但可以克服人们对快节奏生活的抵触、恐惧、怨烦和焦虑等心理障碍，还可以稳定心理情趣，抑制身心紧张，增加人们在快节奏生活中的自信心及对社会的应变能力。所以体育运动在培养人的社会适应能力方面有其他学科不可代替的作用。李成国认为，体育运动在心理素质社会化进程中起到改善情绪、积极培养意志品质、使人际关系和谐、给人以自信、促进行为协调、反应适度、培养合作与竞争意识的作用。张波和崔吉洋在研究中指出，体育可以扩大社交范围，治疗心理疾病，提高智力，促进学习，健全人格。梁保军通过研究指出：大学生是我们最终向社会输送的产品，普通高校开设的健美操课在一定程度上增强了女大学生的体能，更有价值的是其培养了女大学生独特的心理素质，锻炼了她们的意志品质和知难而进的办事风格。大学生心理素质随着参与体育而不断加强，这样做不仅能有效地提高学习成绩，而且也能增强她们社会适应和竞争的能力，更有利于她们走向社会。

体育在人的心理素质社会化发展进程中的作用是不可替代的。体育对人的心理素质社会化的促进作用主要体现在以下几个方面：

一、体育能促进人的自我意识的发展

体育，能够对人的自我意识产生积极的影响，自我意识首先是人的意识的本质特征，自我意识的成熟是人的意识的最高形式。人的自我意识以个人的活动为服务导向，对其认识活动起着监控的作用。自我意识的成熟可以实现人脑对信息的输入、加工、储存、输出的自动控制系统的控制，这种环境下，人就能通过控制自己的意识而相应地调节自己的思维和行为。自我意识的成熟被认为是个性基本形成的标志，它在人的社会化过程中具有相当重要的地位。自我意识是人心理素质社会化的结果，同时，自我意识的形成和发展又进一步推动了人的心理素质社会化。自我意识是对自己身心活动的觉察。自我意识的修正主要依据生活中所积累的经验，特别是成功和失败的经验和来自他人的评价这两个方面。修正自我意识表现为自我接纳和自我否定两种形式。自我接纳是个体对自身，以及自身所具有的特征持积极的态度，正确对待自己的长处和短处，以平常心面对自我现实。自我否定是否定自己的各个方面，忽视自己的优点。自我否定与自我接纳一样，是自我意识发展过程中不可或缺的心理过程，是个体形成良好的心理品质所必要的心理过程。通过多次的自我接纳和自我否定，人们就可能客观地评价和认识自我，稳定的自我得以最终确立。人的一生是一个不可逆的过程，自我意识的发展有利于提高人的社会价值，使个人的发展与社会的进步相协调、相和谐，使人生更有意义。

各项体育活动都需要以较高的自我控制为基础。而参加体育运动有助于提高人的自我意识。一个人要进行体育运动，必然要经历运动目标的树立，运动项目的确立，运动计划的制订，具体运动行为、行动的采取、实施、调整、控制的过程，在这样的过程中，人从自我认知、自我体验到自我控制三个自我调节的阶段完成了自我意识的提高。有不少学者对这方面进行了研究。张立敏等（2004）进行了一项关于自尊的研究得出：通过3个月的身体锻炼，受试者自我观念的有些方面有不同程度的提高，特别是与身体有关的自我概念。李琳等通过12周的运动干预实验研究运动对人的自我意识的影响，研究指出健美操可以提高人的自我意识水平。

二、体育能促进人对情绪的有效控制

情绪社会化是心理素质社会化的一个重要内容，情绪稳定和反应适度也是心理素质社会化的主要标志。几乎所有社会活动都离不开情绪的参与，情绪对人在社会中的行为起调节作用。当今社会是一个快节奏、高效率的社会，这就不可避免地给人们带来许多紧张和压力，同时也造成了情绪的不良状态。作为社会的人，如果经常把自己束缚在忧愁、焦虑、苦闷、恐惧、悲伤，以及闷闷不乐的消极情绪中，随着时间的推移必然严重影响人的心理素质社会化。体育活动中，人们有更多的机会体验积极情绪（快乐、兴奋、激动、成就感等）和消极情绪（不快、生气、恼怒、挫败感等）。人们对体育的参与有利于人对情绪的控制。国内外的很多研究表明，体育活动具有调节人体紧张情绪的作用，既能直接给人带来愉悦，又能降低紧张和不安，改善心理健康。伯格研究认为，有规律地从事中等强度（最大心率为60%～75%）活动的锻炼者，每次活动20～30分钟，有利于情绪的改善。体育锻炼具有即刻降低焦虑的效果，包括降低认知性焦虑和躯体性焦虑。王虹通过对高校大学生中的体育人群和非体育人群进行调查，分析后指出，体育活动是一种外向性、交叉性、群乐性的文化形式，能较好地塑造学生自身心理品质，会使学生表现出活泼、乐观、积极、向上的心态，并能减少学生的特质焦虑，使他们正确地定位自己、对待得失；而非体育人群则表现出较高的特质焦虑。还有研究表明，经过一年的训练，57名浙江省残运会羽毛球选手和残疾人羽毛球爱好者的抑郁症状检出率由48.6%降至23.3%。抑郁量表中的烦恼、食欲减退、自卑感、空虚感、忧愁、注意障碍、情绪低沉、乏力、绝望感、睡眠障碍、无愉快感、言语减少、孤独感等13项症状，从80%降至55.9%。可能有抑郁症状者、肯定有抑郁症状者、有严重抑郁症状者分别从61.4%、53.1%、38.2%降低到42%、36.1%、23.3%。这个结果证实，羽毛球运动对减轻人的消极情绪有积极的作用。李琳等通过12周的运动干预后指出，羽毛球能明显改善人的神经质类型，使其情绪稳定。

三、体育能促进人建立优良的意志品质

意志品质是指人在行动中所表现出来的较为稳定的意志特性和倾向，是人的个性的重要组成部分。它包括意志自觉性、果断性、坚毅性、自制性。意志品质对于保持心理健康、健全心理素质、提高成才质量有着重要的意义。王虹通过调查比较指出，体育人群在运动中的竞争意识和挑战精神，迁移到工作、学习和生活当中，可塑造出学生吃苦耐劳、敢于拼搏、不掩饰、胸襟坦荡、独立思考的良好品质。体育活动大部分是个体活动与群体活动、技术与战术相互交融的肢体运动，这有利于培养学生的独立工作意识，增强独立解决困难的信心和勇气。经

常进行体育锻炼的学生，可能将体育竞争中的自主意识、拼搏风格、协同精神迁移到学习、生活当中，使其具有趋于自强、自立、自主的渴望。而非体育人群在面对困难时，首先是依赖他人的协作来完成，缺乏自主性。总而言之，体育有利于人的优良意志品质的建立。体育参与者越能克服困难也就越能培养良好的意志品质。艰苦、疲劳、激烈、竞争向上是体育活动的特点，在参加体育活动时总会伴随着强烈的情绪体验和明显的意志努力。参加体育比赛，得到的不仅是比赛的结果，而且磨砺了意志，增强了公平竞争意识，明白了一分付出、一分收获的含义。通过对抗、跨越障碍等有一定难度的体育项目，锻炼自觉的意志品质；通过球类运动或其他体育比赛，锻炼意志品质的果断性；参加运动负荷较大，具有挑战性的体育项目，锤炼抗挫折能力，锻炼意志品质的坚韧性；在参与体育比赛和游戏中，自觉遵守规则，锻炼自制的意志品质。

四、体育能促进人的社会关系健康发展

体育会使人的社会关系健康发展。李林等将学校体育在加快大学生社会化的功能体现归纳为：①有利于建立和谐的人际关系，提高大学生的社会交往能力；②培养大学生群体意识、协作和公正精神，健全人格；③能有效地培养社会角色，促进大学生的社会化能力。

体育功能价值首先表现在娱乐和健身方面，在体育氛围中逐渐消除孤独寂寞，其扮演的是拓展交际、增进情感交流及交友的润滑剂，是人们建立新的社会关系，巩固和加强已存在的社会关系的重要方式。很多人是因为共同参与了某一项运动才认识和进一步发展感情的，无论在家庭、学校、商界、单位同事之间，体育已经成为人们情感交流的有效途径，可以说体育在某种意义上成了人与人之间的情感桥梁。人们的这些交往随着感情的加深，将不只局限在体育的圈子，更将发展到其他的社会活动当中，使得人的社会关系发生变化。体育是人际交往的一种手段，体育活动对心理有一定的调节作用，使得体育活动之后的交往变得轻松，人们敞开胸怀愿意交流，有助于亲密感的建立。体育，不受年龄的限制，没有贫贱、富有的区别，只有体育活动成为了人们兴趣的核心，在体育活动场所，人们得到了相对公平的享受体育的机会，在一场运动对抗中，人们也舒服地不用考虑年龄、家境甚至性别，轻松而愉快的公平竞争，不受社会不平等的影响，有利于社会关系的建立和发展。在体育活动中，存在“对手”与“队友”这种不同的关系，由于体育的竞争性，胜负是必然存在的，这都是一种对立的关系。人们通过这种对立关系，相互竞争又相互欣赏，使他们对人际关系有了新的认识，并

能够深刻理解社会关系的复杂性，能够坦然面对成功、失败，以包容的心态与他人沟通，有利于社会关系的发展。

五、体育能促进人的性格发生良性变化

性格是指表现在人对现实的态度和相应的行为方式中的比较稳定的、具有核心意义的个性心理特征。它是人的心理的个别差异的重要方面，人的个性差异首先表现在性格上。良好、积极的性格对人在社会的价值实现有重要意义。然而，良好、积极的性格不是天生的，它需要引导、培植与塑造。

性格的培养对于社会也有重要的意义。个人性格的特点可能会影响其能否在所处的环境中正常发展，如果性格本身有所缺失，很有可能对自己造成学习、生活和工作上的困难和障碍。因此在人一生的社会化过程中，特别是青少年时期，塑造自己良好的性格特征就成为社会化的基本课程之一，也是一个成为合格的社会成员必备的条件。而在社会化中良好的性格主要体现在对社会生活的态度方面，包括对社会、对集体、对他人、对自己及对劳动、工作、学习的态度。

体育可以使人的性格发生良性变化。体育运动能培养热爱集体、遵纪守法、团结合作、潮气蓬勃、勇敢顽强、拼搏进取、开拓创造、艰苦奋斗等思想品德和良好的体育作风；体育运动，不但是在室外的广阔空间，而且是在人与人之间的广泛接触与交往中进行的，一个开放性的空间交往和人际关系环境，这无疑在客观或主观上都起到了调整人性格的复杂性；体育能使人独特的个性得到充分的展示和发展，每个人的个性都具有自己的独特性，即使是同卵双生子甚至连体婴儿长大成人，也同样具有自己个性的独特性。体育运动一般都在室外时进行的，人们自身从事的各种身体活动、游戏、比赛能使其不同的行为、兴趣、情绪与动机在身体运动过程中得到独特的展示与发展；体育运动对人的个性发展能起到稳定的作用，人的个性是逐渐形成的，一旦形成某种个性，包括它的组成部分，都具有相对的稳定性；体育运动，不但要人身体直接参与活动，而且总是要求人们在某一动作或练习进行反复多次的练习，所有这些，不但使身体活动施加给机体感官的刺激中去，从而对人的个性发展起稳定作用。总而言之，体育运动既可保持身体健康，还有助于人性格的发展和完善。

六、不同类型的体育运动项目对人的性格的影响

处于社会环境中的人个性千差万别，有胆大的、心细的、外向的、孤僻的、好动的、爱静的、好人前表现的和藏而不露的等。某一运动项目、运动员的场上

位置或某一运动水平需要某些特定的个性特征。下面将对不同类型的体育运动项目对人的性格的影响进行阐述：

1）参加诸如足球、篮球、排球等竞争激烈的运动项目时，因为比赛场上形势往往是你争我抢、紧张激烈，敌我局势变化在眨眼之间，运动参与者必须一直保持清醒的认识才可能取胜，所以，如果把遇事紧张的人置于比赛场上多锻炼，必然能培养其遇事不会过分紧张，更不会惊慌失措的性格特征。

2）游泳、溜冰、拳击、单双杠、跳马、平衡木等运动项目要求运动者不断克服胆怯心理，以勇敢、无畏的精神战胜困难，越过障碍。天生胆小、动辄害羞脸红的胆怯型性格的人参加这些项目次数多了，自然会变得大胆、自信些。

3）足球、篮球、排球、接力跑、拔河等团队运动，可以影响性格不合群、人际交往比较少的人。这类人通过多参加团队运动能有效增强自身活力和团队合作精神，逐渐改变孤僻性格。

4）乒乓球、网球、羽毛球、跳高、跳远、击剑等运动项目要求运动者头脑冷静、思维敏捷、判断准确、当机立断，任何多疑、犹豫、动摇都有可能导致失败。参与这类项目次数多了，可以使疑心较重、做事往往思前想后、犹豫不决的人变得果断、坚决。

5）象棋、打太极拳、慢跑、长距离散步、游泳、骑自行车、射击等运动强度不高且需要耐心的项目，遇事急躁冒进、常常不考虑后果的人要克服急躁冒进的缺点，不妨多参加这类项目以培养稳健性格。

第九章　体育与人的性别角色社会化

在中国社会中，有一种普遍流行的观点，认为体育不过是一种肢体活动，其功能仅在于“增强体质”，而不在于社会化。体育好、能玩能闹、爱跑爱跳的人们甚至经常被戏称为“四肢发达，头脑简单”，因而人们认为体育是不利于人的社会化的。与此相反，体育界、体育学和其他一些机构却一直深信体育也具有重要的社会化功能，它不但有提高身体素质的功效，而且其所蕴含的人文精神在培养人的心理品质和健全人格方面具有独特的优势。近年来，针对性别角色社会的研究主要是在社会学、心理学、教育学等学科下进行了尝试性研究，也相对得出了一系列有意义的理论结果。但专门针对体育与人的性别角色社会化的研究还略显匮乏，故本章将从性别社会化的角度对体育在人的性别角色社会化过程中的作用进行审视，力求理顺体育与人的性别角色社会化的关系，以便能更好地引导人们性别角色社会化的方向。

第一节　性别角色社会化及其相关研究

性别是个世界性的问题，任何一个国家都存在性别角色社会化的问题，其跨越时空、种族、民族、阶级，并和这些因素交织在一起，每个国家、民族的性别角色社会化研究进程虽不尽相同，但社会化研究过程趋于一致。

国内外对于性别角色相关问题已进行了众多的研究，如果从研究领域来划分，主要包括社会学、心理学、教育学，除此之外还涉及临床医学，以及社会学与心理学相互渗透而形成的社会心理学；如果从研究对象角度出发，按年龄层次划分则分别包括对儿童、青少年、中年的性别角色问题研究；按照社会属性划分又分别涉及在校学生、社会上特定职业的工作人员等。此外，针对不同地域、不同民族、不同种族的性别角色问题也得到了专门的研究。以下对性别角色社会化涉及的主要问题逐一陈述。

相对于性别角色的研究，多数研究者的观点普遍认为其是人类早期的社会分工。在远古人类社会生活中，采集食物、打猎、养育子女的职责日益分化，就出现了劳动分工[①]。男女间体力及其他生理能力上的差别成为这种分工的基础。男性凭借得天独厚的强壮体魄一般承担家庭外部的狩猎和战斗的任务，女性由于受到妊娠、哺乳等方面的限制而只能从事照料子女和料理家务的任务。受传统观念的影响，按照约定俗成的风俗习惯，男女在各自的劳动活动中获得了不同的经验，不同的分工特征演化出不同的人格倾向和地位上的分化。这种“男主外、女主内”的分工自然形成了男子果断性、独立性的角色，女子则形成了依赖性、亲和性的角色。由于男子主外，拥有政权和政治势力，常常担任公关角色，所以男性角色比女性角色更容易受到较高的评价。

一、性别角色的理论阐释

依据一般人的理解，性别即男女两性之别，英文中的“sex”一般是指男性和女性生理上的差别，另一个英文单词“gender”通常指的是与社会文化有关的性别特征和差异，所以，就是按英文单词的字面意思理解也相应地会有性角色（sex role）和性别角色（gender role）之分：性角色是指男女在生理、心理上的特点，而性别角色分别是从心理学视角和社会学视角给出以下两种定义的。

二、心理学和社会学视角下的性别角色

（一）心理学视角下的性别角色

相对于性别、性别角色行为及性别认同研究方面，Anita Woolfolk在《教育心理学》一书中的观点可以概括如下：性别的概念与其他人的观点一致，是指男性和女性在生理上的差异。而对于性别角色行为是那些与性别相关的行为和个性，性别认同是由信仰、态度和行为组成的一个复杂结构，是一种性别角色和性取向的信仰的综合体。

（二）社会学视角下的性别角色

依据社会学的相关理论的分类标准可知，人的性别角色是社会角色的一种，是指个体受到社会期望值的影响而产生的一种品质特征，包括男女两性所持的不同态度、人格特征和社会行为模式。由此可以看出，从心理学与社会学的不同学

---

① 常乃军，申桂芳. 奥运会视域下女性角色社会化发展研究［J］. 成都体育学院学报，2013，39（10）：37-40.

科视角来分析性别角色有其共同点，其都认为性别角色是与性别相关的在家庭、学校和社会环境的影响下所形成的符合某一性别的特定的个性与行为方式。

对于性别角色的概念阐述，版本众多，而卢勤《个人成长与社会化》对性别角色的定义更切合本章的研究。他认为，性别角色是指依据人的生理性别差异性，社会自然分配给人的一种自然行为模式，不具有强制性，是在一定社会文化中公认的某一性别的行为方式的总和。个体获得了稳定的性别角色模式，就将在其之后的生活中以此作为自己认知、评价及行为的准则。

三、社会性别与性别角色社会化

（一）社会性别

20世纪60年代末，美国女权主义者用“社会性别”一词取代“性别”，以说明性别差异的根本原因不在于生理方面而是由社会文化决定的。她们的理论观点认为两性的根本区别不在于生物学意义上的差别，真正的不同是由社会化的过程决定的，更看重社会性别。而社会性别也多是受传统观念的约束，似乎女性的行为都是在男性的主导下进行的，男性为主体的社会，规范了女性的行为特征，她们必须迎合男人的喜好，作为女人应该具备“女人味”，女人本来就应该是与温柔、感性化、需要保护联系在一起的，这些逆来顺受的气质限制了女性的生活与自由 。

（二）性别角色社会化

男女两性是构成社会的基础，而男女两性的性别角色社会化的过程会贯穿个体发展的一生。时蓉华在其论著《现代社会心理学》中认为，性别角色行为是个体处于不同社会环境中，对自身性别角色认同的基础上，接受社会对不同性别个体的角色要求，自身按其要求努力达到社会标准的一种行为规范。性别角色行为的形成本身，也是一种自身被社会同化的过程，要通过受教育和具体社会实践才能逐渐达到，对性别角色行为规范的学习将终身影响个体的活动。佟新（2005）认为性别社会化是性别角色的社会化，是学习如何做个男人或女人的过程，它反映了多重因素对男人和女人的共同作用，从人一出生就开始了。

（三）性别角色社会化的相关内容

性别角色社会化的内容涉及性别期望、性别角色和性别认同。性别角色社会化的各种理论皆认为，性别气质、行为和角色是社会建构的结果，是个人在与他人交往的过程中发展出来的，而性别认同作为性别角色社会化的重要组成部分指导着个体性别社会化的方向。

在社会学中，性别认同是指一个人对自己性别上的认同，也可以用来指人们根据他们所认为的性别角色现象（如衣着、发型等）而对个体所赋予的性别。性别认同会受到各种社会结构的影响，包括个人的道德立场、工作地位、信仰与家庭。而心理学的认同是指体认与模仿他人或团体的态度行为，使其成为个人人格一部分的心路历程。性别、民族、阶级、国籍等都是人们认同的基本来源。

四、性别角色观的研究

性别角色观是指人们对男女性别角色的总的看法，是一种有关性别角色的价值观。以往的学者观点认为性别角色观的形成是绝对化和极端化的，片面地认为性别角色模式理论的维度是唯一的，男女两性分别位于该维度的两端，个体的性别角色处于该维度的某一点上。1964年，Rossi提出了“双性化”的中庸概念，站在全面系统的角度去分析人格特质，认为个体在形成角色观的过程中兼有男性和女性应该有的人格特质，并认为双性化是最合适的性别角色模式。Martin和Hakverson提出了性别图式理论（gender schema theory）来解释性别角色观的形成。在此基础上，贝姆在1974年制定了有名的贝姆性别角色量表，把人的性别角色分为四种：双性化、男性化、女性化和未分化。贝姆的性别角色量表为后续学者关于性别角色的研究提供了坚实的理论依据。

五、性别角色发展的研究

性别角色发展理论传统上的几个分支分别是心理分析论、社会学习论、认知发展论及性别图式论。

（一）心理分析论

心理分析论的主要代表人物是弗洛伊德。弗洛伊德的心理分析理论中特别强调个体“性”的驱动力，认为性是生命的原动力，并以性心理的发展过程来解释个体性别角色的发展 ，认为人在性别器官阶段若能成功度过，则男性、女性会各自发展出正确的性别角色。弗洛伊德认为性生理行为支配男女儿童对同性父母的认同，这样的论点虽然可以解释早期性别角色的形成，但是弗洛伊德独钟情于“性”的驱动力，突显了弗洛伊德心理分析论有所偏执。

（二）社会学习论

班杜拉是社会学习论的代表人物，他认为个体可以透过观察进而模仿、学习到具体行为 。由这个角度出发，性别角色的形成应该是来自幼儿时期模仿成人各种合乎自己性别角色的行为。要注意的是，幼儿虽然会透过观察进而学习到许多有关性别的行为，但是幼儿观察到现象不一定都能够安全模仿和表现出来。能否把观察到的现象表现出来，主要看这种现象在其脑海里有没有深刻的记忆。换种说法，社会学习论认为性别应是许多不同学习形式的产物。儿童会直接透过环境给予的不同对待、奖励和处罚，以及间接透过观察学习和模仿而学习到他（她）的角色。然而社会学习论所依据的模仿与增强这两大因素，还不足以完整解释性别角色的发展。

（三）认知发展论

早年Kohlberg就把皮亚杰的认知发展理论用于儿童性别角色发展的研究，Kohlberg认为儿童要经历以下三个阶段，即性别认同阶段、性别稳定阶段、性别恒常阶段，才会形成完整的性别角色概念。儿童从身体的意象和社会关系形态中抽取性别刻板印象，并开始模仿同性别且符合成人行为标准的行为。认知发展论与社会学习论在出发点有一个明显区别，即社会学习论将儿童看作被动的角色，认知发展论则将儿童看作主动的角色。以认知发展的观点来诠释性别认同的发展已经得到相当多证据的支持。但是一些实证研究表明，儿童在获得性别认同之前，早就有性别分化的现象了。两三岁的幼儿就会比较偏好适合自己性别的玩具，对性别角色行为也会有相当多的了解，而且经常和同性别的儿童玩，这与认知发展论主张的性别认同应先于性别角色的建立相互矛盾，因此认知发展理论仍然有其不完备的地方。

（四）性别图式论

贝姆所提出的性别图式论整合了社会学习论与认知发展论对性别角色形成的观点，也强调了文化因素的重要性 。性别图式论的学者提出“图式”的假设，“图式”是引导个体选择及组织信息于现有认知结构的思考架构。性别图式就是基于图式的架构之下，一种可以组织且导引个体知觉的认知结构。性别图式理论虽然整合了社会学习论与认知发展论在各自解释性别角色形成上有力的论述，也强调了文化因素是造成两性区别的重要因素。但在逻辑上，抽离个体发展之外另作论述遭到一定质疑。

除了以上四种性别角色发展理论外，文化人类学的研究者及女性主义者都对性别角色发展提出了不同的观点，此外还有社会结构理论及性别角色超越理论。

六、双性化

在传统的性别角色观念里，男人就应该像个男人，女人就应该像个女人，反之，就是一种性别角色的混乱。那么，究竟有没有人同时具有男性气质和女性气质?

贝姆提出两性化人格特质的看法，认为在两性分工制度改变下，男女角色不再固定，个人可同时拥有男性特质与女性特质，而两者间的存在仅是程度上的差别 。在这一研究领域里，人们通常把男性气质为主导，女性气质为辅的人称为男性化者，反之则称为女性化者；同时具有社会赞许的男性气质及女性气质的人就是双性化者；男女性气质都不突出的则为未分化者。无论是男性气质还是女性气质，孤立起来就都是缺点，都造成了片面的人性。一旦结合起来，便都成为优点，构成了健全的人性。

近年来出现媒体热捧的“超级女声”与“快乐男声”。2004年，湖南卫视的选秀节目《超级女声》横空出世，令无数观众为之疯狂。时隔3年，另一个选秀节目《快乐男声》粉墨登场，使内地选秀节目登上了人气顶峰。众多电视台看到了这种选秀节目的巨大商业价值，一拥而上，都来抢食这块商业蛋糕，连一向“高高在上”的央视也利用《梦想中国》这个平台打开了“海选”的大门。除此之外，上海的东方卫视还趁热打铁推出了第一个面向全国的男性选秀节目《加油！好男儿》。这一社会现象引发了许多关于“女孩男性化”和“男孩女性化”或“双性化”的思考与争议。人们开始质疑，当代社会有多少人具有双性化的倾向，双性化是不是将会成为未来性别的发展趋势。

随着时间的推移，人们的性别角色类型摆脱了传统的男性化或者女性化单一的模式，开始走向以双性化性别角色为主的模式，双性化在人群中所占的比例越来越高。然而出现这样的现象是具有普遍性的。社会的发展使得人们的观念不断更新，人们对性别角色的限制已越来越少，传统的性别观念在当代人们的意识中已经逐渐淡化，男女都可以没有拘束地表现出男性化或者女性化的特征。而且，研究发现，双性化的人在人格发展及适应水平上是最好的，他们兼具了男女两性的优势人格特征，在竞争激烈的社会生活中，更多地占据优势地位。

第二节 生命周期中的性别角色社会化

性别角色社会化贯穿人的一生，是每个人都要经历的社会学习的过程，在一生中的各个时期，这种社会化对个体人格特质的形成和发展都有着非常重要的影响。人的生命周期一般被分为婴儿和儿童时期、青春期、成年期、老年期四个阶段，以下将从性别角色角度对生命中各时期的性别角色社会化逐一阐述。

一、婴儿和儿童期的性别角色社会化

每个孩子的降生都是上天赐予其父母的礼物，因此从一出生孩子就被父母赋予了极大的期望，父母为其取名、买衣都被和性别相关的提示所包围，具有非常明显的性别烙印。在婴儿期的性别角色确认过程中，“贴标签”是性别学习的重要方式。父母在婴儿的穿着上给孩子以早期的性别标签，女婴的着装色彩多为粉色系，一般以带花边的服饰为主，大多数父母愿意将自己的女儿打扮得像个小公主，希望她们能惹人喜爱。而男婴的服饰则以不鲜亮的颜色为主，且常常倾向于运动服，因为父母认为男孩更应多动一些。成人把这些物品赋予性别意义，粉色是女孩子的颜色，蓝色是男孩子的颜色，这些孩子通过性别标签的认知，明白了什么行为是与自身性别相关的合适行为，在逐步成熟的过程中也悟到了这些行为背后的文化意义。

儿童中期，通过模仿开始最早的社会学习，他们通常喜欢作出与他们亲近的成年人相似的行为。一般来说，父母和爷爷奶奶们是婴幼儿时期孩子的“重要他人”，而母亲作为孩子最直接的喂养者和看护者，更可能得到孩子的依赖和认同。因而，在早期社会化过程中，男孩和女孩都可能模仿母亲的行为，但是父母总是鼓励女孩模仿母亲的行为，并限制男孩模仿母亲的行为。

儿童后期，孩子的模仿能力进一步得到增强，他们会模仿同一性别的行为，也会在同异性的相处中观察和模仿他们的行为，在学习和玩耍中遭遇的奖励与惩罚会深化某类性别气质。当女孩像男孩一样与人打架时，会受到比男孩更严厉的惩罚，这些惩罚将会减少女孩的打斗行为。有研究表明，父母趋向于通过儿童玩具来强化性别差异。

二、青春期的性别角色社会化

青春期是生命周期中非常重要的一个时期。青春期的性别角色社会化建立在人的生理变化的基础上。男女青春期第二性征的出现使他们增加了性别认同的自觉，从而进入具有文化符号意义的性别认同中。在这个阶段，人的生理发育速度超过心理的成熟度，所以产生了许多困惑和冲突，使得他们有着强烈的逆反心理和行为，他们反对传统、反对权威，这时家长、老师远不如传媒和同辈群体有影响力。这时男孩中流传着冒险的文化，要想成为真正的“男子汉”就要经历诸如打架、喝酒、抽烟等，激烈的体育活动也成为“男子汉”的必修课。社会要求女孩要温柔委婉，增加对异性的吸引力，还要学会勤俭持家，做贤妻良母；对男孩则要求勇敢、坚强，要培养其担当家庭重任的能力，做家里的“顶梁柱”。由此，社会为进入青春期的男性、女性指明了未来的社会角色。

三、成人期的性别角色社会化

到了成人期，经历了社会上一系列职场和与生育相关的性别社会化，有了以往的参照标准，男女两性接受了被社会广泛认可的期望标准和生活要求。男性形成了与职业成就相关的社会角色标准要求，女性也逐渐找到了作为女性应该主要扮演生育、持家、母亲身份相关的社会角色期望，获得了自我性别的独特感觉，来自自我和社会期望的性别角色定位更加明显。

四、老年期的性别角色社会化

老年期是一个常常被忽视和遗忘的时期。事实上，两性在社会价值和社会地位上的差异在老年时期才更能清晰的显示出来。社会对老年男性和女性有着截然不同的反应。老年女性会被社会视为不再具有吸引力的、爱唠叨的老太婆，而老年男性则因为长期的工作经历使他们在社会上具有地位，他们似乎变得更加和善、更具吸引力了。

由以上性别社会化的发展过程我们可以得出结论：作为社会角色社会化中的一种类型，性别角色社会化将会贯穿在生命周期的各个阶段。人生的各个阶段社会对每个个体都有不同的性别角色期望和社会规范对其教化，个人会按照自身需要把自身的性别意识逐步融入到性别社会化的过程中。

第三节　主客观环境对个体性别角色社会化的影响

一、家庭是个体性别角色构建的第一站

父母作为孩子的第一任老师，家庭是其社会化的最重要的场所之一。儿童早期活动时间最多是在家庭中进行的，父母的行为是孩子的榜样，对孩子起着潜移默化的影响。因此，父母的性别角色意识及教养方式对孩子性别角色形成的影响不仅最早，而且最大。

1. 父母的性别角色观念对儿童性别角色的影响

父母对子女的性别角色期待早在孩子降生前就开始了。怀孕期间，父母总是有意去推测孩子的性别。比如，经常会说，如果生个儿子，将来把他培养成军人或者科学家，如果生个女儿的话，将来把她培养成医生或者教师，对于不同性别的孩子，他们给予不同的期待。一旦孩子呱呱坠地后，性别是什么已成定局，他们就会按照孩子的性别，给予不同的教养和期待，如从玩具、穿着等方面将男女区分开来，以让孩子观察学习到不同的性别特征，家长还会通过采取不同的态度对孩子的性别角色行为进行分化，使孩子发展出与自己的角色期待相适应的性别角色。在着装上，父母会为男孩选择蓝色、白色等相对冷色调的颜色，而女孩则偏向于粉色、红色等暖色系的色彩，而且花色也比男孩的艳丽、多彩。再长大些，女孩开始穿各种各样的裙子，而男孩永远是裤子。从表面看，这种款式的区别只是出于男孩朴实、女孩爱漂亮角度的考虑，但是却会对男孩、女孩的个性发展带来深远的影响。与此同时，男孩、女孩的玩具也出现了分化，家长给女孩选择的玩具多为娃娃或各种毛绒玩具，以培养女孩照顾他人、服务他人的意识；而给男孩选择的则是枪、剑、飞机、坦克、汽车、变形金刚等各种机械型、智力型玩具，以培养男孩的竞争、冒险、独立意识。因此，当男孩穿着裤子，手持枪剑，在野外玩着追逐打闹、爬树攀高等大运动量的游戏时，女孩却穿着漂亮的花裙子，在家里安静地玩着给娃娃穿衣、喂饭、哄娃娃睡觉的游戏。与此同时，父母对子女保持服装的清洁方面常常持有不同的态度。他们大多要求女孩注意保持服装干净整洁，不要将漂亮的衣服弄脏了，如果女孩也像男孩那样在野外摸爬滚打，把漂亮的花裙子弄得脏兮兮的，势必遭到家长的呵斥。因此，女孩只能乖乖地听从家长的训导，把自己塑造成为符合父母性别角色期待标准的女性。相应地，男孩也成长为男子汉了。

2. 父母的教养态度与方式对儿童性别角色形成的影响

在孩子小的时候，他们对自己的性别意识并没有概念，只是自己在日常生活中表现出来的行为可能就受到父母对他们的行为是否符合其性别角色而加以赞许或批评。通过家长的赞许或批评，孩子在渐渐长大的过程中明白了怎么做才是符合自己性别角色的行为。例如，男孩子比较顽皮，摸爬滚打，喜欢武枪弄棒，家长们就说："真棒，真勇敢。"如果女孩子也顽皮，到处爬高钻底，家长们就说："怎么一点也不像女孩子，疯疯癫癫的。"在孩子的取名、买衣服和玩具的过程中，人们都会无意中就把社会文化对性别角色的要求传递给了孩子。男孩的名字中经常有"勇、虎、刚、强"等字眼，女孩的名字多用"丽、红、云、秀"等字眼，这些例子都能反映出家长对子女的性别角色期待。所以，父母的教育影响对儿童性别角色选择是关系密切的。

在对男性这一角色的认知上，作为儿童时期的男生，如何扮演男性角色是从父亲那里开始的。父亲的许多男子特性，如怎样举手投足，怎样待人接物，怎样关爱女性，都是孩子模仿和学习的影子。所以，在日常生活中，外人如果对父亲比较了解的话，总能在孩子身上找到父亲的许多特点。多数的研究理论强调父亲在男孩性别社会化中所起的关键作用。许多现有研究结果表明：如果父亲的教养行为是果断的、有权威性的，那么男孩肯定也是处事雷厉风行的。反之，如果父亲在家里总是表现出软弱无能的、而母亲在家里表现得比较强势的话，那样的情况下，男孩对整个男性的概念认同就会出现一定的问题，可能会表现出过多的女性化。

3. 家长的体育行为对子女性别角色社会化的影响

父母以女儿文静、温柔来加以规范，如果自己女儿在与人的日常交往中表现出好动、冒险的特点，或者被他人称为"疯丫头""野丫头"，家长肯定会对女孩进行教育，使其向家长认为属于女孩性别角色的方向转变。这种家庭教育特点，导致女孩从小在活动空间和活动机会上就少于同龄的男孩，缺少必要的体育锻炼，就难以体会到参加体育锻炼给人带来的积极的体验情绪，也决定了女孩从小在活动机会上要比男孩少，活动的空间范围也比男孩少，所以导致了女孩缺乏一定的活动经历和体验，更不会体会到参加体育锻炼给人带来的积极体验情绪，也就认识不到体育活动的作用和价值，进而影响了其对体育的态度。现实生活中，有女孩家庭的父母本身即便是体育锻炼的爱好者，也会刻意去让自己的孩子去参加一些能塑造形体、展示女性魅力且运动强度较小的项目，诸如体育舞蹈、艺术体操、羽毛球、乒乓球等 。

对于不同性别的孩子，父母和他们的玩耍方式也不同。父母习惯于和女儿聊天，而和儿子会一起运动。在父母的养育下，女孩从小与体育接触的机会就远远小于男孩，也缺乏相应的运动经验和体验，对涉及体育的活动往往是避而远之，主动性不够高，在体育课上，男生大多数做的是剧烈运动，而且是积极主动的，因为从小就形成了这种习惯，而女生也因为从小受到父母的影响，往往喜欢少动或不动，上体育课相当于到外边晒晒太阳，呼吸一下新鲜的空气而已，即使有参加锻炼的，也会选择一下运动负荷较低的运动，如打羽毛球、慢跑等。可见，父母对子女的期望和鼓励在性别上是有差异的，诸多的潜移默化的教育方式促成了子女的性别社会化。

二、学校是个体性别角色社会化的催化剂

学生是学校生活的主体，大部分20岁以前的人是在学校度过的，在学校中，和学生接触最多、最紧密的是教师。教师的言行、举止是学生模仿的榜样，教师的种种行为无不影响着学生的行为模式，尤其是教师对待不同性别学生所采取的不同互动方式，在很大程度上会对儿童的性别角色发展起到深远的影响。

（一）学校的体育教学在学生性别角色社会化过程中的引导作用

体育是最能体现性别差异的活动之一。课堂上，男孩多是篮球场上或足球场上的健儿，女孩多是进行一些小运动量的活动，如踢毽子、打羽毛球等，或是拉拉队员和旁观者，体育活动内容明显倾向于按性别分组进行活动。

学校体育的内容很多是按照学生性别来区分的，学生也在一定程度上内化为学生自己的认知。儿童心理学家荣格就非常重视儿童在成长过程中教师的作用，从一定意义上讲，学校里的小伙伴代替了家中的兄弟姐妹，学校里的男教师代替了父亲，学校里的女教师代替了母亲。另外，教师对待不同性别的学生的态度和期望也不一样。在幼儿园，教师们也常常以非常委婉的、微妙又显而易见的方式鼓励孩子们的性别分离。相关研究表明：大部分教师认为女生应该保持安静，比较顺从，易于控制，是被动的学习者；而男生可能普遍好动，更有自己的思想和主见。美国学者French认为，在儿童时期，环境因素可能是导致在运动技能上的性别差异的主要因素，他们认为男孩得到了更多的机会、鼓励和支持去参加运动。通常，到儿童中期，在大多数情况下，男孩都比女孩花更多的时间去参加强

有力的、有竞争性的活动。男孩和女孩在自身的成长过程中基本会按照父母的期望去选择不同的游戏，进而形成独具性别特色的交往方式，如女孩子在一起时大部分是以聊天、互诉衷肠性等运动量较小的活动为主，而男孩子则通过踢足球、打篮球等对抗性较强的体育活动而建立友谊。研究发现，在小学里，如果同学玩的游戏或者参与的体育活动和自身的性别不太匹配、或不符合大众对其性别认可的游戏时，往往会遭到同伴们的嘲笑和讥讽，甚至被孤立在同学圈之外。

（二）学校体育是促进青少年形成更好气质类型的重要途径

在幼儿和童年期，儿童是没有性别意识的，小的时候往往很多孩子在一起玩，他们是没有性别概念的，即使表面上给人的感觉是区分出了性别，但实质上并不是性别本身造成的，可能是兴趣方面差异的结果。一旦进入中学以后，男女都逐步进入青春发育期，双方都会意识到性别问题的存在。这时女生往往文静怯懦、优柔寡断、感情细腻丰富、举止文雅，有较多的被动意识。而男孩子往往性格开朗、勇敢刚强、果断机智、不拘泥于细枝末节、不计较点滴得失。此时相比于只有同性参加的体育活动，个体在有异性参加的体育活动中一般会感到更愉快，活动的积极性会更高，能够更有效的学习异性的气质品质，从而形成有利于适应社会的双性化品质。

三、同辈群体是个体性别角色社会化的同盟军

在儿童及青少年通过早期社会化而发展出符合其性别行为与态度的过程中，同伴，也就是同辈群体，作为心理倾向相近的一个团体，在个体性别角色社会化中扮演着重要的角色。婴儿期以后，儿童便有了伙伴交往的需要，尤其到了七八岁以后，与伙伴交往、获得伙伴的认同成为儿童强烈的心理需求。这一时期，除了性格爱好之外，性别是划分伙伴群体的主要参考标准。不同的群体中形成不同的行为规范，男女两性的角色规范自然会步入群体规范之中。男孩子和女孩子玩不同的游戏，进而形成了不同的交往方式，男孩的游戏一般都涉及社交能力和合作行为，作为男孩参与的体育运动一般是具有激烈对抗和竞争性的团体运动，如篮球和足球等，而女孩进行的往往是力量和耐力负荷都较低且规则相对简单的活动，如跳绳、过家家等，还有些是强调技能但不强调力量普遍认为“比较适合女性的运动”，如舞蹈和溜冰。有研究认为，男性在进入社会工作后，大部分有强烈地支配意识，和早期的游戏运动有必然的联系，而女孩在游戏活动中的性别游

戏，以及参与体育活动的不足，对于女孩未来在智力、体力和社会性方面的发展会产生一些不利的影响。

四、体育传媒是个体性别角色社会化的引导者

有专家指出，社会性别在大众传媒过程中的文化表现，在某种意义上总是指引着现实社会中男性、女性的生活选择。比如，在强调消费的同时，媒体还在不断强化、教导女性怎样做女人，怎么穿着打扮更有女人味，男性怎样做男人、穿什么品牌的服饰更显男人本色。同时，现代科技的高速发展使大众传媒在社会中的作用越来越重要，个体通过大众传媒能清楚的定位自己的角色，在很大程度上引领并影响着个体性别角色的形成和发展。广播、电视等媒介将女性描写成柔弱的、温和的，女性的职责被定位为操持家务、相夫教子；而男性被描述为刚强的、以事业为重的、爱劳动的，男性的职责被定位为养家糊口。近些年，媒介又大肆宣传“中性美”。这些都为个体提供了丰富的性别角色的认知素材和模仿对象，又在一定程度上印证或补充着个体从父母、学校那里获得的性别角色知识，使人们学习到按性别划分的社会行为模式，认同了各自的性别角色。

看待一个问题必须从正反两方面进行，有它好的一面，就有其不好的一面，大众传媒对个体性别角色的社会化也产生了一定的负面影响。其一，媒介强化了传统的性别观念，使人们形成对传统性别观念的认同，一些人固守性别角色相应的行为模式，限制了性别角色多元化的发展，这将会在一定程度上影响人们的生产生活。体育传媒作为大众传媒的一个分支，对人们体育性别观的影响也不可忽视。

纵观21世纪的文娱活动，高度表演性的和职业化的体育运动随处可见，这使人们把有组织的体育运动当作文化的一部分。然而，在男性与女性体育新闻报道中却存在严重的男女不平等现象。有关男性形象呈现的体育新闻报道里常常在新闻信息中占据“头条”位置，而且多以“硬新闻”方式出现，突出强调男性在赛场上的潇洒和威风，经过什么样的艰苦训练取得怎样的优异成绩。而关于女子体育信息的报道，为了吸引受众的目光，往往热衷于塑造美丽的、性感的、时尚的女性形象，突出女子的娇柔、美丽和性感，出现体育传媒中的“篮球宝贝”“足球宝贝”们完全被“物化”，只作为男性体育的附属品和娱乐品。

另外，体育报道及大众传媒表现出对某些女运动员和女性运动项目的轻视。“是的，她是个好运动员，但是她不是个‘真正’的女人。”我们常常听到这种主题的陈述，它们建立在这样的假设基础之上：如果女人不具有明显的异性特

征，或者是魅力不够，不被有异性取向的男人所渴求，那么她们就不是真正的女人。这种思维方式弱化了女性运动员和她们所做的一切。许多女运动员竭力证明她们是“真正的女人”，“我涂指甲油，我染发，我有时穿女子服装，我想挑战人们所设想的运动员形象，我喜欢流露出丹尼斯·罗德曼阴柔的一面”（丹尼斯·罗德曼，NBA运动员）。她们竭尽全力地强调传统的女性特征，甚至在采访时称，成为运动员不如最后结婚、安家、生孩子，以及成为一个训练有素的家庭主妇更重要。

在体育报道中，看到的许多报道没有将女性的家庭和事业放在平等的地位上，事业在家庭面前就显得苍白无力，看到的这些报道久而久之就把女性的形象与家庭、妻子、母亲联系起来放在女性社会性别中来对待。例如，国际篮球巨星姚明的爱人叶莉也曾是国家篮球队的队员，但和姚明结婚后，由于种种原因她渐渐告别了篮球赛场，做起了全职太太。再比如，我国的跳水名将伏明霞的报道：嫁给富商后慢慢淡出了公众视线，一年里鲜有几次公开露面于公益活动，即使是以前的老搭档郭晶晶现状也是很少被谈及。这类体育报道本身并没有否定女性参与社会活动的意识，但却无意识的把女性引导在了与男性不同的轨道上，使她们在男性严格划分好的领域中找到满足，得到完美。

体育新闻报道中的女性形象已经逐步形成刻板印象，报道中女性形象的失贞不但影响体育女性在受众心中的形象，也会导致女性独立人格和话语权的缺失，作为舆论导向的大众传媒，对体育女性性别地位的重建发挥着非常重要的作用。

第四节 体育对人的性别角色社会化的作用

儿童早期的游戏活动往往被看作是原始的体育活动，所以从一般意义上看，游戏与体育之间有着千丝万缕的联系。儿童期是孩子体育意识萌发的时期，可以说大多数的孩子的童年都伴随着游戏，儿童时期的游戏参与程度必然和未来参与的体育活动有联系。日常生活中，男孩、女孩所进行的游戏是不尽相同的，从游戏范围看，男孩喜欢户外活动，如骑三轮自行车等，女孩喜欢待在室内玩要，如做手工艺术品等。从游戏规模来看，男孩喜欢结伴玩要，而且是规模越大越好，而女孩则会选择参与人数较少、在较小空间内进行的游戏；从游戏的对象来看，男孩的游戏没有太多的年龄限制，应该说年龄区间很大的范围内都有男孩参与其中，而女孩似乎更乐意与年龄相仿的同伴玩要。从游戏范围、游戏规模和游戏对象来看，男孩的游戏中存满了相互竞争和合作行为，所以他们更多地被鼓励去从事具有竞争激烈的、富于对抗的、规则性较强的团体运动，如篮球和足球。而女孩的游戏一般没有规则要求，主要是以娱乐为主，因此男孩往往更愿意从事竞争性、冒险性与培养运动技能类游戏，来使自己看起来更像一名男子汉。

男孩和女孩儿童时代的早期体育经验往往有着不同的类型。父母，特别是父亲，同男孩玩的较多而且更多地会参与身体活动，他们同女孩玩的少，而且即使一起玩也常常不是进行体育活动。这就使男孩所接收到的体育活动信息往往与女孩接收到的信息不同，不管是在家庭内还是在家庭外。这样一个信息的结果就是，在大多数孩子上第一堂体育课或者第一次参加有组织的体育运动之前，他们对自己的身体技能和潜能就有明确的认识。男孩可能认为自己的运动技能要比女孩强得多，即便性别差异在实际技能水平方面很小甚至不存在。在运动技能方面，男孩比女孩更有可能高估自己的水平，这对他们的自信心、对他们在活动中积极地运用和检验他们身体的意愿、对他们自愿参加体育运动的意愿，都产生了影响。

有的研究认为，男性在公共领域的支配地位归结为早期的游戏运动经历。女孩在游戏活动中的性别特点及参与体育活动的不足，对女孩未来在智力、体力和社会性方面的发展产生一些不利的影响。

一、体育对个体性别角色社会化的分化作用

通过日常生活的观察可知，孩子从小如果喜欢做运动的话，将来这个孩子的身高可能会比少参与运动的孩子要高，因为运动能力水平的高低也是决定男孩身高的一个主要因素，或者说运动能力水平影响着男孩身高潜能的发挥。如果一个男孩的遗传基因决定他能长到180厘米，后天充足的营养供给和足够适量的运动就可以使这个男孩的身高尽可能接近这个身高极限。体育运动可以使男孩更有力量，还可以提高男孩的耐力、反应速度、灵敏性和身体的柔韧性。除此之外，男孩通过运动学会根据强硬和支配的表现来定义男性气概，对脆弱的或者不愿意在运动场内外冒险的女性和任何男孩表示不屑。他们也学会其他的事，但是，他们正在形成的关于男子汉的观念，对他们如何看待自己及与这个世界的联系富有影响力。男孩大都喜欢打篮球，他们打篮球也是他们发展男性观念的一个表现，更为重要的是，在运动过程中产生的关于坚韧和侵略性的思想会得到老师、父母及同龄人的支持和赞同。事实上，这些人促进了男孩因体育运动而“性别分化”，因此，体育运动成为发生在社会总体中的性别分化过程的场所。

二、体育为个体性别角色社会化提供模拟体验场所

性别角色的培养是一个社会化的任务，要加强双性化教育，不仅需要个体自身的努力，更需要全社会的共同努力，关键需要儿童生活中的“重要他人”（如父母）及广大教育工作者更新观念。作为社会化的一分子，个体应该在自身性别范围内努力发挥性别强项的同时，还应该注意向异性学习，逐渐摒弃自身性别上的弱项，促进身心的全面发展和人格的完善；作为家长或者教师，应该在家庭、学校中创设一种有利于个体双性化发展的环境。允许孩子性别角色的自由发展，适度培养孩子的双性化气质，鼓励孩子发展个性和独创性，以孩子的性别角色所具有的性格特征为主，然后再培养孩子兼容异性个性中一些优秀的品质，这样主次结合，孩子才能发挥出自己的性格优势，绝不能本末倒置。

男女扮演的性别角色并非完全由两性的生理性别所决定。其实，性别角色的形成更多是由家庭、学校、同伴、大众传媒等诸多因素影响和规范而来。个体在外界性别观念的影响下，形成了符合社会期待的性别角色。当然，人们并不仅仅会形成单一的男性化气质或者女性化气质。因为，男女性的性别角色并不对立冲突，而是可以同时存在于个体身上。实证研究证明“双性化”个体能够更好地适应社会，所以应该放弃传统的性别角色刻板印象，鼓励儿童双性化发展，以促进个体心理健康和人格完善。

第十章 体育与人的体质社会化

体质是人类发展的基础，没有一个良好的体质是无法保障人类个体进行基本的生活与工作的，但由于影响体质的相关因素非常繁杂，先天从基因遗传到后天自我发展可以说其中的诸种因素都影响到人类体质的发展。本章着重以文化对人类的身体“规训”为切入点，采用逻辑推理与思辨的方法，探讨群体间体质差异的成因。结果显示：人类不同种族、民族之间的体质差异不但是一定地域内人群长期适应当地自然环境的结果，也是一定地域内人群长期适应当地文化环境，以及被不同文化规训的结果。“种族”体质特征差异是“适应自然”的产物，而“民族”体质特征差异则是“文化规训”的结果，属于后天体质改变[①]。

体质是指人的身体质量，是在遗传性和获得性基础上表现出来的人体形态结构、生理功能和心理因素的综合的、相对稳定的特征[②]，是人类在生长、发育过程中所形成的与自然、社会环境相适应的人体个性特征。有关人类体质的形成原因、演变规律，不少学者已从遗传、环境、饮食、体力活动等体质人类学方面进行过精辟阐述[③]。但人不但是“自然人”，同时也是“社会人”“文化人”，人类体质除受先天遗传、自然环境因素影响外，也会受到生产技术、生活方式、宗教信仰、风俗习惯、社会制度、经济发展、价值观念等社会文化因素的影响。人类不同种族、民族之间的体质差异不但是一定地域内人群长期适应当地自然环境的结果，也是一定地域内人群长期适应当地文化环境，以及被不同文化规训的结果。因此，在研究种族与民族体质差异问题时，既要从自然科学角度去考虑，更应从社会科学、文化学和社会背景去认识，透过人类群体间的文化差异去追溯社会文化对体质的影响。

---

① 乔玉成，常乃军. 人类体质的文化规训［J］. 中国体育科技，2011（5）：5-11.

② 陈明达. 实用体质学［M］. 北京：北京医科大学中国协和医科大学联合出版社，1993，1.

③ 乔玉成. 进化·退化：人类体质的演变及其成因分析［J］. 体育科学，2011，32（6）：87-96.

第一节　文化性：体育参与体质社会化的基础

一、文化性：人类身体与动物身体的根本区别

人是什么？“人=动物+文化”[①]，也就是说人是由具有生物性的动物性身体（肉体）和象征性的文化性身体共同构成的，即人是具有文化的动物。从生物学属性上看，人与动物一样，也有满足身体需求和欲望、躲避危险、繁殖后代等生物学本能，但人又不是一般的动物，人还具有“文化性”和“社会性”。人的身体中流淌着文化基因，隐喻着文化元素。在人类进化过程中，人类社会文化建构的各种标准、社会规范、理念、礼法习俗在不断地规训、塑造着人类的身体，影响着人的体质。研究表明，人类的绝大多数行为，甚至是一些本能行为，已被深深地打上了“文化”和“社会化”的烙印[②]。例如，动物饿了见食就吃，渴了见水就喝，热了见凉就息，发情时遇见异性就交配。而人则不然，同样是饿，人却能“不食嗟来之食”；同样是渴，人却能“不饮盗泉之水”；同样是热，人却能“不息恶木之阴”，同样是遇到美色，柳下惠坐怀而不“冲动”。人之所以会有这些不同表现，是因为人能思维、会判断、有情感，能用一定的世界观、人生观、道德观、价值观支配、调节自己的行为，这也是人类身体与动物身体的主要差别。

从人类社会发展看，人类是文化的创造者，但人类创造的文化也在同时规训和塑造着人类自己。人类为了更好地生存和发展，一方面需要不断地去探索与认识世界，创造文化；另一方面又要按自身创造的文化规范和价值来实现自身的生存。为了追求享乐，人类的动物性可依赖文化得到满足。但同时人类的动物性又在文化的支配下得以限制和规范。人类经过如此循环进化，身体的动物性日渐消退，文化性与日俱增。

从身体文化性的获得上看，人的社会化是不可或缺的条件。动物胚胎能在母体子宫中通过纯生物学过程达到成熟，或者在出生后不久便能自然地显示出其本能。而人类则不然，人类的新生体需要在一定文化环境中被养育才能成为真正意

① 韩民青. 当代哲学人类学（第四卷），人类的结局：一个全新的世界［M］，南宁：广西人民出版社，1998，129.

② 吴政富. 人的文化、文化的人——学习文化人类学的一点体会和认识［J］. 广西民族学院学报（哲学社会科学版），2004，S2：25.

义上的“人”。人类的身体发育离不开社会文化环境，离不开在后天环境中的学习、训练，离不开文化因素的参与和文化环境的滋养。否则，人的智慧就得不到正常发育，人的文化特性也无法体现，最后充其量只能发展为具有人形的动物，而不是真正意义上的“人”，诸多的“狼孩”“猪孩”就是最好的例证。

人类的身体与文化相互联系、相互影响、相互促进，共同推动着人类体质的进化。例如，在漫长的人类演变进化过程中，人类学会了劳动，学会了刀耕火种，学会了茹毛饮血、结叶遮体、架木为巢，学会了书符写字、唱歌舞蹈，学会了制造和使用石器、弓箭、竹简、风车、火车、汽车、轮船、电脑、航天飞机等。与此同时，人类不断创新的文化反过来又进一步促进了身体结构与功能的完善。因此，人类的身体虽然是自然的产物，但更多的是在社会、文化中被建构起来的。身体的文化性既影响着身体动物性的发展，又决定着身体动物性的变化。如果没有文化的创造与发展，人类只能是一群野兽，人类的饮食、栖身等生活便不会得到充分的发展；如果没有文化的限制和规范，现代人类也不会具有今天这样的体质特征。

二、文化性：推动人类体质逐步社会化

体质人类学研究表明，人类体质是“生物进化”和“文化进化”共同作用的结果。但在不同的进化阶段其进化动力所占的比例不同。由古猿到古猿人的进化动力主要是自然选择和基因突变，由古猿人到祖人类的进化动力主要是自然选择与劳动，而由祖人类向新人类进化的动力则主要是文化与社会环境[①]。

有研究指出，原始人类、古代人类、近代人类、现代人类身体的本质差别主要表现在文化方面而非生物方面。尤其是进入现代人类阶段，人类体质的生物学适应性进化所占的比例越来越小，而文化和技术进化占的比例越来越大。从制造工具方面看，人类经历了从石器、铜器、铁器、普通机器到智能机器的飞跃发展；从文明程度方面看，人类经历了野蛮、蒙昧、古代文明、近代文明和现代文明的巨大变化；从科学技术方面看，人类已从茹毛饮血的动物式生活，发展到今天遨游太空、控制核能、复制生命物质的科技化生存。文化和技术的每一步发展，都以巨大的速度在改变着人类的生存条件，推动人类社会物质文明的发展，同时也在不断地塑造着人类自身。例如，人类从不认识火，到发明火、应用火以

① 乔玉成. 进化 · 退化：人类体质的演变及其成因分析［J］. 体育科学，2011，32（6）：87-96.

至保存火，用火来取暖、煮食，杀死生冷食物中的寄生虫、细菌，分解食物中的大分子结构蛋白质、糖和脂肪变成小分子结构的氨基酸、葡萄糖和脂肪酸等，让人类吃上既无菌又易于消化吸收的各类食物，使人类的体质健康状况发生巨变。人类从刀耕火种到机械化生产，从栖身岩洞到高楼大厦，从出没于山林田野到遨游太空，从采集渔猎到复制生命、控制核能，哪一种发展不是文化的发展？哪一种进步离得开文化的进步？因此，我们可以毫不夸张地说，人类的发展史其实质就是文化的发展史。离开了文化，人类与动物就没有本质上的差别。

达尔文主义认为，引起动物与人类体质变化的生物基因变异普遍存在，但究竟哪种变异会成为优势变异而被保留下来，目前仍存在较大争论。大多数研究认为，动物的体质变化与自然选择密切相关，主要取决于动物对自然环境的适应；而人类，尤其是现代人类的体质变化则不同，一方面要受自然环境的制约，在适应其生存环境的过程中，自身的体质要作出种种改变；另一方面，由于人类有意识，有语言，有劳动的需要，能制造和使用工具，在被自然选择的同时还要选择自然、改造自然，更重要的是还要适应社会文化环境，被社会文化所规训，这也是人类为求得自身生存和发展的一种必然。从本质上说，人类创造的农耕文化、工业文化和科学实践活动等都是人类体质进化的强劲动力，是近代人类进化最集中的反映。尤其是近万年来，人类所创造的文化不但使人类进化中的“自然选择”退居于次要位置，而且决定了人类体质进化的方向。

第二节　可塑性：体育参与体质社会化的条件

一、人类身体具有可塑造性

人类的体质具有可塑性、可调性和可变性，这是人类体质可以后天改变、可以塑造的前提条件，也是我们今天开展健身健美、预防保健、疾病治疗，调整体质健康水平的理论基础。

可塑性是研究人类心理学、行为学、生理学常用的术语。主要指“生物体的结构、形态和功能还未达到成熟和稳定水平时，容易受环境因素的影响而产生变异的一种自然属性”①，即“人继续被培养改造的可能性及上升空间”。人类的体质秉承于先天，得养于后天。先天禀赋决定着群体或个体体质的相对稳定性和个体体质的特异性，而后天因素对体质的发展和塑造具有重要影响。一般说来，

① 朱智贤.心理学大词典［K］. 北京：北京师范大学出版社，1989：360.

体质一旦形成，则在一定时期内保持相对稳定，但并非一成不变，后天生活环境对体质的形成与发展始终起着重要的制约作用。后天生活环境既包括地理环境、气候条件、疾病损害、药物治疗等具有自然属性的因素，也包括在人类进化发展的过程中逐渐形成的文化、风俗、宗教、法律、道德等社会文化因素。自然因素的长期影响，可使不同时空条件下的群体在形态结构、生理功能、心理行为等方面产生适应性变化，从而导致体质发生变化；社会文化因素也会通过风俗习惯、生活方式、社会交往等文化活动影响到人类身体的质量①。例如，从中国古代的女人"缠足"到今天的隆胸、整容、塑身；从古代的饮食养生，到今天的身体锻炼等社会文化现象，无不证实在社会文化因素的影响下，人类的体质状况也会发生相应的变化。

人体生理学和心理学研究表明，人的体质发展具有明显的阶段性、时限性和层次性。在个体生长发育的过程中，体质各要素的发展具有不同时限的"敏感期"，如果错过了这些时机，要想在后续的学习和训练中得到快速的、大幅度的提高是相当困难的。大量的研究显示，成年以前人的身体、性格、智力可塑性较大，成年以后就会大大降低。但也有研究指出，人的可塑性不单单指变化性，还包括对生活环境的适应性，而通常成人的适应性更强。从这个意义上讲，即使到了成年，人的身体仍然会具有较大的可塑性②。

正是由于人的身体具有这种可塑性，人才可以通过"自我修炼"及"身体塑造"技术，达到特定的、理想的体质外形。例如，借助科技的神力，女性可以自由更改自然面貌：皮肤可以漂白，可以光子嫩肤，可以拉平皱纹，可以抽吸脂肪，可以垫高鼻子、磨小脸颊……，打造出一个个时尚美女。此外，人类还可以通过一系列的手段和策略抵抗身体机能的退化和衰老，塑造、打磨、改变身体的外观、肌肉、骨架、高矮、胖瘦甚至是性别。

二、人类身体可塑性的理论阐释

什么是规训？法国社会学家米歇尔·福柯在他的《规训与惩罚》一书中指出，"规训"具有纪律、教育、训练、校正、训诫等多种释义。他利用这个词的多词性和多义性，赋予了该词新的含义，即"规训"是指近代产生的一种特殊的

---

① 王琦. 论中医体质研究的3个关键问题（下）［J］. 中医杂志，2006，47（5）：329-332.

② 王汝坤. 论人的可塑性与社会的可塑性［J］. 重庆工学院学报（社会科学），2009，23（10）：78-82.

权力技术，既是权力干预、训练和监视肉体的技术，又是制造知识的手段①。也就是通过多种制度，如学校、家庭或文化的力量等使用规训权力，对人的行为、思想进行规训，结果造成了“顺从的身体”和适合主流社会的思想②。

在《规训与惩罚》一书中，福柯的“规训”更多强调的是知识与权力结合起来而形成的对人的一种规范化训练。权力通过监视、训练、检查等手段按照规范塑造个人。侧重的是如何监视别人，如何控制他的举止、行为、态度，最终将人的身体塑造成“顺从的身体”和对社会“有用”的身体。在这里，身体是被动的，是各种权力作用的对象，是通过权力规训、塑造、操纵而达到的，如监狱、学校、医院、工厂、军营和政府机关里权力对人身体的规训。本书借用福柯对规训的释义，着重讨论“社会文化”对身体的规训，所涉及的“规训”一般不带有明显的强制手段，而是一种“温驯”，是一种让人感知不到、自我内化的力量，但这种力量比强制的力量会更强大和持久，最终使被规训者自我服从，使群体或个体的身体在不知不觉中发生改变。在这里，身体处于“主动”地位，身体的变化主要来源于自律，而非权力。

福柯指出，身体是可塑的、可强化的。正是这种可变性，才有可能使身体被各种力量所塑造。作为一个物理性和动物性的身体，为满足自身的需要和欲望，在其生活环境中往往会被社会文化潜移默化的作用所干预、规训、打磨，使特定的社会行为规范与人的身体紧密连在一起。例如，在封建夫权制社会中，女性身体常常被男性设定的标准所建构，从外在表现到内在的精神无不受到约束和监控。这种监控来自夫权制社会的主导者——男性，在这种“权力眼睛”的凝视下，女性常常按照权力主导者设置的标准来改造约束自己。从这一点上看，这种改造在某种程度上表现为被动接受。然而，身体内化规训的理论认为，如果长期受到“权力眼睛”的监视，慢慢就会将他人的凝视（他人的要求）内化，自觉自愿地接受规则，然后自己管制自己。因此，女性在改造身体时，并不只是被动接受，而是完全内化了这种由他人设置的身体标准，进而心甘情愿的主动接受身体的改造。“楚王爱细腰，宫中多饿死”就是一个很好的例证。再比如，封建社会女人的缠足，女性在外界环境的影响下，将缠足逐渐内化，使其成为女性心理训

---

① 〔法〕米歇尔·福柯.《规训与惩罚》［M］. 刘北成、杨远樱译. 北京：生活·读书·新知三联书店，1999，375-376.

② 卜卫. 反抗规训，张扬女孩的独立、快乐和力量——解读林格伦的《长袜子皮皮》意义［EB/OL］. http://blog.sina.com.cn/s/blog_475b16640100nq97.html.

诫和规范的标准，然后“自觉自愿”地实施。因此，任何社会和文化制度对身体的建构，都不是单单依靠社会和文化制度系统外部对其社会成员的强制性控制、约束和规训，而是要通过社会成员个人，从其自身内部学会和实行某种约束、自我教育、自我控制和自我规训。

第三节　改造性：体育参与体质社会化的途径

体质人类学大多数研究认为，现代人类大约是在13万年前由非洲南部的早期智人“侵入”世界各地，取代了当地的其他古人类群体，最后在全球定居下来的①。在对自然环境的适应，偶然的变异性、遗传性和隔离性的综合作用下，体质形态不断分化。在距今5万～4万年前，演化成具有可遗传性状的、不同体质特征的四大人种，即黑种人、白种人、黄种人和棕种人，此时的种族间体质差异主要取决于人类对自然环境的适应，这些适应性体质特征表现得较为明显，且具有遗传性，如肤色、头发、眼色、眼褶、体毛、鼻、唇厚、门齿、头形、面形等。

在新大陆发现以前，白种人、黄种人和黑种人的空间分布相对稳定，在各自发展过程中又形成了众多的民族②。由于各民族生存的环境不同，征服自然获取生存机会的方式、手段不同，再加上民族间长期与其他地区隔离，在不同的区域，不同的民族形成了许多独特的具有强烈民族色彩的传统文化体系。这些传统的文化与习俗，必然反映到人们的道德观、信仰等方面，并在饮食、生活起居、服饰、嗜好等多方面规训不同群体的行为，也必然反映到民族成员的体质上来，引起民族成员获得一些带有共性的后天体质特征。这些后天体质特征的性质、内容和表现形式与先天性体质特征有着本质上的差别。因此，“种族”体质特征是“适应自然”的产物，具有一定的遗传性，而“民族”体质特征则是“文化规训”的结果，属于后天体质改变，不具备遗传性。

一、体育审美文化对人类体质的社会化改造

“爱美”是在人类长期进化过程中形成的根深蒂固的本性。在漫长的人类进化过程中，由于人们受时代、地域、教育、宗教信仰等因素的影响，不同民族形成了自己独特的审美价值取向和审美评价标准。例如，从文化发展方向上看，

① 盛桂莲，赖旭龙，王頠. 分子人类学与现代人的起源［J］. 遗传，2004，26（5）：721-728.

② 朱泓. 体质人类学序［M］. 北京：高等教育出版社，2005，337-340.

西方文化坚持以“真”为美，而中国文化坚持以“善”为美；从对身体的审美意识上看，西方文化的空间意识较为强烈，追求“黄金分割”，定量多于定性，微观多于宏观，强调标准化、客观化、精确化。而中国传统文化则多侧重于时间意识，以“韵”为旨归，定性多于定量，宏观多于微观，强调人的自然属性、整体性，以及人与自然社会的和谐；从审美思维上看，中国文化强调 “以身体之、以心验之”的意会性，而西方文化更加重视直觉性。从审美表现形式上看，西方文化多以“征服自然”为美，而中国传统文化则多以“顺应自然”为美。这些审美文化的内涵长期弥漫于特定的人群中，规训着人们的行为观念，也决定了不同民族对人体审美意识的差异。因此，中国文化中的美人大多是“貌美”，即“貌若天仙”，而西方文化中的美人多为“体美”，即“魔鬼身材”。表象的差异实质上揭示出的是深刻的文化渊源，是文化差异使然。而人类不同种群、民族在遵从、适应这些文化环境的过程中，必然对其体质特征产生影响。例如，审美意识不同，胖瘦各领风骚。有些民族以女性的壮硕为美，而有些民族却把苗条作为美的标准。高高隆起的乳房本是大多数民族女性一种美的象征，而非洲一些民族却以下垂为美，还有一些民族对小而圆的坚实乳房比较欣赏；东亚黄种人各民族常常以皮肤白皙为美，总是想方设法把自己的皮肤弄白，大街小巷都会看到增白霜的广告。而欧洲一些国家的民族常常为过白的皮肤而沮丧，他们十分喜欢在海滩上晒日光浴，晒得皮肤黝黑才算好。有些民族文化认定，天然未加修饰的身体与畜生无二，为此不少民族形成了文身的习俗，而这在另一些文化看来则认为是荒谬、怪诞、不可思议的。有些民族的人喜欢女人“浓眉大眼”，有些民族的人欣赏女人“柳叶细眉”，于是在不同民族就形成了“画眉”或“拔眉毛”的习俗。此外，中国古代妇女的裹脚，西欧一些民族妇女的束腰，一些民族女性为塑造纤纤玉足穿上了“水晶鞋”，一些民族在养育婴儿期间，为了将来孩子的头型美观，用一些特殊器械人为地改变婴儿头型。还有流行于一些民族的穿耳、穿鼻、彩绘，更有甚者采取撑唇、束颈、穿腮、压头、凿齿等形式塑造人体美，这些均为不同民族自觉遵从民族审美规范，人为后天塑造自我，改变体质的例证，也是民族文化、风尚、礼仪、习惯规训的结果。

二、健康饮食文化对人类体质的社会化改造

饮食是人类生存最基本的条件，也是人类进化的主要动力。在人类社会长期的发展过程中，不仅食物的种类、来源、饮食结构会影响不同民族的体质状况，而且饮食观念、饮食习惯、烹饪方法、风俗礼仪等饮食文化因素也与民族的体质

息息相关。例如，从饮食观念上看，西方人关注的是营养与生存，而以中国为代表的东方人关注的却是美味和享受。从膳食结构上看，西方大多数民族饮食中粮谷类食物偏少，而动物性食品和糖所占的比例较大，膳食营养上具有高热量、高脂肪（胆固醇）、高蛋白质的“三高”特点。而以中国为代表的东方大多数民族膳食结构是以谷物为主，肉少粮多，辅以菜蔬，植物类菜品占主导地位。从饮食习惯上看，由黄种人所建构的民族倾向于食用口味偏咸的食品，而由白种人建构的民族则倾向于食用口味较淡的食品[①]。从饮食的性质上看，以中国为代表的东方饮食倾向于文化性，推崇的是特色。而以美国为代表的西方饮食倾向于科学性，遵循的是规范。从制作工艺上看，以中国为代表的东方大多数民族的面食以蒸为主，菜肴的烹调方法有熘、焖、烧、汆、蒸、炸、酥、烩、扒、炖、爆、炒、砂锅、拔丝等，做出的菜肴让人眼花缭乱。而以美国为代表的西方大多数民族面食则以烤为主，菜肴的烹调方法相对要简单得多，不外乎烤、炸、蒸、煮等几种，做出的菜肴以生、冷菜式居多，尽量保持食物的原汁原味和天然营养，而不追求食物的色、香、味、形的完美。不同民族饮食文化方面差异的潜移默化影响，对人的饮食行为和观念进行着规训，引导着不同种群、民族成员或主动或被动地进行“适应”。这种规训不但影响到不同民族的体质健壮程度，而且在味蕾辨别上也会产生差异。例如，燕窝、鱼翅，中国人认为是高档美食，西方大多数人却认为燕窝与麦片粥差不多，鱼翅与粉条不相上下。饮食文化的不同，也使得不同民族在高血脂、肥胖、胃食管反流病、消化道肿瘤、代谢综合征、糖尿病、心脑血管疾病的发病率方面存在较大的差异。

三、体育竞技文化对人类体质的社会化改造

体育是以身体培育和发展为中心，在人体自身运动训练（锻炼）过程中，不断增强和提高人的身体素质及生理、心理机能的身体文化活动，在塑造人类后天体质中具有极其重要的作用，同时也是国家规训和强化国民体质，达到自身治理和对外需要的一种手段。体育人类学研究显示，由不同人种组成的民族，其身体的强壮程度、身体素质、在不同项目上的运动能力和运动成绩存在着较大的差异。究其原因，既与不同种族遗传差异有关，也与环境、饮食营养、运动训练等后天因素有关，但民族间体育文化的差异（表10-1）也是其不可忽视的重要影响因素。

---

① 杨庭硕，谢景连. 论人群体质与民族文化的交叉作用及其后果［J］. 云南师范大学学报（哲学社会科学版），2009，41（3）：54-59.

表10-1　中西方传统体育文化比较

	中国传统体育文化	西方传统体育文化
思想基础	以人文科学为基础，以“天人合一”的道家思想，“仁”“义”“礼”“信”的儒家思想，“静养修心”的佛家思想为理念，突出炼“心”。强调内在修养和人的社会性，追求“神形合一”的整体观。重视“调身、调心、调息”，期望达到人与自然的和谐，精神与肉体的统一，是一种“以人为本”的体育。	以自然科学为依据，强调炼“形”。追求个性、自我超越、创新、奋斗，强调人的自由意识，注重自我得失，通过身体练习促进身体的力量、速度、耐力、灵敏、柔韧等素质的极限发展，培养人的勇敢、果断品质，达到肌肉发达、体格强壮、内脏器官健康的目的，是一种“以身为本”的体育。
思维方式	“心性思维”，主静，以群体为本位，主张内敛，强调情感。	“身体思维”，主动，以个体为本位，主张竞争、理性。
意识形态	体育理论植根于中国古代哲学中的“天人合一”、阴阳、八卦、五行等基本观念之中，注重个人修养。运动时讲究随心、随意、随时、随缘，不能有“刻意”的成分。强调“内外兼修”“内外和谐”“顺应自然”“共性至上”，具有中庸守常、内向含蓄的文化特质，通过个体的自我锻炼、自我修养去达到人格的完善和精神的愉悦。	体育理论建立在力学、解剖学和生理学基础上。注重物质形态的整体与外部技术、知识的获得。提倡训练身体的力量、速度、柔韧等素质，促进人体各部分充分发展，从而达到身体健康，精神愉快。具有外向型特征，强调“超越”，突出和实现“个人精神”，注重通过公平、公正的竞争来满足和实现个人的追求与欲望。
体育目的	作为一种治理国家、维护政治和伦理秩序及个人修养的工具，而体育锻炼的本质，基本规律并不为人们所知。	通过身体运动提高人体的力量、速度、耐力、协调等身体素质和机能水平，完善人体形象，获得精神喜悦。而竞技的目的就是为了追求最佳成绩和获得胜利。
审美观	强调整体效果和直观感受，着眼于人体与自然的统一美，注重精、气、神的统一，追求人体运动过程中形态美、韵律美、节奏美、内涵美、力量美的综合体现。	注重外显，强调身体欲望的展示，追求人体运动过程中力量美、速度美、柔韧美、灵巧美、形体美。认为匀称、强健的形体是一切善与美的本源。
价值观	通过身体锻炼以外达内，由表及里，由形而下的身体有形活动来促成形而上的无形精神的升华，实现理想人格的塑造；以养护生命、祛病、防病和延年益寿为主，注重保健养生和健康生命。竞技的胜负本身无足轻重，无论胜负都是对人生的一种体验、一种磨砺，它们都可以对人格的完善起到促进作用，形成了以“修身”“养性”为主导的追求身与心、机体与自然协调发展及重礼重德、贵义贱利的体育价值取向。	通过赛跑、跳跃、投掷、摔跤、体操等方式分别锻炼人的头颈、手臂、肩胸、腿部等进而提高人体的机能水平，塑造人体形象，获得精神满足，强调人体外形的强壮和肌肉的健美及自我价值的实现。把竞技场上的结果、成绩、名次作为成功与否的标志，形成了以竞技性、功利性、娱乐性为基本模式，以征服或超越他人、自我和自然的竞争精神及追求个性独立与解放的价值取向。

续表

	中国传统体育文化	西方传统体育文化
评价标准	体育活动不以个人胜败论英雄，而以“境界”论高低，认为内在修为的高低才是衡量人的标尺。力量、速度、灵敏、技巧等外在表现都只是低层次的，与高手之交主要是较心、较智，较人格的高度，较修养的深浅。	以体能、素质、技艺论高低。提倡竞争，提倡超越对手、超越自然障碍，其活动是在相互较量、相互比较的过程中完成的。以人的力量、速度、耐力、灵敏、柔韧等身体素质的发展为标准。
体育规则	是一种变通的、灵活的，甚至于是因人而异的“柔性”规则，规则随人的改变而改变。	强调同一与平等，体现出一种“钢性”规则，规则是恒常的、不变的、同一的。
对待身体的态度	看重的是生命的时间，关心的是“寿”长。把“气”作为构筑生命体的基本内容，强调身心安宁，注重“修身养性”。	注重的是生命的质量。对于能提高身体存在质量的体育、军事、舞蹈情有独钟。为了达到身体的“健”与“美”可克服一切困难去塑造肌肉与形体。
运动形式	以个体活动为主，讲究自我锻炼，并不提倡相互争斗、相互对抗，也不追求对自然的超越。以养生为主，尤其重“养”。身体运动以内部为主，而淡化身体的外部运动。表现为“上下相随，内外结合，左右相依”，“手脚并用、眼手相随、周身协调”的特点，尽可能显示出动作的连贯性和整体性，力求把运动负荷控制在一定范围内，不主张剧烈运动，尽可能减少运动对人体内部平衡的破坏。	注重集体活动。强调身体的外部运动，尽力追求技术和技能的完善。在运动负荷方面，强调的是“更高、更快、更强”的竞技原则；在运动基本术语方面采用了物理概念，如强度、密度、频率、节奏、速度、力量等；在运动基本理论方面，是以运动技术为中心，以力学和生物学的知识为根据。许多体育活动都有明确的比赛规则和严格的场地器材要求，身体锻炼注重体力、体能、体质，强调力量和速度。

注：表中资料是笔者参考大量文献整理而成

从表10-1可以看出，中国传统体育文化与西方体育文化存在着较大差异，这些因素既构成了各自的体育文化主体，决定着不同民族体育文化发展的类型和主导潮流，也影响着体育活动中的风格和竞技观。例如，西方大多数民族注重竞技、对抗，以及速度、耐力的训练，从一开始就走上竞技之路。而中国传统体育则注重保健、养生、内外协调、不偏激，形成了以养生静疗为特点的体育路线。西方体育注重身体的“健”与“美”，人们又有塑造良好身体形象的欲望，故常常通过体育活动来改变身体的形象，同时通过对脏器功能的特化训练和肌肉力量的提高，使人的速度、耐力不断提高。中国传统体育讲究“修身养性”，身体运动以内部为主，运动强度也较小，通过肢体练习主要是增强身体内涵、神韵，故对人体外部形态的改变作用不大。西方传统体育十分重视对于身体各部分器官、机能锻炼的作用，非常关注力量、速度、耐力、灵敏、柔韧等身体素质的发展，故常能在一些以体能为主导的项目中占据优势。而以黄种人为主组成的大多数亚洲人由于受传统价值观的影响，在运动中主要追求动作的技巧和节奏，其运动天赋大多表现在那些与智慧和灵巧有关的项目，如乒乓球、羽毛球、体操、技巧、跳水、围棋等。此外，还有研究发现，竞技能力上的种族差异与种族间文明力量的影响程度有着极大关系。人类文明极大地促进了人类智慧、技能的发展，但在大脑皮层的快速发展的同时，却抑制了其他低级中枢的能力，引起四肢功能的退化和运动器官的萎缩。世界最早的文明起源于亚洲，而非洲最晚。故以黄种人为代表的亚洲各民族人的运动能力退化要比以白种人为代表的欧洲各民族和以黑种人为代表的非洲各民族的人大得多。

四、体育政治文化对人类体质的社会化改造

体育政治文化是一个民族在特定时期形成的一种体育政治态度、信仰和情感，是体育政治关系在人们精神领域内的投射。体育政治文化是一种国家意识的表现，其主流是国家文化或政府文化，而民众行为总会受到国家文化的制约和影响，在人群体质中有所体现。人类从无政府状态的“简单”狩猎采集社会，到酋长制、君主制、寡头政治、民主制和现代集权国家，国家都在其社会政治文化机制的控制下，运用意识形态发挥功能，以生产、训练、培养和造就“驯服的身体”为基本目标，规训着人的身体，塑造着人群的体质。例如，中小学里要求学生每天喝牛奶，每天运动1小时，以及每个国家开展的国民健身运动，都是在国家的层面上国家政治权力强制性地要求。因此，人类的身体不可避免地具有政治文化建构的特征。而这种政治文化对身体的规训，强制的成分要更大一些。

人的身体一来到这个世界，就进入了某种文化的政治系统中，受到这个系统的召唤、控制、规训和塑造，通过社会权力机制使人的身体合乎规范，制造和生产出为政治服务的身体。例如，旧时中国妇女的缠足，美国战前南部社会妇女的缠腰等，均是妇女为了顺应当时社会的政治文化和传统伦理价值需要，所作出的身体形态改变的反映。还有中国古代王朝为了维持宫廷内部的安全和稳定，对宫廷服务人员进行阉割，导致阉人的体质状况发生显著变化，出现性器官缺失、丧失性行为和生育能力，雌激素急剧下降，胡须脱落，声带变细，肌肉强度下降，心理变态等，身体成了政治利益的牺牲品。此外，传统社会对男女性别有着不同的期待，在这种期待的规训下塑造了男女迥异的身体形态。

社会主义国家也有一套身体的规训机制，希望个人能在身强力壮的基础上努力工作，以实现社会期望的经济与社会目标，为此，国家要求个人努力锻炼，强化体魄，以服务于国家的政治经济。例如，新中国成立之初，一系列的因素要求男性身体要“强健、有力、敏捷、技能、高效”，妇女要走出家庭，与男性“并肩作战”，女性的身体应当独立坚强、果敢决断、结实有力，成为“能撑起半边天”的海燕、雄鹰、骏马、“铁姑娘”。女性身体在强大的革命话语中实践着“拟男主义”的身体模塑，使女性大多健康壮实，成为抓革命、促生产的劳动能手。还有“文化大革命”时期的知青们常常以劳动的身体为荣，争比谁的皮肤黑等。国家这些强有力的政治文化符号，输入到人们的思想意识中，内化为被规训者的角色认同，最终使被规训者自觉自愿接受身体改造，成为对国家有用的身体。

五、体育消费文化对人类体质的社会化改造

消费文化是指在一定的历史阶段中，人们在物质生产与精神生产、社会生活及消费活动中所表现出来的消费理念、消费方式、消费行为和消费环境的总和。随着西方工业社会的发展及经济结构的变化，大众消费主义兴起，身体日益被纳入到消费计划和消费的目的中，成为消费文化建构的对象，而消费文化反过来对其民族成员体质的后天塑造具有不可替代的作用，尤其是在当今消费社会时代。体育消费文化是指人们参加或观赏体育活动，以满足增强体质和丰富文化生活需要的一种经济支出活动。被动型体育消费，是人们为了丰富文化生活，购买门票观看体育比赛或表演、订阅体育报刊、学习体育知识的一种消费行为。这种消费活动以文化活动为特征，以满足精神上的需求。

消费社会大多数民族偏好的是身体的年轻、强健、靓丽、性感，而大众传

媒在规训和塑造“理想身体”方面发挥了极大的诱导作用。在消费社会里，消费文化常常借助广告、流行出版物、电影、电视、网络等大众媒体，利用名人身体充当“形象大使”“形象楷模”，向受众反复展示理想身体范本，并通过种种极具煽惑性的身体形象，反复告诉人们什么样的身体才算靓丽、帅气，什么样的身体才算时尚、性感，强化了社会舆论对人体外表的要求和期望，潜移默化地影响了人们的审美观念，驱使千千万万人走进美容院、健身房、整形医院，不惜重金完成减肥、增高、丰胸、美臀、文身、变性等身体消费，对自己的身体进行重塑，以弥补先天禀赋的“不足”。

不同的民族有着不同的文化体系，不同的文化体系有着不同的价值观念、思维方式和行为特征。民族文化不但可以直接规训相关人群的社会生活，而且能够潜移默化地“塑造”人的身体，使相关的民族成员获得某些后天体质特征。与身体规训的其他方式相比，文化对身体的规训往往不带有强制手段，没有明显的权利介入，但更容易被规训者接受，更容易内化为行动的动力，使被规训者的体质在不知不觉中发生改变。

第十一章　体育与人的身体社会化

竞技体育实质上是人类社会化的一个重要场域。竞技体育中身体被规则体系不断的规训与改造，这不但是社会身体伦理观念在竞技体育中的映射，同时也是身体不断被社会理性化的最终结果。竞技体育的标准体系是人类身体平等竞赛的客观保证，同时也是社会平等化的重要体现。在竞技体育量化体系下身体不断地被工业社会所标度，最终异化为创造优异运动成绩的肉体机器①。

马克思说："人是一切社会关系的总和，是最名副其实的社会动物。"从这一角度来看，竞技体育实质上就是人类社会化进程中的一个重要场域②。社会学认为，"社会化就是指作为个体的生物人成为社会化，并逐步适应社会生活的过程，经由这一过程，社会文化得以积累和延续，社会结构得以维持和发展，人的个性得以形成和完善"③。无论竞技体育如何社会化，身体都是其最基本的社会化平台和物质载体，没有身体的直接参与，竞技体育社会化是无法完成的。每人都有一个身体，这个身体是竞技体育比赛的物质基础，但是从细节而言，每个人的身体又完全不同，也正是这一点，竞技体育才展现出如此丰富的多样性和差异性。现代竞技体育场域有三大体系：规则体系、标准体系和量化体系。因此在这三大体系中探讨身体的社会化方式及过程，不但有助于我们进一步认清体育的社会化，而且也有利于体育事业的整体进步。

第一节　体育规则体系下身体的社会理性化

一、体育规则体系背后的社会理性

现代竞技体育区别于传统竞技体育最大的特质便是其规则体系的构建。传统竞技体育因为其散漫如碎片式的竞技结构总被看成是一种无所事事后的娱乐游

---

① 常乃军，赵岷. 竞技体育场域下身体的社会化改造［J］. 北京体育大学学报，2014（2）：1-6.

② 常乃军，曹景川，曹永林. 现代体育与和谐社会建设研究［M］. 太原：山西出版集团 · 山西教育出版社，2010.

③ 郑杭生. 社会学概论新修［M］. 北京：中国人民大学出版社，1998：105.

戏。“游戏纯属是消磨时光和不务正业，是一种遗忘自我的消遣和热衷游荡的表现，没有任何学习和教育的意义。正因为如此，在史书上找不到任何有关古代社会的竞技运动的记载，找不到任何有关比赛高潮时刻、进展过程和戏剧场面的评论，也找不到任何有关胜利喜悦和失败沮丧的描写。”①即使偶尔找到相关记载也大多是散乱和无序的，充满了个人的随意性。这主要是因为，在那个年代由于生产力的低下，所有生产关系都以一种较为松散的结构呈现，而且由于人类为了自己的基本生存需要消耗大量时间和精力用于生产，闲暇时间相对而言并不是很充裕，除了部分贵族用体育竞技游戏来消磨时光外，社会对竞技体育并没有被赋予太多的现实意义。

随着社会生产力的不断提高，人类最终实现了自我解放，大型机械设备的出现，将人类从繁重的体力劳动中解放出来，人类有史以来第一次将生活时区和工作时区进行如此精细的分割。社会化的工业大生产必然要构建起自己的制度体系，而这种社会制度体系必然要以促进社会工业的发展为根本目的，于是构建起现代西方工业文明大厦的社会理性体系开始对整个社会每个细胞组成部分进行格式化。竞技体育自然也无法脱离这种社会理性的改造与格式化，于是早期那些散乱的、无序的、碎片式的，以个人兴趣为主的，带有一定竞技性质的体育项目被重新规划改造，而且被赋予了相应的社会职责和现实意义，早期那些竞技体育游戏不再是无序和随意的，而是遵循一定的规则，以一种全新的面貌出现在世人面前。例如，1845年美国人卡特赖组建了棒球队并制定了第一部棒球比赛规则，当时制定的场地图形和尺寸至今未变。1871年英国橄榄球协会成立，并统一了规则。1873年，英国人M. 温菲尔德改进早期网球打法，将其命名为“草地网球”，并出版一本8页的《草地网球规则》。1875年，美国成立了保龄球协会，规定了保龄球球道的长度，决定了目标的大小，统一了保龄球规则。1877年英国出版了第一本羽毛球比赛规则。1887年巴斯羽毛球俱乐部成立，修改并统一了羽毛球规则，其中一些规则至今沿用。1891年美国基督教青年会体育干事詹姆士·奈史密斯教设计出可在室内进行的篮球运动，并在1892年制定了13条比赛规则。1895年，美国马萨诸塞州基督教青年会体育干事W.G.摩根设计出排球运动，并于1896年制定了最初的比赛规则。可以想象，在如此短暂的时间里出现如此多的体育比赛竞技形式和规则改变肯定不是人类的偶然行为，其背后一定有一

① 〔法〕维加雷洛. 从古老的游戏到体育表演：一个神话的诞生［M］. 乔咪加译. 北京：中国人民大学出版社，2007：7.

种巨大的力量在推动，这种力量便是拥有巨大推动力的社会化的理性改造。

二、规则体系是社会身体伦理观念在竞技体育中的映射

伴随着工业文明一起成长的还有一种社会道德，这种社会道德要与工业文明具有一致性，是一种相互促进、相互发展的关系。旧有的身体伦理观念已经成为工业生产的一种无形障碍，于是社会道德迫切要构建起属于自己的身体伦理道德来适应这个新工业文明体系。那么作为以身体活动为基础的竞技体育体系自然也在这种变革之中，显而易见规则体系的变动只是一种表现的建构，其背后实质上反映的是一种全新社会身体伦理观念的确立。

在当时对身体压制最突出的就是基督教，早期基督教是主张灵肉一致的，但从2世纪开始将“灵魂”与“肉体”分割开来，于是在“肉体是灵魂的监狱”这种思想的引导下，开始对身体残酷的迫害，特别是在“原罪”理论和禁欲主义的指引下，数个世纪以来身体一直是基督教着力压制的对象，当然作为以身体活动为根本的体育运动也受到极大限制。因为在宗教眼里，唯有劳动才是上帝允许的最为正确的事，日常所有的活动都要围绕劳动进行，体育竞技娱乐活动不但粗俗、暴力，而且也是偏离正道、游手好闲、贪图享受、人性软弱的表现。就连伟大的科学家帕斯卡都认为，“竞技娱乐与其说是身体的要求，不如说是肉体的要求”。这种说法暗示了从事娱乐运动属于一种罪恶和缺陷①。帕斯卡的这种观念代表了当时一种极为普遍的思想观念。

随着现代资本主义工业的日渐兴起，传统社会伦理观念已经不能适应时代的需要。即便基督教内部也积极地进行着一场全新的改革。这场宗教改革的发起人威登堡大学神学教授马丁·路德就旗帜鲜明地提出，“保持身体健康是每一个基督徒的天职之一”②。当然随着机械化大生产的全面性展开，资本主义精神成了引领这个时代的最强音。正如韦伯在他的《新教伦理和资本主义精神》一书中反复强调的那样，资本主义兴起后，其背后的精神理性不但改变了新教伦理精神，而且将人从陈旧的神学思维中解救出来，“对身体的理性安排，身体就此得到保护，摆脱了欲望的扰乱，有利于持续性的工厂生产”③。阿兰·科尔班也说过，

---

① 〔法〕维加雷洛. 从古老的游戏到体育表演：一个神话的诞生［M］. 乔咪加译. 北京：中国人民大学出版社，2007：3.

② 谭华. 体育史［M］. 北京：高等教育出版社，2012：198.

③ 〔英〕克里斯·希林. 身体与社会理论［M］. 李康译. 北京：北京大学出版社，2010：87.

“所有这些体育运动都是为了能使身体得到适合新的城市社会之需的各种各样的锻炼；它充分体现了工业时代男性的种种新的品德：崇拜奋斗和功绩；注重竞争本身的价值；对一切纯属智力性东西的怀疑”[①]。可以说，正是竞技体育活动所展示的同一规则体系下人人平等、尊重对手、行为正直、公平竞争等种种特性，使得竞技体育变成一种至高无上的运动，成为工业时代的社会楷模。

与此同时，竞技体育不再是毫无意义消磨时光的代名词，而是一种全新的对身体的教育方式。从19世纪开始，竞技体育纳入教育体系当中，成为一种可以改变青少年身体状况的重要方法，而且最为关键的是这种全新竞技模式被视为一种理想化、道德化的身体伦理观念的杰出代表。伊顿学院的院长威廉·赫尔曼1519年出版了一部用拉丁文写成的教科书，书中特别谈到了“在露天打球”的情景。伊顿学院在17世纪从事两种形式的球类运动：“在围墙内踢球”和“在场地上踢球”。这些运动显然凶猛无比，当它们确立了自己的规则时，它们成了男孩子们进行这类体育运动可效仿的典型范式[②]。由此可看出，当这种规则体系可以驯化那些隐藏于青少年身体中的野性与暴力，使他们在足球场上不再像一个野蛮人那样踢球而像一个绅士在运动，那么这种规则就成为一种文明的象征。这也正是英国教会对那种能吸引年轻人并能通过体育运动对其身体起净化作用的“强劲有力的基督教”观念越来越有好感的原因。这种通过勇猛的体育锻炼，特别是通过诸如足球和橄榄球之类的体育活动而起的净化作用，变成了一种牢牢地扎根于英国教育制度的信条[③]。正是规则体系的这种文明的训化作用，使得竞技体育运动在教育体系中全面开展起来，而且同时这种规则体系也在无形中代表着一种社会身体伦理的道德规范。

三、规则体系实质上是社会体制对身体的规训与改造

人类的体育运动从一开始可以说是充满了随意性和自由性，但是随着社会的发展，这种随意性和自由性逐步受到社会理性思维的规范和改造，而其中最为明显的便是规则体系对竞技体育的规训和改造，甚至在某种程度上，这种规训与改

① 〔法〕阿兰·科尔班. 身体的历史（第二卷）［M］. 杨剑译. 上海：华东师范大学出版社，2013：292.

② 〔法〕阿兰·科尔班. 身体的历史（第二卷）［M］. 杨剑译. 上海：华东师范大学出版社，2013：293.

③ 〔法〕阿兰·科尔班. 身体的历史（第二卷）［M］. 杨剑译. 上海：华东师范大学出版社，2013：301.

造已经潜移默化到运动员的身体当中，成为一种内隐的行为指令引导着运动员的各种行为方式及生活方式。最为典型的足球规则一开始是可以手脚并用的。据记载："19世纪20年代，英国一些私立学校足球运动十分流行。到40年代中期，足球运动有了进一步发展。出现了数十个足球组织，它们经常举办可以手脚并用的足球赛。1848年，第一个足球规则——《剑桥规则》问世。1862年修订的《剑桥规则》，规定足球只能用脚踢而不能用手打。这是足球在近代化道路上迈出的重要一步。1863年，英国足球协会成立，统一了竞赛规则，标志着近代足球的正式形成。"①今天这一规则可以说早已深入人心，无论是哪一层面的比赛，除去守门员外，场上其他运动员再无人用手触球。在规则里除了限制了手的运用外，更重要的一点是减少了球场上的暴力动作，相比较粗暴冲撞的橄榄球运动，足球运动显然在外表上要文明多了，实际上这就是规则体系对身体长期规训的结果。

福柯在《规训与惩罚：监狱的诞生》一书中提到，"规训权力的主要功能是'训练'，它不是为了减弱各种力量而把它联系起来。它用这种方式把它们结合起来是为了增强和使用它们"②。反观现代所有竞技体育运动项目时我们就会发现，这一规训原则适应所有体育项目，在规训框架下无论是身体的集中式训练或分散式训练，其目的只有一个——那就是获胜。身体在这种规则体系下 "它要通过'训练'把大量混杂、无用、盲目流动的肉体和力量变成多样性的个别因素——小的独立细胞、有机的自治体、原生的连续统一体、结合性片断。规训'造就'个人"③。他还反复强调，"规训是一种精心计算的、持久的运作机制。规训权力的成功无疑应归因于使用了简单的手段：层级监视，规范化裁决，以及它们在该权力特有的程序——检查——中的组合"④。那么层级监视、规范化裁决和检查这三种手段在竞技体育中随处存在，而这些规训手段最后的集中点便是人类的身体，归根结底这些手段最后改变的是人类的身体，只有对身体的规训和改造，才能使所有这些规训权力得以落实，因此从宏观层面而言，竞技体育中的规则体系实质上就是社会体制对身体的规训与改造，其最终目的是使身体日

---

① 颜绍泸. 竞技体育史［M］. 北京：人民体育出版社，2006：98.

② 〔法〕福柯. 规训与惩罚：监狱的诞生［M］. 刘北成，杨远婴译. 北京：生活·读书·新知三联书店出版，2007：194.

③ 〔法〕福柯. 规训与惩罚：监狱的诞生［M］. 刘北成，杨远婴译. 北京：生活·读书·新知三联书店出版，2007：194.

④ 〔法〕福柯. 规训与惩罚：监狱的诞生［M］. 刘北成，杨远婴译. 北京：生活·读书·新知三联书店出版，2007：194.

渐适应这个社会，并最终为这个社会服务。这也正如信奉基督教的小说家查尔斯·金斯莱指出的那样："多亏了这些体育运动，才使男孩子们获得一些任何书本都不可能教给他们的品质；它们不仅具有勇气和耐力，而且更具有刚强的性格，能够自我控制，并具有光明磊落和荣誉的意识。"①可以说，在所有的竞技体育比赛中参赛人员的身体都必须严格遵守规则体系所设定的动作区域，超越即是错误，要受到相应的处罚。虽然这种处罚没有社会中的法律条文的惩罚那样严格，但在竞技赛场上这些规则就是最高法律条文，任何人都必须遵照执行，没有人可以超越这一规则体系，所有的身体都要在这些规则体系所划定的区域活动。实际上在绝大多数的时候，这种规则体系已深入到参赛者的身体潜意识中，成为一种身体自我约束的最有力的手段，规训着参赛人员的身体。

第二节　体育标准体系下身体的社会平等化

一、标准体系是身体平等竞赛的客观保证

竞技体育最显著的一个特点就是每个人在理论上都能平等地参与比赛，而且对于所有竞赛者而言比赛条件都是相同的，其评判标准是统一的，换句话来说，就是所有人都站在同一起跑线上开始竞赛。这种平等性是建立在一个假设上面的，那就是所有参赛者都有一个相同的身体，因为身体具有同质性，这是所有竞技比赛的起点，这是一种最为原始的公平，可以说所有技术标准体系都要保证这种同质性，只有在这种同质下才能体现竞技比赛的最基本的公平性。

如果将体育竞赛中这种平等化现象泛化到资本主义工业大生产中，我们就能清晰地看到，在巨大的机器面前，所有人类都是平等的，没有男人、女人的差别，只有工种的差异，只要具备基本的操作技能，任何人都可以使用任何一部机器。工业化大生产为人类创设了一套参照系统——机器。机器是标准化的产物，在同一流水线上标准被严格制定，所有生产出来的产品都具有相同的形状、性能和材质，这种批量化的大生产为人类提供了源源不断的消费商品，同时也改变了人类的思维模式，于是标准成为这个社会体制中至高无上的准则。从这一点上我们就能很好地理解为什么现代竞技体育项目中有那么多的标准体系：标准的竞赛场地、标准的赛制规程、标准的评判体系，甚至于越来越接近标准的训练模式。

① 〔法〕阿兰·科尔班. 身体的历史（第二卷）［M］. 杨剑译. 上海：华东师范大学出版社，2013：300.

所有这些标准体系的建立都要确保一点：在同一起点进行公平比赛。

没有平等性就丧失公平性，因此标准体系要极力维护参赛运动员的平等性，这实际上是在维护人类理想中的公平性。体育始终被当成某种公正和规范的理想世界，它有着空前的感召力。这种信仰不需要体育组织者的硬性强调，甚至不需要公众给予什么名义，它在大众的意识中根深蒂固。如果在一个幻想破灭的世界，体育场会成为最后一块残存的“所谓”净土，因为它是一种崇高的象征，代表着一个有序的领域[①]。这就是为什么人类可以无限制地研究各种科技含量较高的运动器械，却不能容忍运动员服用一点点兴奋剂。因为人类都有一个身体，只有身体的平等性才能保证体育竞技比赛中的平等性，才能使高高飘扬在竞技体育上空的公正、公平永远引领着人类共同前进。

二、标准体系中种族的社会平等化

竞技体育并不是一开始就那么平等，允许所有的人站在同一起跑线上是竞技体育的理想，但种族决定论曾长期困扰着竞技体育的发展。例如，盛行于南非和美国的种族隔离制度。1960年的罗马奥运会上，南非代表队全是白人没有一个黑人，这引起国际奥委会的不满，要求南非解除种族隔离，取消种族歧视。由于南非政府仍然我行我素，不予改正，在1964年东京奥运会上国际筹委会拒绝南非参加，并最终在1970年国际奥委会在阿姆斯特丹的会议上通过投票将南非开除出奥运会。直到1991年南北种族隔离制度退出官方历史舞台，国际奥委会才重新承认了南非的会籍。

在西方世界中白人世界高高在上，所有标准与规则几乎都是他们制订的，但令他们万万没想到的是，“种种竞争性的体育运动的规则一旦确立，它们就显示出了具有自身特性的逻辑趋势；这就会促使那些参与者们必须要付出更大的努力，而同时又要让他们能自由地表现出自己的个性”[②]。标准体系针对的是的所有的身体，没有人能否认一个人凭借自己的身体所创造的任何世界纪录，即便他的身体是黑色的，但只要在标准的跑道上，遵守各种规则，最后创造了伟大的成绩，这一点是任何人都无法否定的。因为这就是竞技体育标准体系自己的逻辑产

① 〔法〕维加雷洛. 从古老的游戏到体育表演：一个神话的诞生［M］. 乔咪加译. 北京：中国人民大学出版，2007：131.

② 〔法〕阿兰·科尔班. 身体的历史（第二卷）［M］. 杨剑译. 上海：华东师范大学出版社，2013：316.

物，只要你参与这一游戏，你就得尊重这一结果，这就是标准体系下的平等与公正。正是在这种背景下，1908年随着美国第一位世界重量级黑人拳击王杰克·约翰逊击败汤米·伯恩斯，拳击比赛中的肤色限制才开始解禁。以摩西·F.沃克为首的美国第一代黑人职业棒球运动员的出现，最终迫使美国橄榄球联盟在20世纪40年代开始接受黑人运动员[①]。虽然这些改变是缓慢的，但是最终这些早已设定的竞技标准体系冲破了人为的阻碍，在现代世界竞技体育比赛中确立起自己的最为原始的公平，那就是在同一身体下进行公平的竞技。

三、标准体系中性别的社会平等化

男女的性别差异由来已久，几乎可以说从人类诞生那一天起这种性别差异就存在了。特别是这个以男性为主导的体育竞技世界中，对女性运动的排斥可以说一直就存在着。在中世纪“古老的宗教卫道士称男女混杂的游戏为损害贞洁的瘟疫，还把游戏分为‘适宜’和‘不适宜’两种。除了道德诅咒的原因外，还有一些近似约定俗成的规矩，告诫女人‘不要多玩，不要上心，一定要收敛行为’。索尔球、波姆球和滚球被认为过于挑逗，不适宜女性玩耍，几乎完全成了男性游戏”[②]。即便是到了近现代，现代奥林匹克运动创始人顾拜旦先生还在1928年致阿姆斯特丹第9届奥运会运动员及全体与会者的贺信中强调：“至于允许妇女参加奥运会的问题，我仍然坚决反对。越来越多的女运动员被允许参加比赛，这是违反我的意愿的。”[③]原因就是顾拜旦在《现代奥林匹克运动会的初创宗旨》中多次提到：“我曾说过，我心目中的奥林匹克英雄是成年男子个人。”[④]但是从1900年的11位女性参加第2届奥运会开始，直到2012年第30届奥运会上女性运动员达4650人，占运动员总数的44.3%，女性运动员和男性运动员无论是参赛人数还是参赛项目几乎相等，男女性别首先在竞技体育领域出现了平等。

虽然性别是先天的，但为什么竞技体育从一开始排斥女性参与，而后来却有越来越多的女性参与到竞技运动当中呢？虽然答案可能极其复杂，但有一点是明确的，那就是传统社会中男性是女性的参照物，人类所有评判标准都是建立在

---

① 〔美〕克特曼. 从仪式到纪录：现代体育的本质［M］. 花勇民译. 北京：北京体育大学出版社，2012：36.

② 〔法〕维加雷洛. 从古老的游戏到体育表演：一个神话的诞生［M］. 乔咪加译. 北京：中国人民大学出版，2007：39.

③ 〔法〕顾拜旦. 奥林匹克宣言［M］. 北京：人民出版社，2008：164.

④ 〔法〕顾拜旦. 奥林匹克宣言［M］. 北京：人民出版社，2008：184.

男性这一参照体系之下的，因此无论是家庭分工，还是社会分工，女性自然被视为男性的附属品，由于客观生理差异的存在，女性被排斥在竞技体育之外也是可以理解的。但是随着机器工业化生产的日益普及，人类的参照体系不再是男女二分式的，而是构建起人类与机器这一参照评判模式，人类要遵照机器理性所设置的标准，严格按照机器生产的流水程序去完成各种操作命令，这里起决定作用的不再是人类的男性特权思维，而取而代之的是机器化大生产下的理性标准体系。因为在机器面前，男女性别并不重要，重要的是你能否按照科学理性的标准流程完成操作。竞技体育的竞赛标准也是在这样的背景下制定出来的，其先天存在的“在同一身体下公平竞技”这一标准思维模式使得它没办法将女性排斥在竞技体育这一体系之外，只要保证同质身体进行比赛，那么竞技赛场就应该向女性敞开。

第三节　体育量化体系下身体的社会工具化

一、量化体系下被工业社会标度的身体

现代竞技体育最大的特征就是几乎每一项竞技比赛都被量化、数据化，无论是足球、篮球，还是田径、体操，无一不被量化体系所包围，量化是这个时代的标志。今天主流的运动形式都被转化为时间、距离或分数而加以测量和记录。所有体育成绩都有清晰可测的规则标准加以执行，统计数字被用作所有运动员成绩排列的最终依据。人类对数据的依赖已经成为一种习惯，我们每天被包围在这些数据当中，产生这样的根本原因是工业社会标准构筑了整个社会的评判标准体系，而量化则是工业社会最主要的一个指示标准，同时量化也是工业时代重要的语言表述形式。

量化实质是一种工业化的语言表述，它是一种效率的标度，工业化大生产通过标准化生产程序，以及明确的数量关系标度着生产的每个环节。传统时代人们对体育活动对人体的改变程度并不明确，也许人们知道体育运动会给人体带来一定的差异，但这种差异并没有通过精确的数据表现出来，大多只是一个模糊的认识，但是当人类用量化的标尺去衡量体育活动中人体的差异时，人们很快就发现其中的精确差异，这种差异给人类重新审视自己提供了一个重要的物质依据，同时也为体育运动促进人体发展提供了数据证明。例如，根据1903年体育学校的数

据：3个月的（体育）课程能够使学生胸围增大10厘米[①]，使颈围、二头肌或者腿肚增加4.5厘米，肩围增加15厘米[②]。

随着测量工具的进一步发展，人类对自己的了解越来越深入，体育中的量化程度也越来越普遍，特别是在竞技体育领域，无论是在竞赛前的训练阶段，还是在竞赛结果的评判阶段，量化式的测定方式给出的数据成绩可以清晰直观地标示出运动员在运动全过程每一时刻的运动状态。因此"这个创造成绩的世界导致出现了一种对身体状况的新颖看法：人们对自己的身体的状况不可能不知道。当然，这种自信是朦胧模糊的，完全是由人的信心所引发出的，但它却表达了一种新的变化不定的情感，即由这个世纪末的精英所表现出的那种征服时间和空间的情感：用数字表示的体育运动成绩很快就被解释成有关健康状况的某种改善，而这种成绩却又在玩弄着自我超越和突破自身界限的把戏"[③]。用数字来标度身体的状况，用数据来标度比赛的成绩，用数据来证明自己，人类为不断突破自己、超越自己提供了一种最有效的标度工具，但不可否认的是这一工具来自于工业社会。

二、量化体系下身体异化为创造优异运动成绩的机器

今天人类世界是一个由数据统治的世界，人类对量化体系的依赖越来越严重，大到卫星上天，小到去医院检查身体，数据几乎主宰着人类生活的每个层面，竞技体育自然也不例外。从早期的秒表开始到今天的电子计时装置，那些带有自动测试功能和显示时间、速度和距离的电子设备在竞技赛场上正一步步取代人的眼睛和手，正是这些量化工具的日渐精确，竞技体育中的计时更为精确，计分更为快捷，判决也便更为准确。例如，2013年游泳世锦赛男子400米自由泳决赛中，孙杨以3分41秒59率先碰壁赢得冠军。日本选手萩野公介后程发力，以3分44秒82获得亚军，美国选手杰格尔则以3分44秒85获得第三[④]。如果没有电子化计时手段，我们很难想象人类的手动计时会精确到3分44秒82和3分44秒85，而正

---

① 1公分=1厘米。

② 〔法〕让-雅克·库尔第纳. 身体的历史（第三卷）［M］. 孙圣英译. 上海：华东师范大学出版社，2013：119.

③ 〔法〕阿兰·科尔班. 身体的历史（第二卷）［M］. 杨剑译. 上海：华东师范大学出版社，2013：328.

④ 世锦赛游泳首金——孙杨400自绝对优势夺冠［EB/OL］.http://www.zgswcn.com/2013/0729.

是这0.0002秒却决定了第二名和第三名。

但是数据越来越精确的同时，那些创造数据的身体却越来越模糊了。今天人们更多关注于那些取得第一名的优胜者，“胜者通吃”的现象在竞技体育比赛中越来越严重。这样做的结果是越来越多的运动员将目光集中到金牌上，在训练中不惜损伤自己的身体，甚至服用兴奋剂。世界上最为著名的兴奋剂事件要数民主德国女子铅球运动员海蒂·克林格因服用兴奋剂由女性变成男性的事件。据报道海蒂在民主德国“国家计划14.25”中代号：“运动员54号”。那时民主德国约有1万名运动员在有计划地服用兴奋剂。为了满足“海量”需求，科研所秘密研制兴奋剂，主要是当时使用最广的类固醇。所有女运动员生理特征上的变化都被强制隐瞒。2000年5月，当年民主德国体育部、国家安全局，以及一部分科研人员因涉嫌运动员服药案面临指控，其中直接涉案600多人，间接涉案3000多人。经调查，许多受害的运动员在退役后没多久就出现癌症、肝病变、不孕等病症，以及一系列心理问题，包括海蒂·克林在内，超过140名受害运动员当庭作证[①]。正是这种非人道的计划使得当时只有1600万人口的民主德国竟然拿到519块奥运奖牌，192块金牌。当然因服用兴奋剂猝死的运动员更是不胜枚举。在金牌至上的思想指导下，人类的身体异化为那些冷冰冰的数据。

今天随着竞技体育竞争的日益激烈化，运动员们被更加频繁地进行量化检测，每天的运动量、运动强度、运动时间都已提前制订好，运动员完全成为一种竞技运动流水线上生产出来的产品，在人为设定的目标流程体系中被源源不断地生产出来，投入到不同的赛场，进行争金夺银。从这一角度看，人的身体已经异化为创造优异运动成绩的机器。

但是正如克里斯·希林所说，“‘绩效无极限’的梦想固然可能支撑着政治和经济上对运动的投入，可身体依然是一种必朽的、有限的现象。这里存在一种张力，揭示了现代运动态身体所居处的空间蕴含着矛盾。无论是制度、机构还是个体，都越来越把身体当成机器，但身体根本不可能长久经受机器所承载的那些压力和负荷”[②]。当然人类的身体毕竟不是机器，人类的身体也不能成为机器，因为人类的身体才是测量万物的尺度。

---

① 窦雨佳. 兴奋剂之殇：惊悚倒地死亡撒谎锒铛入狱被迫变性［N］. 中国体育报2011年12月01日. http://sports.sina.com.cn.

② 〔英〕克里斯·希林. 文化、技术与社会中的身体［M］. 李康译. 北京：北京大学出版社，2011：119.

第十二章　体育与人的生活空间社会化

生活空间是一个人存在于这个世界上最为基本的构成要素。而体育活动作为生活中必不可少的一个环节，在生活空间中占据着重要的位置，本章无意也无能力探讨整个关于人类生活空间的全部，只是针对在城市中生活的人们的体育活动空间进行深入探讨，因此本章探讨的主要内容为城市体育生活空间的社会化问题。

城市体育生活空间是城市居民开展休闲健身活动的基本条件，其优劣程度直接影响到居民参与休闲健身活动的广度、深度，以及积极性、坚持性和有效性①。改革开放后，随着国家的经济转轨与社会转型，我国城市建设取得了举世瞩目的成就，城市面貌发生了翻天覆地的变化，但与经济发展和城市繁荣不协调的是，与城市居民休闲生活息息相关的体育生活空间建设却一直处于相对滞后的状态，并成为制约城市居民开展休闲健身活动的重要因素②。因此，如何在社会转型期将城市居民体育活动与活动场所、生态环境、体育文化建设等有机的融合为一体，建立一个生态环境优良、设施配备齐全、文化氛围浓厚、管理规范有序、保障制度完善的良好体育生活空间，走出一条全面、协调、可持续的城市发展之路，是我们应当认真思考的问题。本章基于社会转型基本理论，从环境行为学和城市人文地理学视角对我国社会转型时期城市居民体育生活空间结构与布局进行研究，旨在解决社会转型时期城市所面临的体育需求增长与休闲空间相对贫乏之间的矛盾，为构建未来理想城市体育生活空间模式提出建议，为促进和谐城市建设和全民健身计划的纵深发展提供参考。

第一节　生活空间构成要素

生活空间是一个复合概念。单从“空间”的词义来讲，是一个非常抽象的概念，按照《现代汉语词典》的意思为，“物质存在的一种客观形式，由长度、宽

① 常乃军，乔玉成. 社会转型视域下城市休闲体育生活空间的重构［J］. 体育科学，2011（12）：16-22.

② 常乃军. 体育在城市化进程中的价值与功能审视［J］. 体育文化导刊，2003，（12）：10-12.

度、高度表现出来，是物质存在的广延性和伸张性的表现”①。而“生活空间”则指，“非生产性、非营业性，专供人们起居、休息和饮食等生活活动用的空间”②。至于何谓“休闲”，国内外学者有多种解释，较为一致的是“人们在可自由支配时间内自主地、以自己所喜爱的、认为是有价值的方式，从事某些个人偏好的活动，并从中获得惯常生活事务所不能给予的身心愉悦、精神满足和自我实现与发展”③。

一、城市体育生活空间

目前，关于“城市体育生活空间”的概念尚无人界定，本章根据研究需要，把“生活空间”的定义进一步延伸，将“城市体育生活空间”界定为：“以城市居民体育活动为中心的特定物质和行为空间，即城市居民在闲暇时间进行休闲健身、观赏竞赛、娱乐、郊游等活动的空间。”简单地说就是，“在城市具备进行体育活动功能的场所”。在目前情况下，由于我国城市居民的体育活动并非完全是在有体育设施的正规场所进行的，而大多是借助一些其他公共设施，如在城市广场、公园、街头巷尾、江河湖畔等非正规体育场所进行的④，使这些公共设施在发挥特定功用的同时，也客串了体育活动场所的功能，我们把这些活动场所称为体育行为空间（场所）。因此，本章所指的城市体育生活空间不但包括由体育设施组成的特定物质环境空间，也包括由居民体育活动形成的行为环境空间，即城市体育生活空间=城市体育物质空间+城市体育行为空间。

从上面我们对“城市体育生活空间”的界定中可以看出，“城市体育生活空间”包括四个基本维度：一是活动的场所。城市举凡公众可以自由进入的、适宜进行体育活动的场所，都可以把它归纳至“城市体育生活空间”，这里既包括具有体育设施的体育场馆、俱乐部、学校或单位体育场地等，也包括没有体育设施的体育行为空间，如广场、公园、街道路边等。二是参与活动的主体——城市“居民”，既包括长期定居在城市的各阶层人士，也包括临时居住在城市的流动人口，如农民工、外国留学生等。三是活动的内容——休闲健身、康体保健、娱

① 中国社会科学院语言研究所. 现代汉语词典［Z］. 北京：商务印书馆，1996，720.

② 章光日. 人类生活空间图式变迁研究［J］. 城市规划汇刊，2004（3）：60.

③ 宋瑞. 国内外休闲研究扫描——兼谈建立我国休闲学科体系的设想［J］. 旅游学刊，2004，（3）：46-54.

④ 国家体育总局. 中国群众体育现状调查结果报告［EO/OL］. http://www.sport.gov.cn.

乐、郊游等，即以满足城市居民自身生理、心理和精神文化需要为目的，以自我娱乐、自我教育、自我完善、主动参与为主要形式的自发性文化活动。四是活动的时间——闲暇时间，如早晚、双休日、节假日等。

二、城市体育生活空间的构成要素

城市体育空间系统的组成要素种类繁多，归纳起来可分为物质空间环境要素和社会文化环境要素两大类（图12-1）。各要素之间相互联系、相互影响、相互作用，共同构成城市体育生活空间。

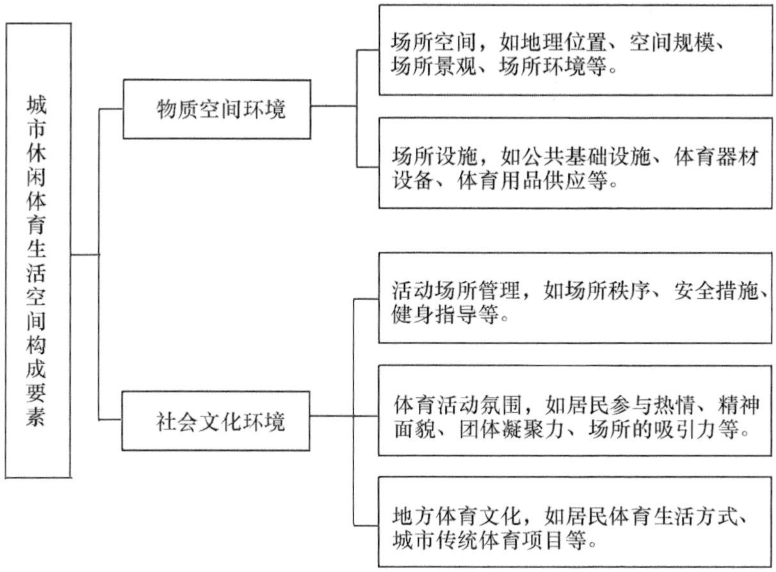

图12-1　城市体育生活空间构成要素

三、城市体育行为与空间的关系

环境行为学认为，“任何行为都是在一定的环境中产生的，一定的行为模式重复地发生在一定的地点，则这一地点的环境必然有适合于这一行为的因素”①。因此，不同的行为需要与所在的空间环境相匹配，特定的行为内容需要与特定的空间环境相兼容。

① 赵晓楠，廖昌启. 基于环境行为学的城中村公共场所乱扔垃圾行为研究——以深圳市平山村美康百货广场为例［A］，规划创新：2010中国城市规划年会论文集［C］，2010：68.

“空间性既是行动的条件，又是行动的结果。”①人的行为与空间环境之间存在着复杂的双向关系，一方面人在空间环境的构建中起主导作用，人的行为和生活方式在很大程度上影响着空间格局的变化。另一方面，人的行为又被他们所处的环境空间以各种方式控制着。马斯洛的需要理论表明：人的行为需求需要环境提供必要刺激，当环境具备了足够的刺激元素之后，就会产生行为的动机，进而导致行为的发生。城市体育生活环境是城市居民休闲行为的空间载体，也是居民心理感知的客体，同时也左右着城市居民体育行为。良好的体育空间情境（如充足的阳光、清新的空气、鸟语花香的闲暇空间、热情洋溢的场面等）对人的体育行为有熏陶和导向作用，它会给人一种无形的力量，能激发人们参与运动的欲望，并使人们在运动过程中身心得到愉悦，精神上受到良好的物化作用。而在狭小拥挤、脏乱不堪、设备破旧、单调的环境中进行体育活动，常常会给人带来压抑、厌倦等心理感受，会影响到参与体育活动的积极性与持续性。因此本章认为，关注城市居民体育生活行为，揣摩城市居民体育活动心理，研究城市居民体育行为与其所在空间的关系，通过改善体育生活空间元素来满足城市居民体育的需求，引导和唤醒城市居民体育生活化意识，对构建合理的城市体育生活空间和促进全民健身计划的纵深发展具有重要意义。

第二节　城市体育生活空间的演变历程

一、新中国成立以来我国城市居民体育方式的演变

我国城市体育生活空间结构是与城市居民休闲生活方式密切联系在一起的②。在1949～1966年新中国成立之后最初的18年里，由于舞场、赌场、妓院、酒吧、茶馆、游乐场等休闲空间被彻底取缔，全国人民的休闲时尚体现出“健康向上的革命化和理想化色彩”，城市居民的主要休闲生活方式主要是听广播、看电影、下棋、打扑克、散步、聚会、扭秧歌、晨练等，休闲场所也主要集中在庭院、广场、公园、街头巷尾等。1966～1976年是我国“文化大革命”时期，由于政治上对休闲娱乐的无情压制，人们在可自由支配时间内无法自主地从事自己所喜爱的、认为有价值的休闲活动，只能被迫地去“抓革命”、看样板戏、唱

① 王宁. 消费社会学——一个分析的视角［M］. 北京：社会科学文献出版社，2001：166.

② 雪魄. 中国休闲发展史［EO/OL］. http://www.360doc.com/content/11/0617/16/7163005_127629767.html.

红歌、跳忠字舞、阅读《毛泽东选集》和《毛主席语录》，闲暇时间所从事的活动并非真正意义上的“休闲”活动，而此时期所谓的一些“体育”活动也与政治紧紧地连在了一起。1978年党的十一届三中全会后的30多年里，随着中国社会的转型和政治高压的逐步解除，人们压抑多年的休闲需要得到了释放和宣泄，城市的休闲方式也开始走向多元化、个性化、开放化、立体化。在文化娱乐市场、电影电视市场、旅游市场等文化及传媒产业迅速崛起的同时，与之相关的看电影、看电视、观看文艺演出、唱卡拉OK、跳交际舞、泡酒吧茶馆、打台球、打麻将、游园散步、上网、聊天等休闲文化娱乐活动随之兴起，歌厅、舞厅、夜总会、台球馆、电子游戏厅、桑拿房、棋牌室，以及五花八门的“吧”场所成为城市居民主要的公共休闲娱乐场所。城市在担当“政治中心”“经济中心”“商业中心”“生产中心”“信息中心”功能的同时，又增添了“休闲中心”的职能，城市的休闲空间结构也变得越来越复杂。也就在这个时期，专供进行体育活动的一些专业休闲场所，如高尔夫俱乐部、保龄球馆、台球馆及各类健身会所破茧而出，体育开始成为亿万群众增强体质、满足个体需求的不可或缺的生活方式，休闲健身场所也逐步由原来兼当体育行为的场所——庭院、广场、公园、街头巷尾向健身房、健身俱乐部等专门体育场所转移。

二、我国社会转型对体育生活空间发展的影响

社会转型是指社会从一种形态向另一种形态的转换[①]。改革开放以来，随着国家计划经济向市场经济转轨及政治体制变革，我国的社会结构发生了全方位、多层次的变迁，并逐步转型形成了当前的社会结构。在未来50年，中国社会还将完成两次社会转型。第一次是从农业社会向工业社会、从乡村社会向城市社会的转型；第二次是从工业社会向知识社会、从城市社会向城乡动态平衡社会的转型[②]。与此相适应，全国人民的空间结构（人口分布结构）、生活方式、劳动结构（就业和职业结构），都将发生两次转变。这两次转变，将从根本上改变中国人5000多年形成的传统习惯、生活方式、价值体系和思想观念，导致社会利益和社会角色的重新调整，而作为生活方式重要组成部分的体育生活也将发生重大的改变。从未来社会发展趋势看，中国社会将会逐步走向全面“休闲时代”。随着

① 陆学艺. 当代中国社会阶层研究报告［M］. 北京：社会科学文献出版社，2002：4.

② 中国现代化战略研究课题组，中国科学院中国现代化研究中心. 中国现代化报告2006［M］. 北京：北京大学出版社，2006：12-30.

社会经济快速的发展、闲暇时间的增多、健康意识的增强、城市化进程的加快，通信工具、交通工具的发达，可支配收入的增多，以及生活方式、消费结构、价值观念、管理体制的转变，体育在人们生活中的地位将日益提升，通过体育调适身心、体现个性、回归自然、表现自我的需求越来越旺。与此同时，我国体育也会逐步向阶层化、产业化、社会化、自然化、生活化、多元化方向发展，体育人口也将不断增加，对体育生活空间也会提出新的要求。

三、目前我国体育生活空间结构存在的问题

一般来说，城市空间结构的演变在内在逻辑上应当与城市所承担的各种功能保持一致。我国社会经济转型和组织转型引发的竞争机制、政府职能转变、“单位体制”松动及“社区体制”建立等，必然对城市体育的发展产生影响，对体育的组织形式、活动时空特征、体育消费比例、场馆设施建设及资源配置状况也会提出新的要求。然而，我国体育起步较晚，经验不足，又受到社会转型期多种因素的制约，致使我国城市体育生活空间在供求关系上出现许多新的矛盾，难以满足广大市民对体育的空间需求。其问题主要有：①城市生活空间缺乏科学合理的总体规划，休闲功能区域用地不断被压缩，空间结构布局不合理，资源配置滞后。②专门用于体育活动的场所严重不足，70%以上的城市居民体育活动只能在广场、公园、甚至在马路等非正规体育场所进行[①]。③公益性、经营性场所比例失衡。公益性体育场馆建设经费投入不足，基础配套设施跟不上、整合力度不够；经营性场馆收费过高，社会中低层和弱势群体难以承受。④公益性体育场馆对大众开放不够灵活，现有设施利用率不高，相当一部分单位、学校体育场地场馆尚未对社会开放。⑤体育产业化缺乏正确的理论指导，观念落后。产业发展体系不够完善，只重视对体育有形资产的开发，忽视了对体育文化无形资产的开发。⑥社区体育生活空间严重缩水，规划与建设脱节，特别是缺少监督和政策引导，致使相当多的城市社区体育设施及其占地面积达不到国家规定的下限标准；居民小区体育设施的建设和管理分离，缺乏有效的社区参与机制，居民体育组织指导几乎处于空白。

---

① 国家体育总局. 中国群众体育现状调查结果报告［EO/OL］. http://www.sport.gov.cn/n16/n41308/n41426/ n42527/n42632/171416.html.

第三节　体育促进生活空间社会化的途径

一、体育对城市生活空间的重要影响

城市体育生活空间是以城市居民体育活动为中心的特定物质和行为空间，是整个城市生活空间系统中的一个子系统。我国的社会转型已经并将继续使中国社会发展的各个方面发生重大的变化，同样也会使体育特别是城市体育的组织管理体制和活动方式发生重大变革。为此本章认为，在目前社会转型视域下，城市体育生活空间重构的总体指导思想应当是：以全面建设小康社会为总体目标，以构建现代城市空间环境发展为方向，以提高城市居民生活质量为主线，以《中华人民共和国体育法》《全民健身计划纲要》和《全民健身条例》为指导，以满足城市居民闲暇时间健身活动需求为出发点，立足居民所在城市的地方自然特色和社会经济优势，紧紧围绕社会转型时期城市居民“闲暇时间增多，收入水平增加，价值观念转变，健康意识增强”这一主题，促进休闲与体育联姻，促使体育与全民健身融合，营造出能够全面满足城市各阶层居民体育需求的生活空间。

二、城市体育生活空间的社会化模式

城市居民体育生活空间质量的高低不仅是客观物质环境的好坏，还包括居民对空间环境的感知。未来一段时期我国的社会体制、经济结构和社会形态还将发生较大变化，城市居民的生活方式，尤其是休闲生活方式也将发生较大改变。因此，未来中国城市体育生活空间的重构，应顺应我国社会转型趋势，从满足城市居民体育生活需求的实际出发，以城市居民满意为标准（图12-2）。在城市体育生活空间的规划、设计和建设时，要坚持“以人为本”和“可持续发展”理念，把城市居民体育生活空间子系统与未来城市总体规划有机结合，即将城市体育生活空间与未来城市绿地系统建设、城市整体景观设计、城市可持续发展战略规划融为一体。合理利用城市空间资源，发挥城市自然环境条件和传统文化特色，凸显地方特点，突出地域文化特征，坚持高起点、高标准、高质量原则，从点到线到面，从市区到市郊，从面向特殊阶层到面向广大公众，谋求经济、社会、环境三大效益协调统一与同步发展，营造出景色宜人、愉悦舒适的多元化、多层次、多功能、多目标格局的城市居民体育生活空间体系。

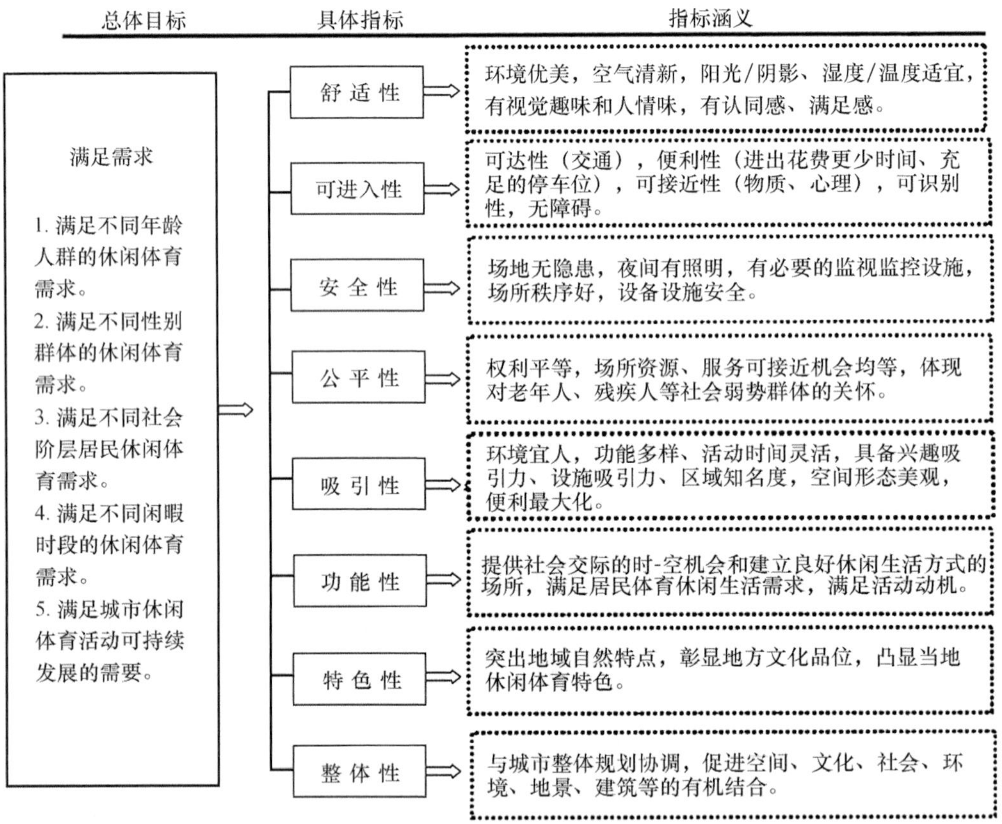

图12-2　城市体育生活空间重构目标

（1）满足不同年龄人群的需求

中国群众体育现状调查结果显示，体育休闲活动存在着明显的年龄空间特征，不同年龄人群对体育活动项目和场所的选择存在较大差异①。儿童独立能力较差，户外活动往往需要家长的陪伴，活动内容以游戏为主，因而其地点往往是选在离家不远的公园、居住小区绿地、街道和儿童游戏场等，且对这些场所的安全性要求较高。少年时期多选择户外运动、竞技体育项目及游戏，其活动场所除多在离家较近的开放场地外，往往还去较远的居住小区公园、游戏场、远郊等地方。对于青年人而言，由于体育休闲活动往往具有综合性和随机性，所以城市体育场馆、健身俱乐部、健身广场、单位体育活动场所、学校体育场地、体育公园等是他们经常光顾的场所。而进入中年时期的城市居民，由于“上有老，下有

① 国家体育总局. 中国群众体育现状调查结果报告〔EO/OL〕http://www.sport.gov.cn.

小”，家庭事务繁多，工作压力较重，闲暇时间多以结伴散步、跳舞、打球等健身活动为主，其活动区域也多集中在社区公园、单位体育活动场馆、健身俱乐部等场所。至于60岁以上的老年人群，由于闲暇时间较多，健身活动常常成为他们的重要生活内容。他们多选择运动强度较小的健身性体育休闲项目，活动地往往选择在居住小区的健身场地、离家不远的晨练点、晚练点、街头巷尾等有适宜光照、绿化较好、空气新鲜和有休息座椅的场所，地点也较为固定[①]。因此，城市体育生活空间重构应充分考虑城市居民的年龄层次特征，尤其是未来我国城市居民年龄结构的变化（如老龄化社会的来临），依次布局，略有侧重，以达到满足不同年龄层次人群参与体育活动的需求。

（2）满足不同性别群体的需求

性别作为一种文化标签不仅影响到男女性别群体的体育活动的时间，而且也直接影响到他们对运动项目及活动场所的选择[②]。有研究显示，在运动项目选择上，男性市民大多偏好具有身体碰撞、集体对抗、角逐力量性和冒险性的户外休闲运动，尤其喜欢追逐既刺激又新颖时尚的新兴体育项目，如足球、篮球、散打、拳击、登山、攀岩、宿营、驾车远游、赛车运动、高山滑雪、滑冰、溜索、潜水、冲浪、赛艇、漂流、跳伞、热气球等；而女性大多偏爱运动量小、轻快柔和、个人参与的体育项目，尤其热衷于节奏感、韵律感强的室内外健身健美体育项目，如健美操、健身操、体育舞蹈、踢毽子、羽毛球、秋千、瑜伽等。在活动场所的选择上，男性多选择场馆和远郊，而女性多选择家中、户外和会馆。因此，在城市体育活动空间规划设计时，应考虑这一因素。

（3）满足不同社会阶层居民的需求

社会阶层的分化是我国当前社会发展的客观现状，也是我国社会转型时期的必然结果，而且在未来一段时期内还会更加突出。中国社会科学院社会学研究所“当代中国社会结构变迁研究”课题组以职业分类为基础，以组织资源、经济资源和文化资源的占有状况为标准，将当代中国社会划分为十大阶层和五种社会地位等级[③]。不同的社会阶层具有不同的价值取向、思维方式和性格特征及休闲空间定位，因此城市居民在文化距离、社会经济距离和社会团体间距离的影响

① 刘春来. 营造城市体育休闲户外活动空间的基本要求——以分析各年龄阶段人群体育休闲户外活动空间特征为基础［J］，哈尔滨体育学院学报，2006，24（6）：45-47.

② 徐明宏. 休闲城市［M］. 南京：东南大学出版社，2004：133.

③ 陆学艺. 当代中国社会阶层研究报告［M］. 北京：社会科学文献出版社，2002：24.

下，对体育活动偏好及项目和场所选择有着较大的差异，且分化日益显著[①]。有研究显示，当前城市体育休闲空间存在着明显的等级差别，不同种类的体育休闲场所因其所处地段、内部设施、消费、顾客的不同而分为三六九等；同类体育休闲场所之间也有高中低档之分，甚至同一休闲场所内部不同的区域也有档次差别。不同的消费群体热衷于不同的休闲场所，不同的休闲方式和休闲场所有助于形成或加强消费者的自我身份认同。例如，各阶层人群均有可能将游泳列为体育项目，但在活动场地、运动器材、同伴选择等方面却存在着较大的差异。上层群体选择的场所可能是五星级饭店的游泳池，中上层群体可能选择高档游泳馆，中层或中下层可能选择收费低廉的大众游泳场，而中下层或下层则会选择不收费的江河、水库、湖泊等。因此，在城市体育活动场所重构时，既要注意遵循“社会公平，空间公正和文化平等”的原则，充分考虑城市居民不同阶层对体育生活场所的需求，合理规划开发中高档休闲体育消费场所，也要充分认识目前大众休闲体育场所严重滞后的现象，及时运用行政手段关注社会弱势群体，加大对中低阶层休闲体育场所资金的投入与政策支持，引导休闲体育市场发展方向，促使公益性体育休闲空间与商业性体育休闲空间的协调发展，以满足不同阶层消费者的需求。

（4）满足城市居民不同闲暇时段体育活动的需求

城市居民休闲生活的时间段，按其时间长短可分为日常休闲时间、周末休闲时间和节（长）假日休闲时间三个时段。市民在这三个时间段可支配的时间长短不同，其进行的休闲活动内容和场所选择也不尽相同。以往大量关于城市居民在不同闲暇时间段进行的游憩、购物、夜间消费、康体保健、娱乐、聚餐、宗教等休闲行为，在选择时间段上是有所不同的[②]。研究发现，居民所有休闲活动空间移动行为都遵循“距离衰减法则”，即空间位置的变化是由时间和距离两个因素决定的，空间移动出现的频率和强度随着距离的增加而衰减。休闲时间越短，市民选择在单位或居住地附近的休闲娱乐场所的比例就越高；休闲时间越长，选择距离较远的活动场所或离开原有居住地的倾向越大，对城市郊区或邻近省（直辖市）的选择愿望就越强烈。

有关城市居民不同闲暇时间段的体育活动场所调查发现，体育活动与上述其

① 柏慧敏. 社会阶层差异中的体育文化模式［J］. 体育科研，2009（2）：30-32.

② 柴彦威，尚嫣然. 深圳居民夜间消费活动的时空特征［J］. 地理研究，2005，24（5）：803-810.

他休闲活动具有高度的相似性。一项针对北京城区居民体育活动场所的选用情况调查显示①，在不同闲暇时间段居民对体育活动场所的选择存在较大差异。平时人们的体育活动多在社区体育中心、健身苑、健身点进行，活动内容多以健身、娱乐为主；周末时家里、社区、公园、广场等公共场所虽仍为首选，但转向城市体育中心、营业性体育场所的比例显著增加；到节假日则会选择去离居住地较远的城市周边的农村、山林、江河、湖泊等自然资源场所，以及更远的省（直辖市）外度假村、休闲旅游度假风景区，这说明市民在不同闲暇时段对体育活动场所有不同的需求。因此，采用分散布局模式调整城市体育场所配置格局对满足居民不同休闲时段体育活动需求具有重要意义。

（5）满足城市居民体育生活空间可持续发展的需要

城市体育生活空间结构是随社会、经济和文化的发展而不断演化的，因此在对城市体育生活空间进行规划、调整和建设时，既要考虑到城市体育的发展现状，还要有超前眼光和前瞻意识。这就要求政府在制定城市生活空间规划时，既要将体育生活空间这一子系统放入整个城市生活空间大系统中进行综合考虑，满足目前城市居民体育的需要，更要考虑到未来城市人口结构、素质、规模和生活方式的变化，以及这些变化所引起的居民对体育的新的需求、新的期望，为未来城市发展留有充分的余地。

三、城市体育生活社会化的空间布局

城市体育生活空间在不同历史发展时期和不同的城市化阶段具有明显的差异性。这种差异性，实质上是不同城市历史发展时期、不同城市化阶段社会、经济、环境等因素综合作用的反映。社会转型期中经济体制变革带来了社会经济的发展，增大了社会资源供给，为我国城市体育生活空间的发展提供了物质基础。但与之相随的城市规模不断扩大，城市化进程不断加快，市区人口迅速膨胀，会使城市体育生活空间与人体需求之间的矛盾更加突出。如何协调两者之间的关系，完善城市体育生活空间结构体系，真正体现转型时期的社会公平、公正，是未来城市体育生活空间合理建构的关键。本章根据目前国内多数城市体育生活空间结构现状、城市生活空间相关理论及未来城市发展趋势，提出未来城市体育生活空间布局框架（图12-3），通过宏观控制、中观联系、微观优化等手段，力争

① 李婧，李相如. 北京城区居民不同闲暇时间段体育活动场所的选用情况，休闲与国计民生［C］. 2008中国休闲与社会进步年会文集，297-298.

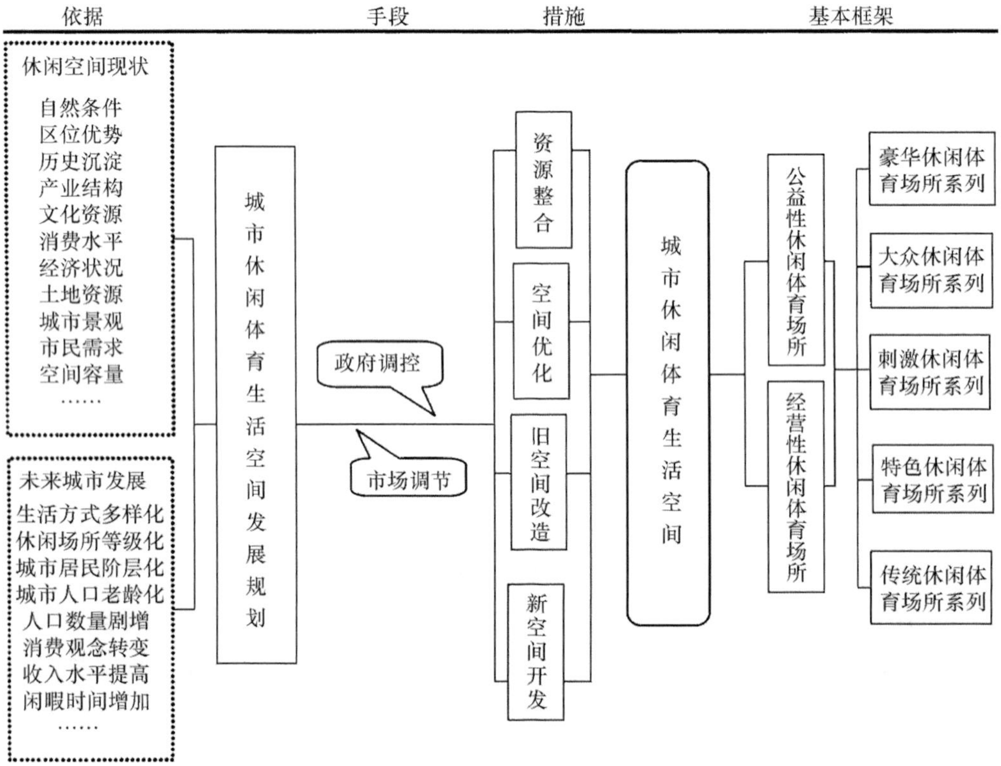

图12-3　城市体育生活空间布局框架示意图

达到空间布局全面化、目标场所细分化、场所供给多样化、场所环境特色化、场所通达便利化、服务方式多元化、居民满意最大化，以满足一定时期内城市体育发展需求。

1. 圈层布局，满足居民在不同休闲时段的体育需求

根据生活圈理论，城市居民体育生活行为的时–空特征可分为日常生活圈、周末生活圈、节（长）假日生活圈三种形式①（图12-4）。在整个圈层结构中，居民社区体育圈是活动最频繁、最集中、活动人口最多的区域。因此，城市体育圈建设应当大力推进社区公共体育服务体系建设，在资源配置上应予以适当倾斜，使居民出门200米左右就有健身点，500米左右就有健身苑，1000米左右有体

① 申亮，岳利民，肖焕禹. 城市体育的新范式：都市体育圈——都市体育圈的发展规划及其空间布局模式的探讨. 天津体育学院学报，2005，20（2）：88-92.

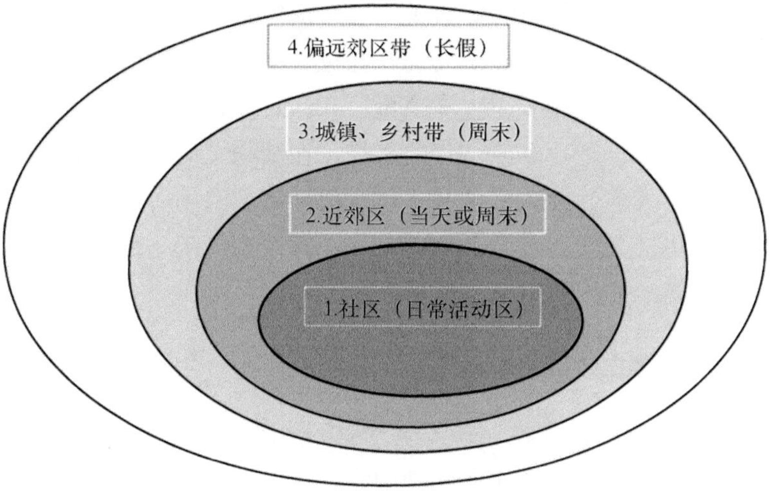

图12-4　城市体育圈的空间布局模式①

育中心，以满足城市居民最基本的日常体育休闲需求。城市中心地带是城市人口和各种商业活动高度密集区，土地利用程度高、地价昂贵，这个地段的体育场所布局应以营利性场馆为主，可引导民间资本对处于城市中心区的一些大型商场、工厂等进行改造升级，建成一批高标准的专业体育俱乐部和健身馆，以满足这一区域内以白领职业群体为代表的较高收入人群的体育消费需求。同时，依据市民体育生活的时间地理学特征，结合城市不同功能区域的特点，对公共体育场馆和一些非专门体育场所，如城市广场、公园进行资源整合，建立城区体育活动中心，以满足希望就近得到体育服务机会人群的需要。在圈层结构的外层或外围，要充分利用当地自然资源，设立体育活动带（或走廊），满足居民周末或节假日参加体育活动的需求。例如，目前正在建设的“环太湖体育圈”的外层既是沪、杭、苏等城市的周末体育生活圈，也是周边几个省（直辖市）许多市民的短假圈，同时也是国内外旅游者的长假体育生活圈。

2. 塔层布局，满足不同阶层群体的体育需求

由于每个人的经济条件、消费习惯、兴趣爱好不同，在休闲消费场所等级需求方面也会存在较大的差异。所以，根据体育消费群体阶层对体育场所进行塔层布局，对形成合理有序的城市体育空间结构层级体系有着较大的意义。在具体

① 申亮，岳利民，肖焕禹. 城市体育的新范式：都市体育圈［J］. 天津体育学院学报，2005（2）：93-97.

布局时，应理顺体育空间场所的层级关系。对那些高档的、大型的、满足特殊阶层需求的体育场所数量要少，档次要高，区位、环境尤为重要；对满足普通人群周末、节假日活动需求的场所配置应适量，并注意体育活动的周期性，如双休日是一周的高峰，节假日是一季或一年的高峰，在结构布局时应当充分考虑游客容量问题；而对满足大多数居民日常基本体育活动需求的场所，数量要大，门槛要低。逐步形成豪华、大众、刺激、特色、传统等系列休闲场所，满足不同阶层、不同偏好、不同年龄群体的需求。

3. 带状布局，建立城市体育活动功能区

根据城市功能区划分，在城市某几个区域相对集中地建设一些大型体育场馆、健身俱乐部等，形成区域体育活动中心。在沿河（江、湖、海）岸（边）打造集休闲、健身、购物、旅游、观光、餐饮、娱乐为一体，具有多种功能的游憩带，构建以周末体育活动为主的场所。比如，北京市石景山区利用奥运场馆集中、特色鲜明的特点，整合资源，统筹发展，建设“西五环体育大世界”产业带，推动体育、文化旅游、会展演出等行业的发展，形成了具有奥运特色的体育空间体验区。

4. 环城布局，满足城市居民对体育活动的重复需求

环城休闲空间开发的优势在于地价较低，成本较小，多由一些公益性或半公益性城市健身绿地、综合性娱乐场馆、大型健身公园等组成。离市区时空距离较短，如有城市公共交通通达，可满足城市中下阶层居民对体育活动的重复需求，如温泉疗养、体育锻炼、水上娱乐、亲子活动、餐饮养生等。

5. 远郊布局，满足居民短期休闲度假需求

一般在距城50～100千米的区域，依托当地自然条件，如区域河流、水库、农场、山川、湖泊、林区等，建设一定数量的水上娱乐中心、休闲度假村（山庄）、雪上运动场等体育场所，吸引“精英休闲者”来此进行野营、骑马、钓鱼、水上、雪上娱乐，满足“大众休闲者”间隙性地体验“现代”休闲生活的“繁华”和“奢侈”。

四、城市体育生活空间优化

不同城市的体育资源往往带有鲜明的地域特点，如有的城市湖泊较多，水资源丰富；有的城市山林较多，绿地面积较大；有的城市沿海，有得天独厚的海洋资源；有的城市气候严寒，冰雪资源丰富。因此，在对体育场所进行布局时，一定要考虑城市特有的地域环境特点，根据城市自然条件、文化特色、区位优势、产业结构特点对体育资源进行配置与整合，对传统体育空间结构进行升级改造，对体育产品进行重新包装，使之精品化、系列化，并尽可能与城市主导休闲发展方向相一致，形成城市体育活动的地域特色。比如，在水资源丰富的城市，多布局一些水上项目空间，配备较好的水上体育设施，并建立有广泛群众基础的水上体育组织、指导中心；而在拥有山地、植被较多的城市，则要多布置些与登山、踏青等有关的体育设施和项目；沿海的一些城市则要加强与海洋体育资源有关的体育项目的开发，突出体育资源和旅游资源、自然景观的结合。

五、结语

城市空间结构和环境质量是反映城市面貌、整体功能和形象的镜子，是一个城市有无吸引力和是否宜居的关键，也是人们确定工作和生活地点的重要因素。城市体育生活空间结构作为城市整体生活空间的一个重要组成部分，对提升城市整体形象、满足城市居民物质和精神需求具有重要意义。随着我国社会转型、小康社会建设和城市化进程加快，城市居民的收入会不断增加，闲暇时间会不断增多，社会阶层还将进一步分化，城市居民体育生活方式会不断改变，对休闲空间的需求会不断增长和提高。这就要求我们在对城市体育生活空间规划建设时，既要从当前的现状出发，着力解决社会转型时期体育空间供给与需求不平衡之间的矛盾，满足城市居民从事体育活动的空间需求，还要面向未来，从保障城市不同社会阶层体育权利的角度出发，建立科学完整的体育生活空间体系，进一步激发居民参与体育的欲望，使人们能把更多的闲暇时间投入到体育锻炼中去，以达到体育生活化、生活体育化，为全民健身计划的纵深发展提供保障，为城市的可持续发展奠定基础。

参考文献

阿兰·科尔班. 2013. 身体的历史（第二卷）［M］. 杨剑译. 上海：华东师范大学出版社.

阿斯平，程志理. 1987. 体育运动的目的和性质——竞技、生活和政治的关系［J］. 体育与科学，（01）：16-19.

埃里克森. 2005. 同一性：青少年与危机/20世纪心理学通览［M］. 李强等译. 杭州：浙江教育出版社.

柏慧敏. 2009. 社会阶层差异中的体育文化模式［J］. 体育科研，30（2）：30-32.

卜卫. 2011. 反抗规训，张扬女孩的独立、快乐和力量——解读林格伦的《长袜子皮皮》意义［J］. 中国儿童文化，（1）：84-88.

蔡珊珊. 2009. 体育对中老年人健康的影响［J］. 经营管理者，（3）：304.

曹景川，常乃军. 2010. 从反兴奋剂看诚信道德与和谐体育之构建［J］. 上海体育学院学报，34（2）：85-87.

曹永林，常乃军. 2011. 体育文化在构建和谐社会中的价值［J］. 体育科技文献通报，19（4）：4-5.

查尔斯·霍顿·库利. 2003. 人类本质与社会秩序［M］. 北京：华夏出版社.

柴彦威，尚嫣然. 2005. 深圳居民夜间消费活动的时空特征［J］. 地理研究. 24（5）：803-810.

常乃军. 2000. 现代体育与运动心理学的发展［J］. 体育学刊，（6）：56-57.

常乃军. 2003. 体育在城市化进程中的价值与功能审视［J］. 体育文化导刊，（12）：10-12.

常乃军，曹景川，曹永林. 2010. 现代体育与和谐社会建设研究［M］. 太原：山西出版集团·山西教育出版社.

常乃军，陈远军. 2007. 构建中国特色体育仲裁法律的几点思考［J］. 广州体育学院学报，27（3）：93-95.

常乃军，陈远军. 2008. 公民体育权利本原探析［J］. 体育学刊，15（12）：10-13.

常乃军，李荣，陈远军. 2010. 公民体育权利法律化是体育持续发展的必然选择

［J］. 成都体育学院学报，36（2）：13-16.
常乃军，乔玉成. 2011. 社会转型视域下城市休闲体育生活空间的重构［J］. 体育科学，（12）：16-22.
常乃军，申桂芳. 2013. 奥运会视域下女性角色社会化发展研究［J］. 成都体育学院学报，39（10）：37-40.
常乃军，王永平. 2014. 体育与人的社会化及其相关概念辨析［J］. 体育研究与教育，29（1）：5-7.
常乃军，赵岷. 2014. 竞技体育场域下身体的社会化改造［J］. 北京体育大学学报，（2）：1-6.
常毅臣，温波. 2006. 社会化与体育功能的扩展研究［J］. 甘肃社会科学，（4）：127-129.
车建平. 2000. 中国城市家庭网与家庭体育初探［J］. 中国体育科技，（5）：19-20.
陈爱国，殷恒婵，颜军. 2010. 体育锻炼与老年人幸福感的关系：孤独感的中介用［J］. 中国体育科技，46（01）：139.
陈芳. 2008. 我国不同阶层人群体育消费行为的比较研究［J］. 消费经济，24（2）：75-78.
陈桂生. 2005. “个体社会化”辨析［EB／0L］. http：//202. 121. 15. 143：84，/document／2005—1a／sx050112A. html〔2005-09-19〕.
陈建国，袁继芳. 2011. 安徽省城市中产阶层体育行为研究［J］. 鸡西大学学报，11（2）：149-151.
陈璐，卢清. 2012. 家庭教育对女童性别角色社会化发展的影响［J］. 唐山师范学院学报，（5）：24-27.
陈明达. 1993. 实用体质学［M］. 北京：北京医科大学中国协和医科大学联合出版社.
陈远军，常乃军. 2006. 试论公民体育权利的社会实现［J］. 体育文化导刊，（12）：16-18.
陈正. 2005. 我国社会不同阶层体育休闲活动的特征［J］. 武汉体育学院学报，39（6）：10-13.
戴维·波普诺. 1999. 社会学（10版）［M］. 李强等译. 北京：中国人民大学出版社.

戴维・波普诺. 2007. 社会学（11版）［M］. 李强等译. 北京：中国人民大学出版社.
戴维・波普诺. 2008. 体育社会学导论［M］. 李强等译. 上海：上海译文出版社.
丁建国. 2003. 社会学在体育研究中的作用［J］. 上海体育学院学报，（05）：13-14.
董天策. 1995. 传播学导论［M］. 成都：四川大学出版社.
杜威. 2003. 道德教育原理［M］. 杭州：浙江教育出版社.
杜文东，吴建龙，周中明. 2002. 心理健康的社会学基础——人的社会化［J］. 南京中医药大学学报（社会科学版），3（1）：31-33.
风笑天. 2002. 社会学导论［M］. 湖北武汉：华中科技大学出版社.
福柯. 2007. 规训与惩罚：监狱的诞生［M］. 刘北成，杨远婴译. 北京：生活・读书・新知三联书店出版.
干国祥. 2004. 源头可有活水来?［J］. 南风窗，（9）：48-49.
高强. 2009. 运动参与与个体社会化进程——体育社会学研究方法论的实践分析与理论探讨［D］. 华东师范大学博士学位论文.
高宣扬. 2005. 后现代论［M］. 北京：中国人民大学出版社.
高选. 2004. 论竞技体育对人社会化的影响［J］湖北体育科技，（3）：8-10.
高志爽. 2013. 改革开放30年中国体育管理体制改革的进程、成效及启示［J］. 体育与科学，（01）：18.
龚长宇. 2009. 道德社会化探析［J］. 论理学研究，（6）：50-54.
顾拜旦. 2008. 奥林匹克宣言［M］. 北京：人民出版社.
郭庆光. 1999. 传播学教程［M］. 北京：中国人民大学出版社.
国家体育总局. 2003. 中国群众体育现状调查结果报告［EO/OL］. http: //www.sport.gov.cn/n16/n41308/n41323/n41345/n41426/ n42527/n42632/171416. html.［2014-03-02］
韩民青. 1998. 当代哲学人类学（第四卷），人类的结局，一个全新的世界［M］，南宁：广西人民出版社.
韩鹏伟. 2010. 论体育的个体化社会功能［J］. 科技信息，（3）：36-40.
韩玉娟. 刘桂海. 2013. 论体育在国际关系中的角色体现［J］. 体育文化导刊，（10）：13-16.
何劲鹏，柴娇，姜立嘉. 2009. 体育社会学导论［M］. 北京：中国社会出版社.

何行，贺昭泽. 2006. 体育与人的社会化互动研究［J］. 体育研究，（06）：159-160.

何志武. 2014. 政治软实力视角下的体育功能拓展［J］. 武汉体育学院学报，（03）：15-17.

赫维人，潘玉君. 2002. 新人文地理学［M］. 北京：中国社会科学出版社.

胡小明. 2013. 竞技运动文化属性的皈依——从工具到玩具［J］. 体育文化导刊，（02）：18-20.

胡茵. 2010. 学校体育促进学生性别角色和性心理健康的研究［J］. 黑龙江高教研究，（8）：34-36.

化洪斌. 2008. 试论体育文化的功能及价值［J］. 中国成人教育，（10）：162-163.

黄金鹏. 2005. 关于体育教育在促进人的社会化进程中作用的社会学思考［J］. 南京体育学院学报，10：53-54.

黄迎乒. 2007. 河南省城市社会体育人口阶层特征分析［J］. 北京体育大学学报，30（6）：60-62.

季浏. 2000. 体育心理学［M］. 北京：高等教育出版社.

贾文萍，仇艳玲. 2008. 单亲家庭儿童性别角色社会化不利因素浅析及培养对策［J］. 法制与社会，（10）：27-31.

姜同仁，林祖明. 2002. 论校园体育文化［J］. 解放军体育学院学报，（4）：27-29.

杰・科克利. 2003. 体育社会学：议题与争议（第6版）［M］. 管兵译. 清华大学出版社.

杰罗姆・布鲁纳. 2012. 布鲁纳教育文化观［M］. 宋文里，黄小鹏译. 北京：首都师范大学出版社.

金诚，邓和平. 2007. 学生道德社会化的生成机制及其特性［J］. 教育探索，（1）：102-103.

克里斯・希林. 2010. 身体与社会理论［M］. 李康译. 北京：北京大学出版社.

克里斯・希林. 2011. 文化、技术与社会中的身体［M］. 李康译. 北京：北京大学出版社.

克特曼. 2012. 从仪式到纪录：现代体育的本质［M］. 花勇民译. 北京：北京体育大学出版社.

匡促联. 2003. 论道德的社会化与道德的现代化［J］. 学习与探索，（3）：31-33.
赖勇泉. 2011. 竞技运动异化问题的研究［J］. 广州体育学院学报，（1）：15-19.
李成国. 2011. 论体育与心理健康教育［J］. 才智，（19）：265.
李金龙，王超英. 2000. 体育社会学群众体育学［M］. 桂林：广西师范大学出版社.
李婧，李相如. 2009. 北京城区居民不同闲暇时间段体育活动场所的选用情况，休闲与国计民生［C］. 2008 中国休闲与社会进步年会文集. 重庆：重庆大学出版社.
李俊明，常乃军. 2010. 我国公民体育权利法规建设研究［J］. 体育文化导刊，（1）：138-140.
李俊明，常乃军. 2012. 山西省城市社区体育社会化研究［J］. 体育研究与教育，27（3）：31-33.
李丽娟. 2010. 独生子女家庭中对儿童性别角色社会化的影响研究［J］. 青春岁月，（10）：19-21.
李琳，李鑫，陈薇. 2010. 不同运动项目对中学生人格和自我意识的干预［J］. 成都体育学院学报，36（8）：68-72.
李林，马召锋. 2010. 浅析体育教学对大学生社会化的促进作用［J］. 大众文艺，（12）：258.
李树旺. 2010. 体育与大学生社会化：一个体育社会学的视角［M］. 北京：北京体育大学出版社.
李文波. 2004. 体育消费研究：一种文化与社会学的解读［J］. 江西社会科学，（9）：154-157.
李祥. 2004. 学校体育学［M］，北京：高等教育出版社.
李小进，张永保. 2012. 论我国家庭体育的发展［J］. 体育文化导刊，（3）：32-35.
李晓梅. 2008. 媒介中的角色定型与幼儿性别角色社会化探微［J］. 山东教育，（3）：45-48.
李一帆. 2013. 大众传播媒介对学前儿童性别角色社会化的影响探究［J］. 时代教育，（8）：15-19.
联合国教科文组织发展委员会. 1996. 学会生存——教育世界的今天和明天［M］. 北京：教育科学出版社.
梁保军. 2001. 健美操课对女大学生心理素质的影响［J］. 郑州工业大学学报（社

会科学版），19（4）：63-64.
廖济忠. 2004. 试论大学毕业生的心理社会化问题［J］. 长沙铁道学院学报（社会科学版），5（4）：210-211.
林波. 2000. 体育教学与人的文化社会化［J］. 福建体育科技，（3）：45-49.
刘岸英. 1997. 个体心理素质与教育效果［J］. 洛阳师专学报，（4）：95-98.
刘春来. 2006. 营造城市体育休闲户外活动空间的基本要求——以分析各年龄阶段人群体育休闲户外活动空间特征为基础［J］. 哈尔滨体育学院学报，24（6）：45-47.
刘桂梅. 2013. 体育的内在政治向度［J］. 体育与科学，2013，（1）：18-21.
刘易斯·科塞. 1990. 社会学导论［M］. 安美华等译. 天津：南开大学出版社.
刘宇洋. 2006. 体育与老年人社会化［J］. 科技资讯，2006（9）：138.
刘志坚. 2006. 大学生社会化问题及教育探析［J］. 湘潭大学学报（哲学社会科学版），（3）：46-49.
刘志坚. 2008. 大学生道德社会化的问题及其干预［J］. 当代教育论坛，（7）：39-41.
刘志林，柴彦威，龚华. 2000. 深圳市民休闲时间利用特征研究［J］. 人文地理，15（6）：73-78.
刘志林，柴彦威. 2001. 深圳市民周末休闲活动的空间结构［J］. 经济地理. 21（4）：504-508.
刘志明，周建伟，吴兰芬. 2004. 宁波市大学生参加课外体育活动情况调研报告［J］. 天津体育学院学报，19（1）：85-87.
卢丛丛. 2013. 新中国社会主义建设严重受挫时期的对外体育交往（1966—1976）［D］. 苏州大学博士学位论文：3：17-19.
卢勤. 2010. 个人成长与社会化［M］. 成都：四川大学出版社.
卢元镇. 1996. 中国体育社会学［M］. 北京：北京体育大学出版社.
卢元镇. 2001. 中国体育社会学［M］. 北京：北京体育大学出版社.
卢元镇. 2004. 体育社会学［M］. 北京：高等教育出版社.
鲁洁. 1990. 教育社会学［M］. 北京：人民教育出版社.
陆学艺. 2002. 当代中国社会阶层研究报告［M］. 北京：社会科学文献出版社.
洛圆博. 2013. 体育游戏发展幼儿性别角色能力的实验研究［D］. 辽宁师范大学硕士论文.

马乃欣. 2005. 体育社会化功能研究［J］. 西安体育学院学报，（4）：56-58.
马启伟. 2002. 体育心理学［M］. 北京：高等教育出版社.
马启伟，张力为. 1998. 体育运动心理学［M］. 杭州：杭州教育出版社.
马斯洛. 2007. 动机与人格［M］. 许金声译. 北京：中国人民大学出版社.
玛格丽特·米德. 1988. 代沟［M］. 曾胡译. 北京：光明日报出版社.
米歇尔·福柯. 1999.《规训与惩罚》［M］. 刘北成，杨远樱译. 北京：生活·读书·新知三联书店：375-376.
明君，孙秋菊，邹君. 2000. 体育锻炼对幼儿身心影响的研究［J］. 哈尔滨体育学院学报，18（1）：88-90.
宁泽群，林峰，李享. 2009. 北京市城镇男女不同性别群体休闲差距的比较与分析. 休闲与国计民生. 2008中国休闲与社会进步年会文集. 重庆：重庆大学出版社.
漆昌柱，等. 2011. 体育锻炼对儿童性别角色社会化的影响［J］. 武汉体育学院学报，（11）：24-29.
漆昌柱，邱泽瀚，赵丹妹. 2011. 体育锻炼对儿童性别角色社会化的影响［J］. 体育科研，（4）：31-33.
钱含芬，等. 1996. 学生心理素质与学业成就相关的研究［J］. 中国教育学刊，（1）：33.
钱洁. 2010. 谁建构了中学生的性别世界——中学生的性别角色观念及其社会化机制的调查研究［J］. 上海教育科研，（3）：24-27.
乔玉成. 2011. 进化·退化：人类体质的演变及其成因分析［J］. 体育科学，32（6）：87-96.
乔玉成，常乃军. 2011. 人类体质的文化规训［J］. 中国体育科技，（5）：5-11.
乔治·赫伯特·米德. 1992. 心灵、自我与社会［M］. 赵月瑟译. 上海：上海译文出版社：155.
乔治·维加雷洛. 2007. 从古老的游戏到体育表演：一个神话的诞生［M］. 乔咪加译. 北京：中国人民大学出版社.
仇军. 2010. 西方体育社会学：理论、视点、方法［M］. 北京：清华大学出版社.
仇军，刘侣岑. 2013. 殊途同行：现代体育发展阶段、基本特征与影响因素［J］. 北京体育大学学报，（2）：38-41.
仇军，钟建伟. 2007. 社会学与体育社会学：视域开启与理论溯源［J］. 体育科学，（5）：46-53.

让-雅克·库尔第纳. 2013. 身体的历史（第三卷）［M］. 孙圣英译. 上海：华东师范大学出版社.

人民教育出版社体育室. 2007. 体育与健康［M］. 北京：人民教育出版社.

任敏. 2004. 城市居民消费分层研究［D］. 武汉大学硕士学位论文.

任未多. 1997. 身体活动与运动锻炼的心理效应研究综述［J］. 体育科学，2：75-81.

申桂芳，常乃军. 2013. 体育在人心理社会化发展中的作用［J］. 体育研究与教育，28（2）：26-28.

申亮，岳利民，肖焕禹. 2005. 城市体育的新范式：都市体育圈——都市体育圈的发展规划及其空间布局模式的探讨［J］. 天津体育学院学报，20（2）：88-92.

盛桂莲，赖旭龙，王颇. 2004. 分子人类学与现代人的起源［J］. 遗传，26（5）：721-728.

宋瑞. 2004. 国内外休闲研究扫描——兼谈建立我国休闲学科体系的设想［J］. 旅游学刊，（3）：46-54.

谈晓矛. 2001. 开展家庭体育推动全民健身［J］. 山东体育学院学报，（2）：70-71.

谭刚. 2013. 国家主义视野下的竞技体育［J］. 体育学刊，（6）：26-29.

谭红，陈中林. 2004. 论校园体育文化的特性及价值向度［J］. 西安体育学院学报，（2）：109-111.

谭华. 2012. 体育史［M］. 北京：高等教育出版社.

陶梅. 2006. 毕业班大学生心理社会化问题的调查与分析［J］. 经济与社会发展，4（1）：206-208.

腾讯体育. 2013. 摘世锦赛游泳首金！孙杨400自绝对优势夺冠［EB/OL］. http://www. zgswcn. com/2013/c729.［2014-10-12］.

田雨普. 2000. 关于社会体育学取代群众体育学的思考［J］. 哈尔滨体育学院学报，（1）：1-4.

田玉军. 2009. 论学校体育中的社会化功能［J］. 南京体育学院学报，（2）：61-63.

汪明旗，常务南. 2004. 论我国城市非正式体育群体与21世纪人类体育［J］. 甘肃社会科学，（6）：155-157.

王翠萍. 2013. 体育院校大学生性别角色类型及其生活满意度调查分析［J］. 中国卫生事业管理，（4）：41-44.

王岗，常乃军. 2002. 打破我国体育文化传播中的思维定势［J］. 体育文化导刊，（6）：24-25.

王虹. 2009. 高校体育文化对大学生个性与社会性发展的影响［J］. 体育科技文献通报，17（2）：3-4.

王健. 2009. 大学生道德社会化的内涵与时代特征探析［J］. 文教资料，（1）：201-202.

王金玲. 2011. 论个体性别社会化和性别角色表演［J］. 云南民族大学学报（哲学社会科学版），（9）：17-19.

王梦柔. 2013. 新中国体育外交繁荣事件回顾及其发展建议［J］. 哈尔滨体育学院学报，（2）：28-30.

王宁. 2001. 消费社会学——一个分析的视角［M］. 北京：社会科学文献出版社.

王琦. 2006. 论中医体质研究的3个关键问题（下）［J］. 中医杂志，47（5）：329-332.

王茜，苏世亮，苏静. 2009. 社会地理学视域下的城市体育空间重构［J］. 广州体育学院学报，29（1）：65-69.

王汝坤. 2009. 论人的可塑性与社会的可塑性［J］. 重庆工学院学报（社会科学），23（10）：78-82.

王为全，陆翠岩. 2009. 大学生道德社会化的问题的研究［J］. 现代教育科学（高教研究），（2）：117-119.

王希永. 2000. 在学科教学中渗透心理健康教育［J］. 中国高等教育，（3）：43-32.

王兴中，高丽. 2008. 大城市中产阶层化与商娱场所的空间结构［J］. 人文地理，（2）：49-55.

王耀文. 2011. 新时期家庭体育功能探析［J］. 体育文献通报，（4）：113-115.

王志强，常乃军，曹永林，等. 2013. 山西省民间体育团体行为公平相容约束机制研究［J］. 体育文化导刊，（3）：5-8.

王志强，常乃军，张育存，等. 2013. 城市社区体育激励相容约束机制研究［J］. 北京体育大学学报，36（5）：34-38.

维加雷洛. 2007. 从古老的游戏到体育表演：一个神话的诞生［M］. 乔咪加译. 北京：中国人民大学出版社.
魏伟. 2014. 马克思主义体育观对体育学研究的影响［J］. 首都体育学院学报，（06）：16-19.
吴红胤. 2008. 高校校园体育文化建设的思考［J］. 浙江体育科学，（1）：87-89.
吴康宁. 1999. 教会选择：面向21世纪的我国学校道德教育的必由之路——基于社会学的反思［J］. 华东师范大学学报（教育科学版），（3）：10-18.
吴政富. 2004. 人的文化、文化的人——学习文化人类学的一点体会和认识［J］. 广西民族学院学报（哲学社会科学版），S2：25.
奚从清. 2010. 角色论［M］. 杭州：浙江大学出版社.
席焕久. 2002. 体育人类学［M］. 北京：北京体育大学出版社.
消费文化［EB/OL］. http://baike.baidu.com/view/954572.htm ［2013-04-12］.
肖汉仕. 1999. 心理素质的结构及其内外关系［J］. 中国教育学刊，（4）：27-30.
徐波，梁胜男，李蜀伟. 2007. 社会空间与我国体育休闲方式的阶层差异探究——布迪厄“文化资本”理论的视角［J］. 广州体育学院学报，27（5）：13-16.
徐明宏. 2004. 休闲城市［M］. 南京：东南大学出版社.
雪魄. 2009. 中国休闲发展史［EO/OL］. http://www.360doc.com/content/11/0617/16/7163005_127629767.html. ［2014-09-15］
颜绍泸. 2006. 竞技体育史［M］. 北京：人民体育出版社.
杨斌. 2009. 体育教学在性别角色社会化过程中存在的问题［J］. 体育成人教育学刊，（5）：31-34.
杨秉辉. 2010. 全科医学概论［J］. 北京：人民卫生出版社.
杨慧. 2007. 关于体育与人的社会化思考［J］. 考试周刊：（45）：113-156.
杨庭硕，谢景连. 2009. 论人群体质与民族文化的交叉作用及其后果［J］. 云南师范大学学报（哲学社会科学版），41（3）：54-59.
杨文轩，杨霆. 2005. 体育概论［M］. 北京：高等教育出版社.
叶展红. 1999. 关于开展家庭体育的构想［J］. 广州体育学院学报，（2）：46.
伊恩·罗伯逊. 1990. 社会学［M］. 黄育馥译. 北京：商务印书馆.
易定恩. 1999. 人的社会化与体育浅谈［J］. 成都体育学院学报，（3）：95.
易剑东. 2006. 体育文化学［M］. 北京：北京体育大学出版社.
英克尔斯. 1981. 社会学是什么［M］. 北京：中国社会科学出版社.

袁健，胡飞. 2008. 从儿童期性别角色社会化审度我国体育人口性别结构［J］. 四川体育科学，（9）：41-44.
约翰 · 威尔逊. 2003. 道德教育新论［M］. 杭州：浙江教育出版社.
曾红卒. 2001. 论高校体育对大学生兴趣和能力的培养［J］. 体育与科学，22（2）：78-80.
曾庆璋. 2011. 当代大学生道德社会化研究——科尔伯格道德发展理论的借鉴与超越［J］，湖北广播电视大学学报，31（2）：43-44.
张波，崔吉洋. 2006. 大学生心理健康与高校余暇体育［J］. 江西金融职工大学学报，19（3）：74-75.
张楚廷. 1999. 教学论纲［M］. 北京：高等教育出版社.
张大均. 2003. 论人的心理素质［J］. 心理与行为研究，1（2）：143-146.
张大均. 2005. 教育心理学［M］. 北京：人民教育出版社.
张大均，冯正直. 1999. 中学生心理素质成分及其发展研究［D］. 西南师范大学教育科学研究所硕士学位论文.
张大均，冯正真，郭成，等. 2000. 关于学生心理素质研究的几个问题［J］. 西南师范大学学报（哲学社会科学版），26（3）：56-62.
张建平. 2002. 试论体育的社会适应功能［J］. 哈尔滨学院学报（社科版），23（9）：133-136.
张敬军，吴爱华. 2009. 从协同学思想看体育教学的发展趋势［J］. 教学与管理，（3）：103-104.
张立敏，张力为. 2004. 不同锻炼方式对自我观念和生活满意感的影响［J］. 体育科学，39（12）：15-18.
张人杰. 2006. 学生道德社会化构成要素研究：进展与困惑［J］. 教育发展研究，（16）：1-8.
张燕中，王静. 2003. 我国城市化进程与家庭体育发展的探讨［J］. 首都体育学院学报，（3）：7-9.
张永保，田雨普. 2010. "家庭体育"新释义［J］. 北京体育大学学报，（6）：45-49.
张玉琴，李美华. 2008. 跨文化视野下的性别角色社会化［J］. 中小学心理健康教育，11：34-37.
张志鹏. 2011. 健康：宗教信仰的副产［EB/OL］. http://q.sohu.com/forum/6/topic/.

[2014-08-04]
章光日. 2004. 人类生活空间图式变迁研究[J]. 城市规划汇刊，（3）：60.
赵宏. 2003. 体育对人的经验改造及促进人的社会化关系[J].上海体育学院学报，（6）：33-37.
赵克. 2002. 现代体育思想与校园文化建设[J]. 体育学刊，（5）：92-93.
赵晓楠，廖昌启. 2010. 基于环境行为学的城中村公共场所乱扔垃圾行为研究——以深圳市平山村美康百货广场为例[A]，规划创新：2010中国城市规划年会论文集[C]. 重庆：重庆出版社.
郑杭生. 1998. 社会学概论新修[M]. 北京：中国人民大学出版社.
郑杭生. 2009. 社会学概论新修[M]. 北京：中国人民大学出版社.
郑祥荣. 2010. 城市家庭体育模式及其形成机制的理论与实证研究[D]. 福建师范大学博士学位论文.
中国大百科全书出版社编辑部，中国大百科全书总编辑委员会. 1991. 中国大百科全书·社会学卷[Z]. 北京：中国大百科全书出版社.
中国社会科学院语言研究所. 1996. 现代汉语词典[Z]，北京：商务印书馆.
中国现代化战略研究课题组. 2006. 中国科学院中国现代化研究中心. 中国现代化报告2006[M]. 北京：北京大学出版社.
钟丽萍. 范成文. 刘亚石. 2008. 基于城市群生成视角的都市休闲体育发展研究——以长株潭为例[J]. 广州体育学院学报，28（5）：80.
周慧，朱泓. 2002. 现代人起源问题与DNA——"线粒体夏娃理论"述评[J]，考古，（3）：76-80.
周琪. 2007. 关于我国竞技体育水平与种族差异的关系[J]. 山东师范大学学报（自然科学版），22（7）：49-150.
周庆谊. 2008. 论体育在人的全面发展中的作用[J]. 内蒙古师范大学学报（哲学社会科学版），37（6）：138-141.
周韵笑. 2013. 动画片对3—6岁儿童性别角色社会化的影响[D]. 广州大学硕士论文.
周哲玮. 2009. 体育的真义[M]. 上海：上海大学出版社.
朱泓. 2005. 体质人类学[M]. 北京：高等教育出版社.
朱剑. 2012. 大学生薪水期望的性别差异：基于性别角色社会化的视角[J]. 妇女研究论丛，（5）：32-36.

朱智贤. 1980. 皮亚杰儿童思维心理学评介［J］. 北京师范大学学报（社会科学版），（1）：15-18.

朱智贤. 1989. 心理学大词典［K］. 北京：北京师范大学出版社.

Bandura A. 1977. Toward aunifying theory of behavioral change［J］. Psychol Rev, 84: 191-215.

Brian S S. 2001. The Ambiguity of Play ［M］. Boston: Harvard University Press.

Nicoloff G, Schwenk T S. 1995. Using exercise toward off depression［J］. Physician Sports Med, 23(9): 54-58.

后　记

人的社会化是近年来各个学科都在重点关注的一个研究领域，但是专门对体育与人的社会化这一问题进行深入研究的成果还比较少，正是基于这一点，2011年我申报成功教育部人文社科规划基金项目“人的社会化发展的体育学研究”（批准号：11YJA880004），正式对这一问题展开全面研究。

在三年艰辛繁杂的研究过程中，本着严谨治学、保证质量的理念，针对体育与人的社会化各个相关问题，多次开会讨论论证，展开深入的研究，取得了一系列研究成果，先后在《体育科学》《中国体育科技》《北京体育大学学报》《成都体育学院学报》等学术刊物发表论文10余篇，本书便是在这些研究成果的基础上，进一步拓展而成的。

在研究过程中，课题组成员山西师范大学郭海洲、吕世辰、冯晓丽和山西管理职业学院申桂芳都做了较多的前期工作，在此一并表示感谢。

本书的出版还要感谢科学出版社编辑的大力支持和热情帮助，没有他们的辛勤工作就没有本书的出版，在此向他们致以深深的谢意。

本书的写作过程中还受到诸多专家的帮助与指导，参阅了不少学界同仁的研究成果，在此特别说明，并表示衷心的感谢！